高等学校物流管理类专业课程教材

新文科·智慧物流系列教材

U0728082

智慧仓储管理

主编　李建斌　王莹莹

中国教育出版传媒集团

高等教育出版社·北京

内容简介

本教材是在国内外仓储管理的基础理论和研究成果的基础上，结合企业实际运营的特点与现代化科学管理的方法，从智慧仓储的角度对仓储管理的整个过程进行了梳理，并通过翔实的案例呈现了理论知识在仓储管理中的应用。

本教材详细地介绍了仓储管理的整个流程与优化策略。全书共七章，分别是：第一章仓储管理；第二章仓库规划；第三章仓库运作管理；第四章订单出库配送管理；第五章仓库库存管理；第六章仓储管理信息系统；第七章综合实践案例。

本书可作为高等学校物流管理类相关专业本科生、研究生（包括 MBA）教材，也可作为企业工作者和社会学习者的参考书籍。

图书在版编目（CIP）数据

智慧仓储管理 / 李建斌、王莹莹主编 . -- 北京：高等教育出版社，2023.6

ISBN 978-7-04-060091-9

Ⅰ . ①智… Ⅱ . ①李… Ⅲ . ①仓库管理 – 智能控制 – 高等学校 – 教材 Ⅳ . ① F253.4-39

中国国家版本馆 CIP 数据核字（2023）第 036957 号

Zhihui Cangchu Guanli

策划编辑	张 欣	责任编辑	张 欣	封面设计	马天驰	版式设计	马 云
责任绘图	李沛蓉	责任校对	张慧玉 刁丽丽	责任印制	耿 轩		

出版发行	高等教育出版社	网　　址	http://www.hep.edu.cn
社　　址	北京市西城区德外大街 4 号		http://www.hep.com.cn
邮政编码	100120	网上订购	http://www.hepmall.com.cn
印　　刷	北京市联华印刷厂		http://www.hepmall.com
开　　本	787mm×1092mm　1/16		http://www.hepmall.cn
印　　张	12.25		
字　　数	280 千字	版　　次	2023 年 6 月第 1 版
购书热线	010-58581118	印　　次	2023 年 6 月第 1 次印刷
咨询电话	400-810-0598	定　　价	39.00 元

总　序

党的二十大明确提出，建设现代化产业体系，坚持把发展经济的着力点放在实体经济上，推进新型工业化，加快建设制造强国、质量强国、航天强国、交通强国、网络强国、数字中国。坚持社会主义市场经济改革方向，坚持高水平对外开放，加快建设现代化经济体系，着力提高全要素生产率，着力提升产业链供应链韧性和安全水平，需要现代物流的支撑。

2018年，商务部、财政部联合发布《关于开展2018年流通领域现代供应链体系建设的通知》，明确提出重点围绕供应链"四化"（标准化、智能化、协同化、绿色化），以"五统一"（统一标准体系、统一物流服务、统一采购管理、统一信息采集、统一系统平台）为主要手段等推进流通供应链发展。2019年3月，国家发改委等24部门印发《关于推动物流高质量发展促进形成强大国内市场的意见》，同年9月中共中央、国务院印发实施《交通强国建设纲要》，明确物流是重要内容。连续多年，多部委密集为物流发文，充分体现了物流在国民经济中的重要地位，充分体现了国家对物流的重视。物流是国民经济的基础，以国内大循环为主体，国内国际双循环相互促进的新发展格局更需要物流的全力支持。

进入21世纪，我国逐渐发展为世界公认的数字化大国，中国不仅在信息基础设施建设、应用市场规模上实现爆发式发展，新产业、新业态、新模式也不断涌现，在诸多数字化与现实结合的领域出现了"领跑"局面。于是，物流与数字化智能化相结合的智慧物流应运而生。

在此背景下，教育部高等学校物流类专业教学指导委员会和高等教育出版社联合建设新文科·智慧物流系列教材，组织该领域具有丰富教学经验和卓越研究成果的专家学者，将国内外相关研究成果总结提炼、系统整理、融入教材，以期形成中国特色、中国风格、中国气派的智慧物流理论体系，为全球物流管理的研究和教学贡献中国智慧。这套教材力求体现如下特点：

第一，时代特色鲜明。系列教材融入党的二十大的最新精神，体现中国现代物流特色，反映中国物流业的发展现状，全面揭示物流的历史发展过程和最新发展动态，以适应新技术发展所带来的新经济业态、新生活方式、新运营模式的挑战。

第二，知识体系完备。系列教材要求继承经典、展现现状、体现前沿、面向未来，力求构建完备的学科知识体系，结构清晰、内容流畅，使学生系统、全面、正确地掌握基础理论、知识要点和分析方法，同时引入国内外前沿成果以培养学生的创新思维能力，提高科学素养。

第三，理论与实践结合。系列教材不仅要体现完备的知识体系，更重要的是突出这些知识的实际应用。通过融合创新、案例分析、实践应用等环节，培养学生独立思考、分析和解决问题能力。

第四，正确的价值观。系列教材除了传授专业知识与技术，还要使学生更加清晰地理解知识与技术背后的使命与价值。因此，在系列教材编写过程中我们更加注重学生知识与素养的协同发展，通过课程思政，培养学生正确的人生观、价值观和世界观，使学生拥有更健全、完善的人格，提升自身道德修养。

第五，教学资源丰富多彩。系列教材采用数字化等多种形式，每本教材均设置了二维码关联数字资源和即测即评，配备教学课件、教学大纲和教案等，便于教师教学，便于学生课外阅读、拓展知识面，提高教学和学习的效率。

新文科·智慧物流系列教材的编写是一项非常具有挑战性的工作，在教育部新文科建设工作精神的指导下，在高等教育出版社的高度重视和精心策划下，在全国高校、科研院所、业界的专家学者的同心协力下，我们有信心将这套教材打造为精品教材，为我国现代化物流管理人才培养做出积极探索。

我们在此由衷地感谢为本系列教材编写和出版做出贡献的每一位专家！虽然所有的编写者为此付出了很多努力和劳动，但由于水平所限难免存在不足之处，我们真诚地希望得到广大教师和学生的批评和建议，以便在日后的修订中不断完善和提高。

教育部新文科建设工作组副组长、教育部高等学校物流类专业教学指导委员会主任

黄有方

2023 年 5 月 1 日

前　言

随着社会经济的发展，尤其是"互联网＋"时代物流行业在国民经济和社会发展中起着越来越重要的作用。《物流业降本增效专项行动方案（2016—2018年）》表示要降低企业物流成本、提高社会物流效率，大力推进物流业转型升级和创新发展。其中仓储管理对物流的高效运作起到不可低估的决定性作用。

编写《智慧仓储管理》教材的想法，迄今为止已有数年。在此之前，我已主讲了10年的本科课程"仓储管理"，同时担任该课程的责任教授，5年的MBA课程"电子商务"。主持了与供应链管理相关的国家自然科学基金重点项目1项，国家自然科学基金面上项目3项，学校教育教学改革项目1项，积累了大量的写作素材和实践案例，对该教材的编写有着较为深刻的理解。

目前市面上的《智慧仓储管理》相关教材有数十种，但大多教材的内容重点在基础概念和知识的介绍，涵盖了仓储行业最新发展趋势与技术应用的教材相对较少。为了落实立德树人任务，充分发挥教材在提高人才培养质量中的基础性作用，本教材融入了本学科领域的最新研究成果与鲜明的案例，力争内容前沿，呈现方式多样，富有启发性，有利于激发学生的学习兴趣与创新能力。

本教材的内容具有以下几个特点：

1. 教材体系全

本教材全面准确阐述了仓储管理的基本理论、基础知识、基本方法和学术体系。教材内容结构严谨、逻辑性强、体系完备，反映了教学内容的内在联系、发展规律及学科专业特有的思维方式。各章节之间既有一定的独立性，又有联系。

2. 数智化视角

技术的进步推动了智慧仓储管理的快速发展。在本教材的编写过程中，参考了大量的学术成果，反映了仓储管理理论的最新动态与发展方向。同时，随着企业的转型与新技术迅速应用，仓储管理的分析方法从定性分析逐渐转向定量分析，传统的仓储管理转向智慧仓储管理。本教材不仅吸收了国内外学者理论研究的前沿内容，还加入了企业最新应用成果，能够启发学生对仓储管理体系的思考。

3. 实践意义强

仓储管理是一门实践性和应用性较强的学科，只有从实践中来到实践中去，通过对实际中的典型案例进行分析与研讨，才能让学生开阔视野，培养学生发现问题、解决问题的能力。本教材在每小节结尾附相关案例，将仓储管理理论与最新企业案例相结合，让同学们全方位了解企业当前遇到的问题。通过讨论分析，促成解决方案与建议的产生，将各知识点应用到企业仓储实践中，增强学生分析问题、解决问题的能力。

在本书出版之际，首先感谢1号店前董事长于刚老师，给予团队大量的实践机会，使本教材内容更加充实，实践性强。感谢华中科技大学管理学院的领导、同事与学生们对本书的写作给予的大力支持，博士生王莹莹参与了全书的统稿工作，在此表示衷心感谢。同时，特别感谢高等教育出版社的编辑同仁们，为保证本书的高质量，他们付出了辛勤的劳动。

由于本人学识有限，错漏之处难免，恳请各位老师与同学批评指正。邮箱：jbli@hust.edu.cn。

李建斌

2023年1月8日于武汉

目　录

第一章

仓储管理

本章导入案例

一仓库与某公司达成合作，该公司需要将多种物料存放于该仓库，当公司有需求时便下达订单，仓库按照订单将对应的物料运送至公司。在合作的初期，仓库的发货数量完全按照订单需求，例如对于某种物料，该公司这一次需要80个，仓库就发80个，下一次需要140个，就发140个。经过一段时间的运营，公司和仓库对这一方案都不太满意。公司认为：仓库从收到订单到货物运达公司的时间（即提前期）较长且不固定，有时无法满足紧急订单的生产需求。仓库认为：公司对于物料的需求难以预测，整包100个的物料，若需要80个则必须拆出80个，剩下的20个虽不足一包，但仍然需要占据一个存储位置，随着时间的推移，零散物料越来越多，导致仓库空间无法充分利用。于是经过仓库与公司的商议，决定采用下面的方法：仓库每次按整包发送若干包公司需要的物料，公司拆出需要使用的数量，剩下的存放于公司，每次有需求时优先使用公司的存货，当存货不足时可以提前向仓库订货，对于长时间存放于公司但未使用的物料，则统一定期退回仓库。

案例思考题：新的配送方案是否解决了仓库和公司所烦恼的问题？

本章关键术语

仓储（Warehousing）；库存（Inventory）；
流通加工（Distribution processing）；分拣（Sorting and picking）；
装卸（Loading and unloading）

第一节　仓储及仓储管理概述

一、仓储及仓储管理的概念

仓储是对货物进行保存及对其数量、质量进行管理控制的活动。仓储是物流系统的一个子系统，在物流系统中起着缓冲、调节和平衡的作用，是物流活动的支柱之一。仓储的目的是克服货物生产与消费在时间上的差异，使货物提高时间效果，实现其使用价值。仓储管理是对仓库及仓库内的货物所进行的管理，是仓储机构为了充分利用其仓储资源，提供高效的仓储服务所进行的计划、组织、控制和协调过程。仓储具有如下功能：

（一）基本功能

仓储的基本功能是指为了满足市场的基本储存需求，仓储所具有的基本的操作或行为。仓储的基本功能包括货物的出入库、库存、分拣、包装、配送及信息处理六个方面，其中，货物的出入库与在库管理可以说是仓储的最基本的功能，也是传统仓储的基础作业。通过基础作业，货物得到了有效的、符合市场和客户需求的仓储处理，例如，包装可以为进入物流过程中的下一个物流环节做好准备。

（二）增值功能

通过基本功能的实现而获得的利益体现了仓储的基本价值。仓储的增值功能则是指通过仓储高质量的作业和服务，使经营方或供需方获取额外的利益，这个过程称为附加增值。这是物流中心与传统仓库的重要区别之一。

仓储增值功能为仓储带来的价值主要体现在两个方面：一是提高了客户的满意度，当客户下达订单时，仓储中心能够快速反应安排订单出库，使货物能够更好更快的到达客户手中，从而提高客户的满意度；二是提高了信息传递的效率，在仓库运营过程中，供应链上下游都需要对仓库内的货物信息有着全面地了解，这些为经营者决策提供了可靠的信息，降低了运营发生错误的概率。

（三）社会功能

仓储的基本功能和增值功能会给整个社会物流的运转带来不同的影响，良好的仓储作业与管理会带来正面的影响，例如，其保证了生产、生活的连续性，反之则会带来负面的影响。这些功能被称为仓储的社会功能。

可以从三个方面理解仓储的社会功能。第一，时间调整功能。一般情况下，生产与消费之间会存在时间差，通过仓储，可以克服货物产销在时间上的隔离（如季节生产但需全年消费的大米）。第二，价格调整功能。生产和消费之间会产生价格差，供过于求、供不应求都会对价格产生影响，因此，仓储可以克服货物在产销量上的不平衡，达到调控价格的效果。第三，衔接商品流通的功能。货物仓储是商品流通的必要条件，为保证货物流通过程连续进行，就必须有仓储活动。仓储可以防范突发事件，保证商品顺利流通。例如，运输被延误会使卖主缺货。对供货仓库而言，仓储可以避免由于原材料供应的延迟将导致产品生产流程的延迟。

2

二、仓储管理的基本原则

（一）效率原则

仓储的效率原则表现在仓容利用率、货物周转率、进出库时间、装卸车时间等指标，表现出高效率的仓储意味着"快进、快出、多存储、保管好"。仓储生产管理的核心就是效率管理，实现以最少的劳动量投入，获得最大的产品产出。劳动量投入包括生产工具、劳动力的数量以及他们的作业时间和使用时间。效率是仓储管理的基础，没有生产的效率，就不会有经营的效益，就无法开展优质的服务。

（二）经济效益原则

经济效益原则表现在厂商生产经营的目的是追求最大利润。作为参与市场经济活动主体之一的仓储业，应围绕着获得最大经济效益的目的进行组织和经营。与此同时，仓储也需要承担部分的社会责任，履行环境保护、维护社会安定的义务，满足社会不断增长的需要，实现生产经营的社会效益。

（三）服务原则

服务原则表现在仓储活动本身就是向社会提供服务产品。服务是贯穿在仓储中的一条主线，仓储的定位、具体操作以及对储存货物的控制都围绕着服务进行。仓储管理需要围绕如何提供服务、改善服务以及提高服务质量开展管理，包括直接的服务管理和以服务为原则的生产管理。

三、仓储的分类

（一）按仓储经营主体划分

1. 企业自营仓储

包括生产企业和流通企业自己运营的仓储。

2. 营业仓储

仓库所有者以其拥有的仓储设施，向社会提供商业性服务的仓储行为。

3. 公共仓储

公用事业的配套服务设施，为车站、码头等提供仓储配套服务。

4. 战略储备仓储

国家根据国防安全、社会稳定的需要，对战略物资实行战略储备而形成的仓储。

（二）按仓储对象划分

1. 普通物品仓储

指不需要特殊保管条件的物品仓储。

2. 特殊物品仓储

指在保管中有特殊要求和需要满足特殊条件的物品仓储。

（三）按仓储功能划分

1. 储存仓储

指物资存放时期较长的仓储。

2. 物流中心仓储

指以物流管理为目的的仓储活动，是为了有效实现物流的空间与时间价值，对物流的过程、数量、方向进行调节和控制的重要环节。

3. 配送仓储

指商品在配送交付消费者之前所进行的短期仓储，是商品在销售或者供生产使用前的最后储存，并在该环节进行销售或使用前的简单加工与包装等前期处理。

4. 运输转换仓储

指衔接铁路、公路、水路等不同运输方式的仓储，一般设置在不同运输方式的相接处，如港口、车站库场的仓储。

5. 保税仓储

指使用海关核准的保税仓库存放保税货物的仓储。

（四）按仓储物的处理方式划分

1. 保管式仓储

指存货人将特定的物品交由仓储保管人代为保管，物品保管到期，保管人将代管物品交还存货人的方式所进行的仓储。

2. 加工式仓储

指仓储保管人在物品仓储期间根据与存货人签订的合同要求，对保管物进行合同规定的外观、形状、成分构成、尺度等方面的加工或包装，使仓储物品满足委托人所要求达到的变化的仓储方式。

3. 消费式仓储

指仓库保管人在接受保管物时，同时接受保管物的所有权，仓库保管人在仓储期间有权对仓储物行使所有权，待仓储期满，保管人将相同种类、规格和数量的替代物交还委托人所进行的仓储。

第二节　传统的仓储管理

传统的仓储管理流程包括入库—在库—出库三大作业环节。如图1-1给出的仓储业务流程图。

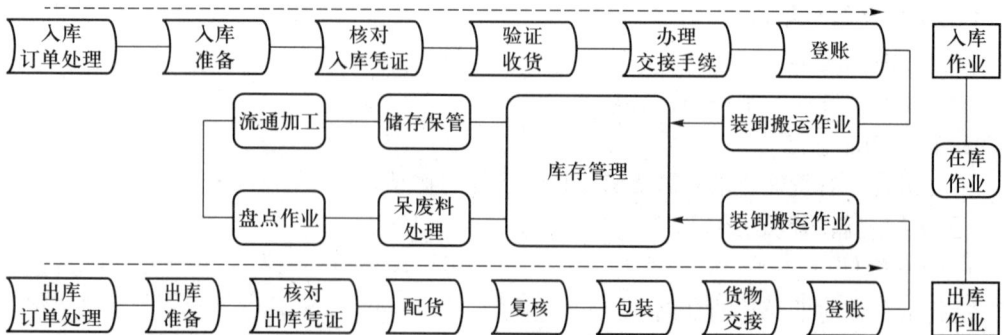

图1-1　仓储业务流程图

一、入库作业管理

入库作业也叫收货作业，它是仓储作业的开始。入库作业是指货物进入库存保管场所时所进行的装卸、搬运、清点数量、检查质量、装箱、整理、上架、堆码、办理入库手续等一系列操作。入库的工作质量，直接影响货物的储存保管以及出库作业等工作的顺利进行。

入库作业的基本要求是，根据货主的正式入库凭证，清点货物数量，计量货物重量、体积，检查货物和包装质量，并按照规程安排货物入库存放。组织过程要做到手续简单、认真把关、保证质量，缩短商品或货物的入库时间，降低入库的成本，为商品或货物有效、合理、及时地使用做好充分的准备。

入库作业管理包括三个基本流程，商品接运、入库验收和入库手续办理。商品接运是指仓库对于通过铁路、水运、公路、航空等方式运达的商品，进行接收和提取的工作；入库验收，需要对接收的货物进行数量点收和质量检验；而入库手续办理是指交货单位与库管员之间所办理的交接工作，其中包括：商品的检查核对，双方认定，在交库单上签字等。仓库一方面给交货单位签发接收入库凭证，并将凭证交给会计统计入账、登记；另一方面安排仓位，提出保管要求。

为了降低货物入库管理中的风险，减少相关损失，企业仓储管理人员要对货物入库过程的关键节点进行规范和控制。入库作业管理流程关键节点如图1-2所示。

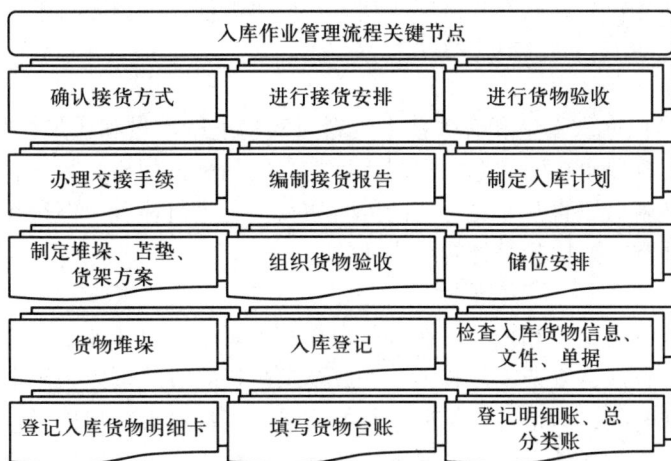

图1-2 入库作业管理流程关键节点

（一）货物接运管理

由于货物到达仓库的形式不同，除了一小部分由供货单位直接运到仓库交货外，大部分要经过铁路、公路、水路、航空和短途运输等运输工具转运。凡经过交通运输部门转运的货物，均需经过仓库接运后，才能进行入库验收。因此，货物接运是商品入库业务流程的第一道作业环节，也是仓库直接与外部发生的经济联系。

做好货物接运管理的主要意义在于，保证存入仓库的货物是没有发生运输差错的，减少或避免经济损失，为验收和保管保养创造良好的条件。

货物接运的方式大致可以分为三大类：提货接运、到货接运和库内接货。

（二）入库验收

货物入库验收是按照验收业务作业流程，进行核对凭证等规定的程序和手续，对入库货物进行数量和质量检验的经济技术活动的总称。凡货物进入仓库储存，必须经过检查验收，只有验收后的货物，方可入库保管。货物入库验收是仓库把好"三关"（入库、保管、出库）的第一道手续，抓好货物入库质量关，能防止劣质货物流入流通领域，划清仓库与生产部门、运输部门以及供销部门的责任界线，也为货物在仓库中的保管提供第一手资料。

1. 验收的要求

（1）及时。到库货物必须在规定的期限内完成验收入库工作。这是因为货物虽然到库，但未经过验收的商品没有入账不算入库，不能供应给用料单位。

（2）准确。验收应以货物入库凭证为依据，准确地查验入库货物的实际数量和质量状况，并通过书面材料准确地反映出来。做到货、账、卡相符，提高账货相符率，降低收货差错率，避免损害企业的经济效益。

（3）严格。仓库的各方都要严肃认真地对待货物验收工作。验收工作的好坏直接关系到国家和企业的利益，也关系到以后各项仓储业务的顺利开展。

（4）经济。货物在验收时，多数情况下，不但需要检验设备和验收人员，而且需要装卸搬运机具和设备以及相应工种工人配合。这就要求各工种密切协作，合理组织调配人员与设备，以节省作业费用。此外在验收工作中，尽可能保护原包装，减少或避免破坏性验收，也是提高作业经济性的有效手段。

2. 验收的内容

货物验收就是根据入库单和有关技术资料对实物进行数量和质量检验。一般情况下，或者合同没有约定检验事项时，仓库仅对入库物品的品种、规格、数量、外包装状况，以及无须开箱、拆捆就可以直观可见可辨的外观质量情况进行检验。但是在进行分拣、装配作业的仓库里，通常需要检验货物的品质和状态。

3. 验收方式

货物验收方式分为全验和抽验。在进行数量和外观验收时一般要求全验。在质量验收时，当货物批量小，规格复杂，包装不整齐或要求严格验收时可以采用全验。全验需要大量的人力、物力和时间，但是可以保证验收的质量。当批量大，规格和包装整齐，存货单位的信誉较高，或验收条件有限的情况下，通常采用抽验的方式。货物验收方式和有关程序应该由存货方和保留方共同协商，并通过协议在合同中加以明确规定。

4. 验收问题处理

货物验收中，可能会发现诸如证件不齐、数量短缺、质量不符合要求等问题，应区别不同情况，及时处理。凡验收中发现问题等待处理的货物，应该单独存放，妥善保管，防止混杂、丢失、损坏。

二、在库作业管理

（一）货物储存保管

货物经入库作业后就进入储存保管阶段，货物储存保管是指对货物进行保存并对其数量和质量进行管理控制的活动。货物在储存过程中，由于货物本身自然属性及外界因素的影响，随时会发生各种各样的变化，从而降低甚至丧失产品的使用价值。仓储货物保管就是研究商品性质以及货物在储存期间的质量变化规律，积极采取各种有效措施和科学的保管方法，创造一个适宜于货物储存的条件，维护货物在储存期间的安全，保护货物的质量和使用价值，最大限度地降低货物的损耗。现代仓储管理在经济建设、流通领域以及企业经营中都发挥了显著作用。以下从四方面介绍商品的储存保管。

1. 货物堆码方法

根据货物的特性、包装方式和形状、保管要求，方便作业和充分利用仓容以及仓库的条件确定存放方式。主要介绍以下三种。

（1）散堆法。适用于露天存放的没有包装的大宗货物，如煤炭、矿砂、黄沙等，也可适用于库内少量存放的谷物、碎料等散装货物。散堆法是直接用堆场机或者铲车从确定的货位后端起，直接将货物堆高，在达到预定的高度时逐步后退堆货，后端先形成立体梯形，最后成垛，整个垛形呈立体梯形状。散堆法绝不能采用先堆高后平垛的方法堆垛，以免堆垛超高时压坏场地地面。

（2）货架存放法。适用于小件，品种规格复杂且数量较少，包装简易或脆弱、易损害、不便堆垛的货物，特别是价值较高并且需要经常查数的货物。货架存放需要使用专用的货架设备。常用的货架有：橱柜架、悬臂架、U形架、多层平面货架、托盘货架、多层立体货架等。

（3）堆垛存货法。对于有包装（如箱、筒、袋、箩筐、捆、扎等）的货物，包括裸装的计件货物，采取堆垛的方式储存。堆垛方法储存能充分利用仓容，做到货垛整齐，方便作业和保管。堆垛方式包括纵横交错式、重叠式、仰俯相间式、栽柱式、衬垫式、压缝式。通风式、直立式。常见垛型有平台形、立体梯形垛、起脊垛、行列垛、井形垛、梅花形垛。

2. 苫盖与垫垛技术

苫盖是指采用专用苫盖材料对货垛进行遮盖，以减少自然环境中的阳光、雨雪、刮风、尘土等对货物的侵蚀、损害，并使货物由于自身理化性质所造成的自然损耗尽可能地减少，保护货物在储存期间的质量。常用的苫盖材料有：帆布、芦席、竹席、塑料膜、铁皮、铁瓦、玻璃钢瓦、塑料瓦等。苫盖方法有三种：① 简易苫盖法。按照货物堆码外形，把苫盖物直接敷盖在货物上面，适用于大件包装货物和屋脊形货垛的苫盖。② 鱼鳞式苫盖法。用苫盖物沿货垛底端逐层向上苫盖。③ 棚架式苫盖法。根据堆码的垛形，用苫盖骨架与苫盖物合装成房屋状，用以苫盖货垛。

垫垛指在货物码垛前，在预定的货位地面位置，使用衬垫材料进行铺垫。垫垛要在货物堆垛之前，根据货垛的形状、底面积大小、货物保管养护需要、负载重量等要求，预先铺好垫垛物。垫垛的目的在于隔潮，要根据货物性能、气候条件来确定。货场存放货物的货区四周应有排水沟，并保证排水流畅，不被阻塞，暴雨不泡垛。常见的衬垫物有：废钢轨、钢板、枕木、木板、水泥墩、垫石、货板架、油毡、帆布、芦席、塑料薄膜等。目前，一般采用专门制作的水泥墩或石墩、枕木、木板。由于垫垛是一项重复而又繁重的劳动，所以现在正在逐步推行固定式垛基，如用水泥预制件代替枕木，可以不移动地重复使用，节省劳动力，提高作业效率。

3. 物料编码

为了保证仓储作业准确而迅速进行，必须对存储的货物进行清楚而有效的编码。物料编码是以简短的文字、符号或数字、号码来代表物料、品名、规格、类别及其他有关事项的一种管理工具。

物料编码原则：① 简单性。物料编码在使用文字符号或数字上应力求简单明了。② 分类展开性。物料复杂，物料编码大分类后还要加以细分，分类细分项目通常以五至九个较佳。③ 完整性。在物料编码时，所有的物料都应有物料编码可归，这样物料编码才能完整。④ 唯一性。物料编码的唯一性是指一个物料编码只能代表一种物料，同一种物料只能对应一个物料编码。⑤ 一贯性。物料编码要统一不能随意变更。⑥ 可扩展性。物料编码要考虑到未来新产品发展以及产品规格的变更而发生的物料扩展或变动情形。⑦ 组织性。物料编码依其编码系统，作井然有序的组织与排列，以便可随时从物料编码查知某项物料账卡或数据。⑧ 适应计算机管理。计算机的应用已经比较普及，因此在编码时一定要考虑录入的方便性，如编码尽可能短、少使用特殊符号等。⑨ 充足性。物料编码所采用的文字、记号或数字，必须有足够的数量，以便所组成的个别物料编码足以代表所有个别物料，以及应对将来物料扩展时的实际需要。⑩ 易记性。在不影响上述九项原则之下，物料编码应选择易于记忆的文字、符号或数字，或赋予暗示及联想性。

物料编码的方法：① 阿拉伯数字法，是以阿拉伯数字作为物料编码的工具，采用一个或数个阿拉伯数字代表一项物料，较常见的有下列几种：连续数字编码法、分级式数字编码法、区段数字编码法、国际十进制分类法。② 英文字母法，以英文字母作为物料编码工具的物料编码法，注意英文字母中 I、O、Q、Z 与阿拉伯数字 1、0、9、2 容易混淆，故多废弃不用。③ 暗示编码法，指物料编码代表物料的意义，可自编码本身联想出来。暗示编码法又可分为字母暗示和数字暗示。④ 混合法，混合法物料编码通过联合使用英文字母与阿拉伯数字来进行物料编码，其多以英文字母代表物料的类别或名称，其后再用十进制或其他方式编阿拉伯数字号码。

4. 货物养护

货物养护是指货物在储存过程中所进行的保养和维护。从广义上说，货物从离开生产领域到进入消费领域之前这段时间的保养与维护工作，都称为货物养护。

货物养护的基本任务就是面向库存货物，根据库存数量多少、发生质量变化速度、危害程度、季节变化，按轻重缓急分别研究制定相应的技术措施，使货物质量不变，以求最大限度地避免和减少商品损失，降低保管损耗。

货物质量变化分为物理变化、机械变化（货物在外力的作用下，发生形态、弹性的改变以及货物外观的变化）、化学变化、生理生化变化（生命活动的有机体，在生长发育的过程中，为了维持其生命活动，其自身发生的一系列变化）、生物学变化（在外界有害生物作用下受到破坏的现象，如虫蛀、鼠咬、霉腐等）。

货物养护的基本措施和原则如下：

① 掌握货物的性能，适当安排储存场所；

② 严格入库验收；

③ 合理堆垛苫垫；

④ 加强仓库温湿度管理；

⑤ 坚持在库检查；

⑥ 开展科学实验研究。

（二）货物流通加工

货物流通加工是在货物从生产地到使用地的过程中，根据需要施加包装、分割、计量、分拣、刷标志、拴标签、组装、组配等简单作业的总称。

流通加工是为了提高物流速度和货物的利用率，在货物进入流通领域后，按客户的要求进行的加工活动，即在货物从生产者向消费者流动的过程中，为了促进销售、维护货物质量和提高物流效率，对货物进行一定程度的加工。流通加工通过改变或完善流通对象的形态来实现"桥梁和纽带"的作用，因此流通加工是流通中的一种特殊形式。现代生产的发展，网络经济的增长，人们对流通作用的观念转变，以及效益观念的树立，促使在流通领域开展流通加工。

流通加工合理化是指实现流通加工的最优配置，也就是对是否设置流通加工环节、在什么地方设置、选择什么类型的加工、采用什么样的技术装备等问题做出正确抉择。

不合理的流通加工包括地点设置不合理、方式选择不当、流通加工作用不大、形成多余环节、流通加工成本过高、效益不好等方面。而实现流通加工合理化的途径包括：

（1）将流通加工设置在配送点中。一方面按配送的需要进行加工，另一方面加工又是配送作业流程中分货、拣货、配货的重要一环，加工后的产品直接投入配货作业，这就无需单独设置一个加工的中间环节，而是流通加工与中转流通巧妙地结合在一起。

（2）加工和配套结合。配套是指对使用上有联系的用品集合成套地供应给用户使用，配套的主体来自各个生产企业，不能由某个生产企业全部完成。这样，在物流企业进行适当的流通加工，可以有效地促成配套，大大提高流通作为供需桥梁与纽带的作用。

（3）加工和合理运输结合。利用流通加工，在支线运输转干线运输或干线运输转支线运输等这些必须停顿的环节，不进行一般的支转干或干转支，而是按干线或支线运输合理的要求进行适当加工，从而大大提高运输及运输转载水平。

（4）加工和合理商流结合。流通加工也能起到促进销售的作用，从而使商流合理化，这也是流通加工合理化的方向之一。

（5）加工和节约结合。节约能源、节约设备、节约人力、减少耗费是流通加工合理化重要的考虑因素，也是目前我国设置流通加工并考虑其合理化的较普遍形式。

对于流通加工合理化的最终判断，是看其是否能实现社会和企业本身的两个效益，是否取得了最优效益。流通企业更应该树立社会效益第一的观念，以实现产品生产的最终利益为原则，只有在生产流通过程中不断补充、完善为己任的前提下才有生存的价值。如果只是追求企业的局部效益，不适当地进行加工，甚至与生产企业争利，这就有违于流通加工的初衷，或者其本身已不属于流通加工的范畴。

（三）盘点作业

因货物不断地进、出库，长期累积下的库存信息容易产生与实际数量不符的现象。或者有些产品因存放过久或存放不当，致使品质受影响，难以满足客户的需求。为了有效地控制商品数量，而对各储存场所进行数量清点的作业，称为盘点作业。盘点结果往往差异很大，若公司未能及时有效地进行盘点作业，对公司的损益将有重大影响。

盘点应做到：确定现存量，并修正账物不符的误差；计算企业的损益；发现仓储管理中的问题。一般盘点作业流程如图1-3所示。

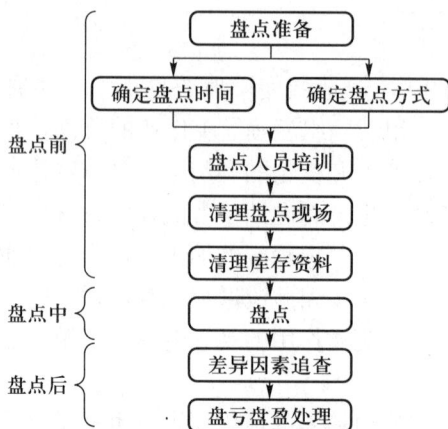

图1-3　盘点作业流程

其中盘点准备工作内容如下：

① 明确建立盘点的程序方法；

② 配合会计决算进行盘点；

③ 盘点、复盘、监盘人员必须经过训练；

④ 经过训练的人员必须熟悉盘点用的表单；

⑤ 盘点用的表格必须事先印制完成；

⑥ 库存资料必须确实结清。

以一般生产厂而言，因其货物流动速度不快，半年至一年实施一次盘点即可。但在物流中心货物流动速度较快的情况下，最好能根据物流中心各货物的性质制定不同的盘点时间。此外，因盘点场合、需求的不同，盘点的方法也有差异，为符合不同的状况，盘点方法必须以盘点时不致混淆为基本原则。

当盘点结束后，发现所得数据与账簿资料不符时，应立即追查产生差异的原因。

差异原因追查后，应针对原因进行调整与处理，至于呆废料、不良品减价的部分需与盘亏一并处理。货物除了盘点时产生数量的盈亏外，有些货物在价格上会产生增减，这些变化在经主管审核后必须利用货物盘点盈亏及价目增减更正表修改。

以账或物来分，盘点可分为账面盘点和现货盘点；以盘点周期来划分，盘点可以分为定期盘点和不定期盘点；以盘点区域来划分，盘点可以分为全面盘点和分区盘点。下面重点介绍仓库盘点的常用方法——账面盘点和现货盘点。

1. 账面盘点

账面盘点又称永续盘点，是将每一种货品分别设账，把每天入库及出库货品的数量及单价，记录在计算机或账簿上，而后不断地累加算出账面上的库存量及库存金额，不必实地盘点即能随时从计算机或账簿上查悉货品的存量。通常量少而单价高的货品较适合采用此方法。

2. 现货盘点

现货盘点又称为"实地盘点"或"实盘"，也就是实际去点数仓库内的库存，再依货品单价计算出实际库存金额的方法。依其盘点时间频度的不同又分为"期末盘点"及"循环盘点"。期末盘点是指在期末一起清点所有货品数量的方法，而循环盘点则是在每天、每周即作少种少量的盘点，到了月末或期末则每项货品至少完成一次盘点的方法。

目前，国内大多数仓库已使用计算机处理库存账务，当账面数与实盘数不相同时，有时难以判别是账面盘点有误还是现货盘点有误。因此，可以采用"账面盘点"和"现货盘点"平行的方法，以查清误差出现的实际原因。

（四）呆废料处理

呆料即存量过多、耗用量极少、库存周转率极低的物资。这种物资可能偶尔耗用少许，可能不知何时才能动用甚至根本不再有动用的可能。呆料为可用物资，并未失去物资原有的特性和功能，只是待在仓库中，很少动用。废料指报废的材料，即经过使用，本身已残破不堪、磨损过甚或已超过寿命年限，以致失去原有的功能而本身并无利用价值的物料。

物料成为呆废料之后，其价值急剧下降，但是仓储管理费用并不因为物料价值下降而减少，因此以同样的仓储管理费用保存价值急剧下降的物料，显然不是很经济。

1. 呆废料的产生

产生呆废料的原因有很多，可能产生于多个部门，比如销售部门、设计部门、计划与生产部门、物资控制与货仓部门、物资管理部门、品质管理部门等。除科技因素影响外，其他原因有：

（1）呆料形成的原因。少数不良品的存在；时间过长引起物料的变质；生产计划错误，造成物料种类变更；变更产品设计，造成物料种类变更；更改订单，导致物料的用量削减；机械设备报废，造成备用品剩余。

（2）废料形成的原因。陈腐；锈蚀；经济价值极低的边角料；不良产品拆解产生的无利用价值的零件或包装材料。

2. 呆废料的处理

有效地处理呆废料，对于物料部门来说非常重要。

（1）呆料的处理方式。① 调拨和修改。本部门的呆料，其他部门仍然可以设法利用，可交由呆料管理部门进行调拨，若呆料少有再利用的机会，有时仍可将呆料在规格上稍加修改，再加以利用。② 出售或交换。可打折出售给原来的供应商或其他公司，也可以采取以物易物的方式处理。③ 破坏销毁。对无法出售、交换、调拨和再利用的呆料，宜以物料的类别分别考虑破毁、焚毁或掩埋。

（2）废料的处理方式。① 移作他用。指废料解体后，其中有许多可移作他用的物料，如机械零件、电子零件等可以重新使用。② 残料利用。指废料解体后，其中仍有残料，如钢片等可做残料利用。

三、出库作业管理

出库业务是指仓库按照出库单上的商品名称、规格、型号和数量等将对应的SKU聚集并打包出库的流程。出库是仓储作业中的关键流程。一般而言，以出库目的区分的话，出库形式有以下两种：

仓库配送。仓库配送是最常见也是最重要的出库作业，包含出库作业生成、波次、单证打印、拣货、分拣、包装和发运。发运形式包括直接配送至客户和客户到自提点自提。因为自提点一般不会设置在仓库，因此发运到自提点的流程是必不可少的。

调拨。调拨是指以多个仓库之间的库存转移为目的的出库作业，通常是整箱出库或者整托盘出库。调拨的原因包括库存策略调整、自仓爆仓、他仓缺货和仓库搬迁等。

（一）出库作业生成

在电子商务零售中，以满足客户订单为目的的出库作业是最为常见的。此类作业订单称为配送订单（Distribution Order，简称 DO），由客户订单（Sales Order，简称 SO）分配而来。分配通常由 ERP 系统根据各仓库的库存情况进行。具体而言，当客户下达一张客户订单后，如果当前时刻此客户订单可以只由一个仓库满足或者订单中的商品只存在一个仓库时，则 ERP 将客户订单传送给仓库成为配送订单。此时客户订单和配送订单包含的商品内容完全一致。

如果该客户订单无法由一个仓库满足，则其将会被拆分为多个配送订单分配到不同的仓库，其逻辑如图 1-4 所示，这种情况称为拆单。此时每个配送订单都只包含客户订单中的部分商品，每个仓库只负责收到的配送订单中的商品出库。

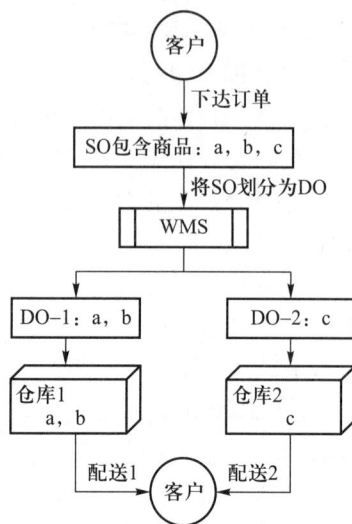

图 1-4　客户订单转配送订单逻辑示意图

（二）波次

在出库作业中，一名拣货人员每次完成一张客户订单是最简单的形式。然而对于电子商务零售业而言，这样是无法满足当今的销售规模的。因此常见的做法是将多张客户订单整合由一名员工完成拣货，整合后的订单称为一个波次。这样的好处是如果多张客户订单都需要同样的商品，则拣货人员只需要一次拣货。

波次规模，即一个波次包含的订单数量。通常由零售商所决定，需要考虑的因素有订单到达速度、波次分配原则等。一般而言，波次规模过大，订单的单位拣货时间会降低（重复的商品数增多），但是订单的单位等待时间也会变长（因为订单池一定要有足够数量的订单才能形成波次，则早到达的订单需要等待更长的时间）；如果波次规模过小，则订单的单位等待时间较少，但是波次拣货的优势则不明显。

波次分配的原则包括先到先服务、分区域生成和特殊优化原则，也存在根据拣货车辆装载能力来生成波次的情况，此时波次中包含的订单数是不确定的。波次分配的结果对于出库作业的效率有着重大的影响，在下一节将会对波次分配优化进行详细的介绍。

（三）单证打印

单证打印是将系统中分配好的拣货安排落实到实际操作的过程。一般而言分配好的波次会生成一张波次单和若干张出库单（每张对应一个客户订单），波次单里面包含该波次所需要的所有商品及数量，而不会包含单一的订单信息。拣货人员只需要按照波次单上的商品完成拣货即可。出库单只包含单一订单的商品信息，与商品一起发运至顾客，供客户核对商品。

在实际操作中，需要注意的是纸质发票的操作。虽然目前国家正在推行电子发票，但是纸质发票依然占据着主要地位。对于需要纸质发票的客户订单，应该将打印好的发票与对应的出库单（注意不是波次单）放置在一起，并确保不容易与其他订单混淆，常见的出库单样式如图1-5所示。

出 库 单

付给 _____　　　　　年　　月　　日　　类别 _____　编号 _____

货号	品名	规格	单位	数量	单价	金额							
						百	十	万	千	百	十	元	角	分
负责人		仓库负责人		出库经手人		记账		合计						

图1-5　常见的出库单样式

（四）拣货

拣货是拣货人员到所需商品的库位上取所需数量的商品放入拣货车并带到分拣区的过程。拣货是出库作业中耗时最长的流程，通常可以占60%左右。

为了提高拣货效率，仓储作业中通常会根据自身情况采用不同的拣货方式，如接力拣货、分区拣货等。作为耗时最长的作业流程，拣货作业有着巨大的可优化空间，在下一节将会详细介绍。

（五）分拣

分拣是指将拣货完毕的一个波次还原成一个个独立的订单的过程。一般分拣作业还有复查拣货是否完整的功能。同时对于被中断的订单（因为客户中途取消之类的原因），分拣环节是合适的拦截时间。

对于波次规模固定的仓库，分拣作业通常使用固定的分拣格进行。即用固定数量的格子与一个波次中的订单一一对应，分拣员工只需要将商品放入对应的格子即完成分拣。在这种情形下，每个订单所对应的分拣格在波次生成时即可确定并打印在出库单上，这样有利于降低分拣工作的出错率。

对于波次规模固定且较小的仓库，还可以采用边拣边分的拣货策略。边拣边分即将拣货和分拣流程合二为一，在拣货车上划分好固定数量的区域，每个区域代表一个订单，在拣货时将商品放入对应的区域中。拣货完成时分拣也就随之完成。

（六）包装

包装是将分拣好的商品与出库单和发票打包并用合适的容器包装准备运输。包装环节还包含复核拣货和分拣作业正确性的功能。

在包装时，需要注意的是避免商品在运输途中出现破损。因此一般需要充气袋、泡沫等填充物的辅助。因为包装不当使得商品出现破损会严重影响顾客的评价，是非常不可取的。因此仓库应该为包装环节制定严格明确的操作规范。

（七）发运

发运是指包装完成后将包裹转交运输方的流程。运输方既可以是自建物流，也可以是第三方物流。发运时注意合理安排出货口，避免物流车辆在仓库外形成堵塞，降低效率。如果同时存在多家第三方物流，则需要合理安排提货时间，避免工作负荷过大。

第三节　智慧仓储管理

与传统的仓储管理流程相比，智慧仓储管理是仓储管理的发展方向，通过与物联网、5G、数字孪生、AR、MR等新兴技术的结合，实现对存储货物的高效管理和对需求的快速响应，包括智慧采购、智慧仓储和智慧配送三方面。

一、智慧采购

（一）智慧采购概念和特点

1. 概念

智慧采购是指通过精准分析，进行高效、精准、安全的推荐，并根据采购需求和推荐进行智能寻源，实现智能决策，让采购与使用者实际需求相匹配。京东企业购首次明确智慧采购定义及行业标准，京东认为科技引领智慧采购，随着每一次技术驱动，企业的采购行为从传统的线下采购到线上采购，现已进入4.0智慧采购时代。

从供应商寻源到实施采购，智慧采购可以帮助客户实现采购的数字化转型。其智能工作流程可实现企业采购管理流程自动化、敏捷性，并为客户通过转型创造更大价值奠定基础，同时提供了采购和应付款的可视化及相关实时洞察。

2. 特点

（1）数字化。智慧采购系统包含全品类的采购，同时打造的采购商城、采购系统、战略寻源与供应商管理等产品，覆盖了企业采购全场景；其次，智慧采购系统还能够整合外部物流、电子发票等服务，构建了互联互通的数字化采购模式。

（2）智能化。智慧采购系统拥有自动需求预测、自动下单等规则，帮助企业实现从需求到支付的采购流程自动化与标准化，全面提高采购效率。智能化还体现在智能比价和智能预警功能，帮助企业挖掘数据价值，为企业管理者提供企业采购数据分析，支撑企业采购决策管理。

（3）平台化。智慧采购系统不仅包含诸多采购所需的基础功能，能够同时供多级用户开发使用，能够无缝连接企业内部ERP、SAP、OA与财务系统，打造了智能采购云平台，满足企业采购的个性化需求。

（二）智慧采购系统

智慧采购系统包括很多功能的模块。如智能采购模块、战略寻源模块、供应商管理模块。智能采购系统中的模块根据不同场景进行组装，从而满足不同客户多场景采购需求。

1. 智能采购模块

该模块能够对接行业内的各商家平台，实现商品数据一站汇集。此外通过系统智能算法推荐，用户能够快速识别性价比高的商家进行采购。

2. 战略寻源模块

该模块主要进行寻源策略管理，基于策略驱动业务，为企业实现策略化的寻源项目管理。通过战略寻源模块，企业能够快捷地在线询比价，实现与供应商的高效协同，更加精准地找到供应商。

3. 供应商管理模块

供应商管理模块主要包括供应商生命周期管理、供应商绩效管理、供应商分类分级管理以及供应商的风险监控。企业在采购过程中对供应商的管理从供应商的引入开始到退出，其中不可缺少的是绩效管理。通过收集供应商日常的工作数据，对供应商进行科学的绩效评估并排名，实施分类，基于不同标准对供应商进行分级管理。最后，此模块还可实时监控供应商的风险，以应对多变的市场环境。

（三）智慧采购决策

在传统采购中包含诸多决策，如采购量、采购时间以及选择采购对象，在智慧采购中，这些决策可在系统中一一实现，在保证采购决策有效性的同时，大幅提升了决策的及时性和准确性，以整个采购策略最佳为宗旨进行采购管理，最终形成符合企业整体采购战略的智慧采购体系。

1. 供应商管理

供应商管理是指企业在进行采购时对供应商的全方位闭环管理。通过对供应商进行全周期的管理，企业能够更好地掌控供应商的服务质量，把控采购过程中的风险，从而提高采购质量。在供应商管理中，最重要的是供应商绩效管理，将采购过程中涉及的指标，如充货率、提前期等加入绩效考核体系，得出供应商服务质量排名，并定期将排名靠后的供应商剔除出采购系统，以保证高质量供应商在采购中的占比。

2. 需求预测

需求预测一般是指根据过去和现在一段时间内的需求资料以及影响市场需求变化的因素之间的关系，利用一定的经验判断、技术方法和预测模型，对未来一段时间内的指标进行预测。在采购中需要对企业未来一段时间内需要的商品进行采购，采购前需要确定采购量；一是作为企业采购决策的前提，二是为企业编制采购计划提供依据，三是提高企业竞争能力和经营管理水平。智慧采购中，最重要的就是对采购量进行需求预测，以提高采购量的准确度，防止采购量过少导致用户流失，或采购量过多导致资源的占用。

目前有许多人工智能驱动的预测方法，可以将供应链中的错误减少 30% 到 50%，从而使库存缺货情况和仓储成本降低了大约 10% 到 40%，提高的准确性使销售损失减少了 65%。人工智能的需求预测方法可帮助企业降低供应链成本，并显著改善财务规划、产能规划、利润率和风险评估决策。

3. 采购策略

除采购量是采购中需要决策的重点外，采购策略也是企业需要重视的。采购策略是确定物资采购及操作执行的管理原则，以提高采购效率、采购操作规范性及采购总成本的控制水平。

企业要想降低采购成本，就必须有一个正确的采购策略给予支撑。传统的采购策略有定量采购策略与定期采购策略，数智化采购系统中还有（min, max）采购策略，可根据安全库存与最大库存量进行采购。确定合理的采购策略，对降低经营成本，提高企业效益，促进企业发展起着重要的作用。

二、智慧仓储

智慧仓储又叫数智化仓储，包括仓库选址、仓库选品、库位推荐、拣货路径、波次优化等不同流程。其中，仓库选址及选品属于数据仓库规划层面的运作优化，库位推荐、拣货路径、波次优化属于仓库内部的运作优化。

（一）仓库选址

仓库选址是仓储运作的第一步，是指在一个具有若干供应点及需求点的区域内，选择若干地址建立仓库，以满足供需匹配的规划过程。合理的选址方案应使商品通过仓库的汇集、中转、分发，达到需求点的全过程的效益最优。仓库的选址直接影响物流服务导向与物流成本情况，是后期物流配送规划的基础。从仓库选址的影响因素来看，主要分为两类：外部环境因素和企业内部因素，外部环境因素主要包含政策因素、经济因素、环境因素和技术因素；企业内部因素主要包含物流因素、成本因素、时效因素和战略因素。在数智化仓储的大背景下，应该加强对不同区域历史需求的分析，包括品类及需求数量，并综合对市场需求的预测，以综合成本最低和服务水平最高为目标，确定在区域内是否设置仓库以及仓库的位置。

（二）仓库选品

当仓库位置确定之后，则需要确定在仓库中存储哪些商品以及存储的数量，该问题被称为仓库选品问题。在电子商务发展的初期，商品种类有限，商家往往将仓库设置在产地或经营所在地，便于管理。随着电子商务的快速发展，用户剧增，商品种类越来越多，不同地区消费者的消费偏好也慢慢呈现出来，因此单一仓库存储已不能满足消费者的需求，而在全国各地设置分仓，则必须面对的是各个仓库存储哪些商品，以实现对消费者需求的快速满足。此外，若选品不合理，导致消费者的订单需要从多个仓库出库（也称为拆单），既会增加商家物流成本，又会降低消费者实际体验。随着业务复杂程度的提升，仓库选品问题也越来越复杂，基于数智化仓储的管理思想，选品问题需要与其他问题进行联合优化，以实现整体最优。

仓库内部的运作优化随着仓库运作模式的转变也在发生着许多的变化，从最初的人工管理库存，随机存储的粗放管理到开始应用数字化、信息化的仓储管理系统再到结合物联网、5G、数字孪生等技术的数智化仓储，引入的技术在增多，问题的复杂性也同步提高。例如在初始的传统仓库下，订单较少，拣货人员只需根据仓库收到的订单进行拣选即可，无法考虑到订单与订单之间的关联，无法考虑不同订单之间存储位置关系。相比之下，在当前较为先进的自主移动机器人（Automatic Mobile Robot, AMR）仓库中，仓库内部的运作管理需要考虑到成百上千台AMR的任务分配、路径规划、波次优化，与传统仓库相比，在该场景下的拣货优化则需考虑订单之间的关联性、存储位置、AMR的状态以及工作台的状态等，复杂性大幅上升。

（三）库位推荐

仓库库位推荐，是仓储规划和作业的基础工作。将货品放置到合适的库位，使仓内货品库位最优，可以减少货物搬运的成本，提升工人拣货效率，降低货物在存储及搬运过程中的损耗，从而降低仓库作业成本。优化库位分配时，除需要考虑一些基础准则外，还需具体到所调研的仓库。首先考虑的是大部分产品按大类分类存储，可保证同一性。对于出库频次特别高的产品可集中存储。相关研究表明，产品的周转率和相关性对产品的货位分配影响最大，所以可以将这两个准则作为推荐货位的目标准则。同时，为了避免仓库内出现库容不足、频繁补货现象，将产品的尺寸准则作为推荐货位的约束准则；同时将产品的质量也作为约束，将质量大的产品放置在货架下部，确保货架稳定。

（四）拣货路径

拣货路径指在一次拣货中，将订单要求的所有商品拣出时在仓库中行走的轨迹。注意在一次拣货中，可能只完成一个订单，也可能同时完成多个订单（如一个波次）。据统计，常规的拣货作业劳动量占用仓库作业量的60%，而其移动成本占90%左右，拣货作业时间至少要占配送中心全部作业时间的30%~40%。所以说，拣货作业是仓库作业的核心部分。尤其是在采取人至物的拣货方式的仓库中，拣货路径对仓库效率的影响尤为突出。

（五）波次优化

波次指的订单波次，被分配到同一名拣选人员同时拣选的订单称为一个波次。良好的波次划分能够使得后续的拣货流程达到尽可能高的效率，从而提升整个仓库的运营效率。实际操作中，快消品电商在接收到顾客订单后，由其系统自动将顾客订单转化为包含货品仓储位置信息的后台订单，再依次对订单进行波次生成、拣货、分拣、包装等工作。快消品电商产生波次的传统方法是基于先进先出策略，将依次到达的一定数量的订单组合成一个波次，虽然是批量处理订单，但这种方式没有从根本上避免以单张订单为单位处理时存在的问题，尤其是在市场需求激增时，仓库极有可能面临爆仓的风险。波次优化则能够根据订单信息合理地组合零散订单，使拣货人员在更短的行走距离内完成尽可能多的拣货任务，提高仓库整体运作效率。

三、智慧配送

（一）智慧配送的概念

配送是指根据客户要求，对物品进行分类、拣选、集货、包装、组配等作业，并按时送达指定地点的物流活动。传统物流配送作业中主要存在拣货效率不高、货单不符、配送路线重复等问题导致配送成本过高。智慧配送通过物联网技术、网络通信技术、地理信息系统（GIS）、无人技术等信息化技术以及先进的管理方法，实现配送订单的高效处理、货物的快速分拣、路径的优化与跟踪，提高物流配送效率和降低配送成本。

智慧配送即配送的数智化，包括配送作业各个环节的自动化、数字化与智能化。自动化是实现配送数智化的保障，物流中心的自动化是由各种设备相互配合实现的，包括自动化立体仓库、自动分拣设备、分拣机器人、可穿戴设备等。自动化仓储物流设备可以实现货物分拣的自动化处理和全程的跟踪，不但可以提高拣货效率，还可以降低拣货的错误率。数字化是实现配送数智化的基础，通过物联网技术对配送作业的各个环节进行自动化数据采集，及时准确掌握作业过程中的真实数据，高效跟踪配送订单以及相关信息，为智能化决策提供支持。智能化是实现配送数智化的核心，利用大数据、云计算、人工智能和深度学习等互联网技术，充分考虑顾客需求和现实环境因素，进行配送作业的协同调度和实时调控，实现配送订单的敏捷化、柔性化的响应，提高配送绩效和服务质量。

（二）智慧配送的相关技术

配送包括"配"和"送"两个关键环节。"配"是指匹配订单所需商品并打包，主要在仓库内部完成。"送"则是指将打包好的商品运送至顾客。仓库内部的硬件设施，如自动移动机器人、智能输送设备等已有介绍，这里主要介绍在"送"中需要用的相关技术。

1. 地理信息系统（Geographic Information System，GIS）

GIS是在计算机软硬件系统支持下，对有关地理分析数据进行采集、存储、管理、运算、分析、显示和描述的技术系统。我国自主研发的北斗卫星导航系统，是继GPS、GLONASS之后的第三个成熟的卫星导航系统，能为全球用户提供全天候、全天时的高精度、高可靠的定位、导航、授时服务。GIS以卫星导航系统提供的公共地理定位信息为基础，以分析模型为驱动，具有极强的空间综合分析和动态预测能力，可以为空间问题的解决和决策提供帮助。配送作业中，GIS系统在设计上需要满足五大功能需求：信息查询、数据维护、配送路线设计及调整、辅助决策、配送评价。

2. 无人货车

无人货车是指利用自动驾驶技术进行长途运输和配送的物流车辆。自动驾驶汽车依靠人工智能、视觉计算、雷达、传感器、监控装置和全球定位系统协同合作，实现在没有任何人工操作的情况下安全行驶，这有利于降低货运中交通事故发生率和人员伤亡情况。当前货运行业仍然存在劳动力不足的问题，自动驾驶技术相当于将货车变成一台自动化设备，从而实现全天候不间断的配送作业，而司机也转变为一名货运管理员，仅需在货物的装卸作业中进行操作，在行驶过程中则可以放心休息，大大降低劳动力负担，提高物流配送的效率，降低物流成本。目前无人货车的技术尚未成熟，要真正在开放路段运用无人货车技术，不仅需要突破自动驾驶技术难题，更重要的是相关法律政策和基础设施的配套发展。

3. 智能配送站

智能配送站是一个高度自动化、集约化的配送中心，设有自动化分拣区、配送机器人停靠区、充电区、装载区等多个区域，能够完成货物分拣、机器人停靠、充电等一系列环节。配送机器人（即无人快递车）具有自主导航行驶、智能避障避堵、红绿灯识别、人脸识别取货能力。当包裹从物流仓储中心运输至配送站后，在物流分拣线按照配送地点对货物进行分发，分发完成后，站内装载人员按照地址将包裹装入配送机器人，再由配送机器人配送至消费者手中。随着电子商务的全面铺开和人力成本的提高，智能配送站是在保证安全性和稳定性的基础上，有效控制配送成本和提高顾客服务体验的措施，也是解决城乡物流"最后一公里"配送难题的重要发展方向。

4. 无人机

无人机是无人驾驶飞机（Unmanned Aerial Vehicle, UAV）的简称，是利用无线电遥控设备和自备的程序控制装置操纵的不载人飞行器，可军民两用，其应用范围十分广泛，例如农药喷洒、地质勘测、城市管理等。无人机具有灵活性强、时间成本低、突破陆地条件限制的优势，不论是交通情况复杂的城市，还是地广人稀、地形多变的农村山区，搭配智慧技术的无人机均是一种较好的选择。目前无人机在物流领域主要是应用在农村及偏远地区的快递末端配送环节，对紧急件、医疗物资配送的应用价值较高。无人机在智慧配送中的应用还存在一些局限性，一是续航时间短、作业半径小、受天气影响大等技术瓶颈；二是无人机特有的空域管理相关政策和执行措施仍未完善；三是无人机运行不稳定以及自带摄像头对人身财产和个人隐私存在一定威胁。

（三）智慧配送优化决策

1. 配送节点的选址优化

节点选址是指在一个具有若干供应点及若干需求点的经济区域内，选择一个或多个地点作为物流节点使得目标最优的规划过程。选址的目标有运输成本最低、节点数最少、服务水平最高等。配送节点选址是物流规划中最重要的长期决策之一，选址的好坏直接影响服务质量和效率，好的选址可以帮助企业降低成本、提高服务水平，有效提高企业竞争力，而差的选址不但会造成高昂的配送成本，甚至会对社会经济造成损害。

自1909年德国的著名经济学家Webert研究单一仓库选址使仓库到顾客的运输总距离最小开始，设施选址问题的模型和相关算法不断丰富，包括分支定界法、拉格朗日松弛法、禁忌搜索算法、模拟退火法以及遗传算法等。运用科学的方法决定配送设施的地理位置，使之与物流运作系统有机结合，可以经济有效地实现系统目标。配送系统中涉及多级多类物流节点，节点选址需要考虑众多现实因素以及快速变化的环境，机器学习和深度学习在现代的选址问题中正发挥越来越大的价值。

2. 配送路径优化

车辆路径规划（VRP）作为运筹学和组合优化领域中最经典的问题，最早由Dantzig和Ramser于1959年首次提出，指给定配送中心和客户点，多个客户点有不同的货物数量需求，设计一辆或多辆车的行驶路线将货物由配送中心送至客户，在一定约束下满足客户需求并达到例如路程最短、成本最小、时间最少等目的。合理规划车辆路径不但有利于提高服务水平、降低企业配送成本，而且对解决城市道路交通拥堵问题有着十分重要的作用。

VRP中常见的算法有遗传算法、粒子群算法、禁忌搜索算法、神经网络算法、蚁群算法等。对于动态车辆路径规划问题，目前相关的研究多采用插入新需求点和调整部分线路的局部优化方法，使用启发式算法实现配送路径高效快速的实时优化。以GPS、GIS、车联网、大数据、智能算法等为技术基础，一方面采集配送路径信息，优化运输路线，设计最优的运输路径，同时收集需求量和需求点的变化信息、交通拥堵和管制情况、车辆故障信息以及天气、路况等动态信息，实时调整配送路线，实现配送路径优化智能管理，降低运输成本、节约运输时间，高效响应顾客需求。

3. 车辆配载优化

车辆配载是指根据货物配送信息、货物体积重量形态及车辆信息，以最大化货物总量、最小化车次总数或者最小化装卸次数等为目标，制定运输车辆的优化配载方案，降低车辆空载率，提高配载效率，节省运力，降低配送成本。车辆配载的基本原则有轻重搭配、大小搭配、货物性质搭配、目的地搭配以及不超容量等。合理配载能够有效整合社会物流资源，减少货物运输带来的城市污染与交通拥挤问题，为社会带来巨大的生态、经济效益。

车辆配载问题（Vehicle Loading Problem，VLP）是典型的三维装箱（Bin Packing Problem，BPP）问题，通常采用启发式算法求解。但实际配送中，装载和配送是相互联系和相互影响的，装载的货物与位置由配送路线决定，而配送路线的规划也必须考虑货物的装载情况，通过车辆配载和车辆路径规划的联合优化充分提高运输工具的利用率，提高物流效率。目前BPP和VRP相结合的问题主要有二维（三维）装箱约束限制容量车辆路径问题，关于二维（2L-CVRP）的研究相对较多，包括分支切割法、禁忌搜索算法、文化基因算法、模拟退火算法等，解决三维（3L-CVRP）的已有算法包括双层禁忌搜索算法、蚁群算法（两种信息素）、多参数进化算法等。

第四节　仓储管理未来发展趋势及技术应用

一、仓储管理的发展阶段

仓储管理从诞生至今，大致经过了三个发展阶段：机械化、自动化和智慧化。当前许多仓储管理已经完成从机械化向自动化的转变，正处在自动化向智慧化的发展过程中。

（一）机械化阶段

在这个阶段，仓储管理中的运输、储存、装卸搬运等环节主要通过人力和辅助机械来实现。物料可以通过各种传送带、工业运输车、机械手、起重机、堆垛机、升降机等进行移动和运输，使用货架托盘和活动货架进行存储，机械存取装置采用手动操作，通过限位开关、螺旋机械制动器、机械监控器等控制装置进行操作。机械化大大提高了人的生产力，满足了人们对速度、精度、高度、重量、重复存取和搬运等方面的要求。其实时、直观的特点是明显的优势。

（二）自动化阶段

在机械化阶段后，人们将越来越多简单且重复性高的动作交由计算机控制，使设备能自动完成这些动作。自动化技术在仓储管理中发挥了重要作用。自20世纪50年代以来，自动导引车（AGV）、自动货架、自动存取机器人等相继被开发和采用。到了20世纪70年代，旋转货架、移动货架和巷道堆垛机等设备都加入了自动控制的行列，但只有各设备的局部自动化及独立应用，缺少整体的规划和相互配合，这一现象被称为"自动化孤岛"。

随着计算机技术的发展，仓库管理的重点已经转移到对物料的控制和管理上，要求实时、协调和集成。计算机、数据采集点、机械设备控制器之间以及它们与主机之间的通信可以及时汇总信息。仓库计算机可以及时记录订单和到达时间，并显示库存。计划人员可以方便地做出供应决策，管理者可以随时掌握供应和需求。

到20世纪70年代末，自动化技术越来越多地应用于生产和配送领域。"自动化孤岛"

逐渐被打破，形成了"集成系统"的概念。在集成系统中，整个系统的有机协作使得整体效益和生产适应性大大超过了各部分独立效益的总和。作为计算机集成制造系统中物料存储的中心，集成仓库技术引起了人们的关注。

至此，仓库中的人和设备开始打破孤立，互相配合，协同工作。但是在管理上仍然主要是人工凭借经验进行管理和调度，自动化仍然只能体现在一些比较确定的环节。虽然在计算机的辅助下产生了大量生产过程中的数据，但受限制于人脑的处理水平，很难对这些海量数据进行有效加工并反馈至生产作业的各个环节。

（三）智慧化阶段

智慧化即"数字化+智能化"，是由数字化技术和智能化技术同步赋能企业仓储管理后的全新阶段。仓储管理从自动化向智慧化发展的过程中，主要经历以下三个过程：作业流程信息化、实时数据可视化和管理决策智能化。在第四次工业革命的浪潮之中，诞生了诸多关键技术，如大数据、人工智能（AI）、5G通信、物联网和增强现实（AR）等，智慧化正是这些关键技术综合运用的结果。

随着现代工业生产的发展，柔性制造系统、计算机集成制造系统和工厂自动化对自动化仓储提出了更高的要求，要求信息更加可靠和实时。工厂和仓库的物流必须伴随着实时的信息流。在自动化仓储的基础上实现与其他信息决策系统的集成，朝着智慧化的方向发展。人工智能技术推动了仓储技术的发展，产生了智慧化仓储。在智慧化仓储管理阶段，仓库的大部分决策都可以交由计算机完成。基于历史数据和对未来的预测，计算机将作出当前的最优决策并快速将结果传达相关设备和人员，仓库中的设备也能迅速作出相关动作并通过相关系统实时反映至相关人员处，便于监督和管理。

智慧化仓储的应用保证了货物仓储管理各环节数据输入的速度和准确性，保证了企业能够及时准确地掌握库存的真实数据，合理地维护和控制库存，也可以通过科学的编码方便地管理库存货物的批次和保质期。例如，射频数据通信、条形码技术、扫描技术和数据采集越来越多地应用于自主移动机器人、智能机械臂和自动运输设备等。作为一种柔性物流工具，自主移动机器人在柔性生产、仓储和产品交付中发挥着越来越重要的作用。采用灵活的传输节点和物流路线是实现数智化仓储管理的趋势。

二、智慧仓储管理的关键设备与技术

仓储管理向智慧化发展的过程依赖许多的关键设备与技术，这些硬件和软件的综合运用使得仓储管理的智慧化成为可能。

（一）关键设备

1. 自主移动机器人

自主移动机器人（Autonomous Mobile Robot，AMR）综合使用了工业无人驾驶技术、同步定位与地图构建（Simultaneous Location And Mapping，SLAM）导航定位、人工智能和多传感器融合技术，可以主动对环境中的光线产生反应并自主避让障碍物进行移动。随着AI和机器人技术的发展，目前最先进的AMR可以自主识别周围环境，并进行定位，可根据实时情况进行路线确定，聪明地绕开障碍物，到达终点。AMR广泛应用于仓储的入库、拣货和水平运输环节，如托盘入库、"货到人"拣货模式中运输商品或货架等。

2. 智能机械臂

智能机械臂是模拟人的手臂、手腕和手功能的机械电子装置，是机器人领域中使用最广的一种机械装置。它能接收指令并精确定位到三维空间上的某一点进行作业。按操作机的位置机构形式可分为直角坐标型机械臂、圆柱坐标型机械臂、球（极）坐标型机械臂、关节型机械臂（或拟人机械臂）；按操作机本身的轴数可分为5轴机械臂、6轴机械臂、7轴机械臂等。早期机械臂只能完成一些重复度高的工作，如搬运、抓取等。随着技术的发展，机械臂已经可以做出诸如拆箱、分拣等复杂的动作。在AI技术的加持下，已经有可以媲美人手灵活性的机械臂产品问世。

3. 智能运输设备

在仓库中，固定位置的远距离输送一般采用传送带。传统传送带构成简单，只能完成物体空间位置转移的工作。而智能传送带则综合多传感器融合和高速工业网络等技术，通过调整、同步不同区域传送带的速度，对传送带上物品进行整理排列，合理控制物品间距和运输速度，防止物品堵塞、浪费及无效停留，提高传送带所连接的上下游环节的效率。除了沿着传送带定向运动，还有一些更加复杂的输送设备如Celluveyor，可以实现物品在传送平台上的360度全向移动，还可以为不同的物品设置不同的运动路线。

（二）关键技术

在智慧仓储管理中，常用的关键技术有人工智能技术、物联网技术和AR技术等，下面对这三种技术进行介绍。

1. 人工智能技术

人工智能（Artificial Intelligence，AI）是研究、开发用于模拟、延伸和扩展人的智能的理论、方法、技术及应用系统的一门新的技术科学。人工智能技术是加速仓储管理向智慧仓储方向发展的重要驱动力。目前，人工智能技术已经得到了快速发展，主要包括机器人研究、语言与图像识别、自然语言处理、专家系统和计算机视觉等方面。同时，人工智能技术在智慧仓储管理中也得到了较好的应用。

在智慧仓储管理中，人工智能技术使得自动化仓库中的移动机器人、货运穿梭车和无人叉车等自动化设备得到了很好的应用，极大地提高了物料运输效率。同时应用人工智能的在线学习和机器视觉技术，利用AGV和自动输送设备等使订单拣选流程和拣货路径均得到了极大的优化。

以中国邮政分拣系统为例（见图1-6），中国邮政速递物流武汉邮件处理中心启用智能机器人分拣系统，与原有自动化系统相互结合，使单日上机处理邮件量突破60万件。该项目是全国快递物流行业第一个全功能应用AGV智能分拣技术，第一个采用立体式模块协同作业、大小件同时分拣的智能化分拣中心，是中国邮政速递物流应用先进智慧物流技术的示范工程。智能机器人分拣系统采用了大件机器人和小件机器人两种不同规格的AGV分拣设备，实现了大小件同步智能分拣。采用立体式模块协同作业，大件机器人分为两层，小件机器人分为三层。大件机器人每小时可处理0.5万件，速度可以达到每秒2米。小件机器人每小时可处理1.5万件，速度可以达到每秒3米。智能机器人分拣系统的应用缓解了高峰期邮件处理压力，提高了邮政速递物流智能化、信息化的生产能力和水平。

图1-6　中国邮政分拣系统

2. 物联网技术

物联网技术（Internet of Things，IoT）是信息科技产业的第三次革命，是指通过信息传感设备，按约定的协议，将任何物体与网络相连接，物体通过信息传播媒介进行信息交换和通信，以实现智能化识别、定位、跟踪、监管等功能。物联网技术的广泛应用，为人们的生活提供了极大的便利，在医学研究、安防设备和工厂精细化管理方面都可达到降本增效的目的。同时，在智慧化仓储管理中，也能有效使用物联网技术。

以海澜之家的智能仓储系统为例（见图1-7）。海澜之家建立了高度信息化和自动化的智能仓储系统以支持业务高速发展。该智能仓库中的高位货架有11层，存储量为70万箱，

图1-7　海澜之家的智能仓储系统

4 000万件货品,是原平库的7倍。智能仓储高位库中任何一件货品,从查询、定位到出库进入物流程序,只需要30秒,而且是零差错,需要的人力也仅为平库的1/6。每件衣服吊牌里都植入了一颗RFID智能芯片,通过物联网射频识别技术快速完成全国供应商货品的核验入库、智能化存储,再由SAP信息中心自动分析并生成配货数据,实现自动拣选和发货。物流园存储能力高达1.3亿件,年周转量近5亿件。每天可完成1 000多家门店的配送,可保证5 000家门店每周自动化配送货品两次。

3. 增强现实技术

增强现实(Augmented Reality,AR)是一种将真实世界的信息和虚拟世界的信息相结合的一种新兴技术,通过将一系列难以捕捉的实体信息(如视觉、声音、触觉等信息)用计算机技术加以仿真,将虚拟的信息应用到真实世界,使得人体得到超越现实的体验。AR技术在军事、医疗、工业、娱乐等行业均有广泛的应用前景。而在智慧仓储管理中,AR技术可以用来辅助生产制造,提高运营效率。

以菲尼克斯中国工厂为例(见图1-8)。菲尼克斯智能工厂已经通过整体可视技术进行推理预测,利用仿真及多媒体技术和实境扩增将设计与制造过程加以展示。系统中各组成部分可自行组成最佳系统结构,具备协调、重组及扩充特性,同时系统还具备了自主学习、自行维护能力。

南京智能工厂建设采用了最先进的智能工厂理念与技术,在工厂整体布局上贯彻了精益管理理念,实施了多种智能设备产线、系统集成及互联互通,可实现人与机器的相互协调合作。新的生产车间将全面提升生产和物流的自动化、柔性化与智能化水平,实现从需求驱动物料出库、增湿、送达现场的全过程自动化物料配送,提升企业运营响应速度,最终实现产能提升30%。

图1-8 菲尼克斯中国工厂

案例分析

　　某知名制造商企业拥有多条生产线，每条生产线均需要生产一批不同种类的产品，但产品所需的物料可能存在部分相同。车间工作人员根据产品 BOM 清单生成的订单向中心仓提出发货请求，中心仓工作人员根据订单进行拣货、分拣、包装、发货运输至生产线，再由生产线完成产品的生产，最终配送到顾客手中。当前的中心仓出库工作流程面临的问题主要是：在订单量较小时，中心仓的订单还可以在预计交付时间之前完成订单出库；若订单量较大，经常会出现订单难以在预计的时间出库，即使多派些人手参与出库作业，但是收效甚微，这令中心仓管理人员大为头疼。

　　请根据本章学习的内容，简述哪个环节是出库作业的瓶颈，请帮助管理人员解决中心仓订单出库效率的问题。

复习思考题

　　1. 仓储运作的流程是什么？

　　2. 入库作业中商品验收的重要性体现在哪里？

　　3. 请简述出库作业的整个流程，并以在线零售行业为例，分析国内在线零售行业仓储出库作业的发展情况。

　　4. 试分析波次分配对出库作业效率的影响。

　　5. 如何理解装卸搬运的特点在实际作业中的体现？

即测即评

扩展阅读

　　文艺，姜薇，张立，成依林，智慧 共享：云通物流数字化转型升级，中国管理案例共享中心案例库，2022（1）：SCLM-0139.

第二章

仓库规划

本章导入案例

　　某公司在一城市有一片生产园区，有多条产线和一个仓库，仓库负责存放生产所需的物料，供应园区内所有产线。早年由于需求不大，一个仓库足够供应园区内所有产线，但后来随着业务量的逐年增长，一个仓库已经无法满足园区内所有产线同时生产的物料存储需求了，考虑到园区周边已经没有空地再建一个仓库，该公司只得在离园区较远的位置租了一个仓库，存放新增的物料。这样一来，仓库的问题解决了，但随之产生了一个新的问题：租用的仓库距离产线较远，物料运输时间较长且受城市交通状况影响较大，难以预估，常常导致产线工人无料可生产的情况发生。为了解决这一问题，该公司决定更改现有的仓库商品分配策略，转而采用"主卫仓"的思路：对于高频需求的物料，仍将其所有库存存放于园区内的仓库；对于大量中低频的物料，将外租仓库当作主仓，存放这些物料的绝大部分库存，将园区内的仓库当作卫仓，只存放能满足未来一段时间的需求的量，并设置库存警戒线。产线需求的物料均由卫仓提供，当卫仓的库存低于警戒线时，主仓便自动向卫仓补充物料。即园区内的仓库存放高频物料及小部分中低频物料，外租仓库存放大部分中低频的物料，并通过仓库间的转库来供应产线生产。

　　案例思考题：在本例中，"主卫仓"的模式有何优点？

本章关键术语

选址（Location）；配送中心（Distribution center）；品类（Stock keeping unit; SKU）

第一节　仓库选址

一、仓库选址概念

仓库选址是指在一个具有若干供应点及需求点的区域内，选择若干地址建立仓库以满足供需匹配的规划过程。合理的选址方案应使商品通过仓库的汇集、中转、分发、到达需求点的全过程的效益最优。

由于仓库的建筑物及设备投资较大，因此仓库的选址直接影响物流服务与物流成本。仓库选址是后期物流配送规划的基础，而仓库选址规划与公司的目标战略、方向、客群密不可分，故而是一个非常复杂的概念，仓库的选址必须与企业经营、发展目标保持一致。

二、仓库选址影响因素

影响仓库选址决策的因素有很多，大致可分为两类：外部环境因素和企业内部因素。外部环境因素主要包含政策因素、经济因素、环境因素和技术因素；企业内部因素主要包含物流因素、成本因素、时效因素和战略因素。

（一）外部环境因素

1. 政策因素

对于某些特殊品类的商品（例如药品），国家政策规定企业需获取相关地区仓库营业执照才能开仓储存相关品类商品。若无法获取仓库营业执照，则该地区无法开设仓库为企业存储物料及产品。此外，仓库选址还需考虑税收政策，比如2020—2022年物流企业自有（包括自用和出租）或承租的大宗商品仓储设施用地，减按所属土地等级适用税额标准的50%计征城镇土地使用税。因此考虑政策因素不仅是合规经营的要求，也是提高企业经济效益的需要。

2. 经济因素

在经济因素方面，宏观经济、产业政策、仓储集群三方面都需考虑。例如，在汽车市场里，这三方面因素可理解为：① 汽车保有量、3年以上车龄保有量、新车购置增长率、燃油车及新能源车政策倾向；② 城市仓储产业政策、是否补贴、是否落税、消防安检力度、地方政府关系；③ 城市仓储集群规划、市区通行政策。经济因素有些是显性的，有些是隐性的，做仓库选址规划前需做全方位了解。通过经济因素分析，管理者可以预测未来仓库的布局方向，以及短期内是否对仓库地址做出调整。

3. 环境因素

物料仓库大部分会设在大型城市，因此需要在选址前了解清楚城市的规划要求，即城市的建设规划都会有相应的分区，仓库则需要选择在城市规划的仓库区内进行建设。

为保障仓库内货物的质量安全，仓库应在远离工厂、河流、湖泊及铁路干线地段建设，避免因废气废水排放乃至自然灾害导致仓库内货物遭受损失。

　　货物配送的便利性也应纳入选址考虑因素范围内，例如当仓库面向的客户是企业客户（如超市或零售店）时，这些客户大都分布在人口密集的区域，为提高服务水准，此时仓库需建设在城市边缘接近客户的地区；同时还应考虑交通运输的便利性，如仓库最好选在靠近公路、水路及其他运输方便的主干道上，即选址在靠近货运站的货场最佳。

　　4. 技术因素

　　技术因素方面，通信技术和仓储信息系统需进行重点关注。仓库的入库、出库、存储三方面作业流程差异不大，但操作效率、资产利用情况、仓储坪效存在很大差异，问题关键在于信息化、设备利用与运营适配度。不同的产品类型适用不同的仓储技术配置，关键在于因地制宜，企业在为仓库选址时需结合自身仓储技术能力合理规划仓库选址及配备设施，以保证仓储技术发挥最高效的作用。

　　（二）企业内部因素

　　1. 物流因素

　　现阶段多数仓库的货物都交由第三方物流企业进行配送，此时需要对仓库的网点分布进行合理规划，同时整合第三方物流资源，提升物流效率，既要使整个供应链的成本最小，又要对客户的需求做出有效响应，同时还需保证货物准时送达到客户手中，以保证最大化利用城市物流资源。

　　2. 成本因素

　　仓库选址成本可粗略分为建设成本和物流成本。从建设成本来看，仓库建设初期的固定费用，投入运行后的运营成本及扩建成本都需考虑。若仓库选在地价较高的地区，则其每月所需承担的租赁成本和人工等成本会相应较高，因此仓库选址时应尽量按节约用地的原则进行仓库前期建设。

　　从物流成本来看，由于多数企业会选择将货物交给第三方物流企业进行配送，因此需考虑仓库所在地的物流企业资源，在此基础上应充分考虑上游供应商和下游顾客的相对位置，使运费最低。

　　3. 时效因素

　　仓库选址时应充分考虑仓库配送货物到下游顾客的时效性，这体现在仓库所在位置交通是否便利，仓库与各顾客间的平均距离是否最小，因此仓库与顾客间的距离通常用来表示此仓库的配送时效性的优劣。想要保证配送的时效性，仓库就需建在交通便利且与各顾客间配送距离尽量短的位置。

　　4. 战略因素

　　企业的仓库选址需要与企业当下乃至未来的战略规划保持一致。例如，随着企业体量的增大，企业的物流需求快速上升，各需求节点的需求量也相应发生变化，企业需针对市场需求做出合理预测，选择合适地点建立仓库以满足现阶段及未来市场需求，避免日后更换仓库地点导致仓库二次建设成本的损失。

三、仓库选址常见问题及解决方案

（一）仓库选址问题描述

　　合理的仓库选址是企业运输、存储货物的基础，企业进行仓库选址较普遍的方法是罗列出各评价指标，并为各评价指标赋予相应的权重，从而选出最佳方案。

但由于各评价指标分属不同维度，且部分指标难以量化，因此选址问题大多建立在确定其他因素后的基础上，选择能使总成本最少，配送时效最优的地点建立仓库时，最优建仓方案可通过数学模型确定；在确定仓库选址的同时，还需要确保仓库到各需求点的总配送成本最低，此时可采用聚类的方式将各需求点分配给距离最近的仓库来划分各仓库的覆盖范围以满足总需求。

（二）数学模型法

求解仓库选址问题的数学模型已屡见不鲜，本文主要介绍P-中值选址模型这种仓库选址的经典数学模型。

1. P-中值模型定义

仓库选址问题一般可转化为P-中值问题，该问题是由Hakimi在1964年提出。在一个给定数量和位置的仓库候选点集合和需求点集合下，分别为P个仓库找到合适的选址点，并指派每个需求点到一个特定的仓库完成配送区域的划分，使之达到在仓库和需求点之间的总运输费用最低，如图2-1所示。此模型被广泛用于工厂和仓库的选址问题。

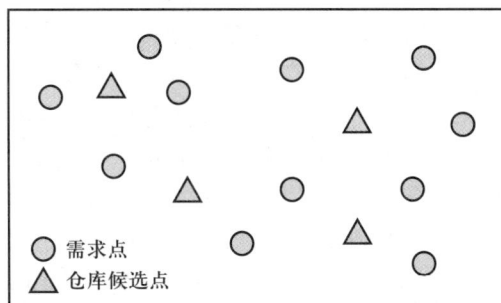

图2-1 P-中值选址模型

中值模型是以需求点到最近仓库的平均距离或总距离最小的方式，确定固定数量仓库的位置。经典中值模型的基本假设是不管需求有多少，每个仓库都有足够的资源来满足需求，从而假设每个需求点的需求都能被与其距离最近的仓库满足。引入需求加权的平均距离或者总距离，对于解决以成本和收益为目标的选址问题十分有效。

2. 参数设计

N为表示研究问题中的n个需求点，其中$N = 1, 2, \cdots, n$；

M为表示研究问题中的m个仓库选址备选点，其中$M = 1, 2, \cdots, m$；

d_i为第i个需求点的需求量；

c_{ij}为从需求点i到仓库j的单位运费；

p为建立仓库总数；

x_{ij}为若需求点i的需求由仓库j来满足，则其取1，否则取0；

y_j为若在j处建立仓库，则其取1，否则取0。

3. 规划模型

模型目标为在满足各需求点需求的前提下，使得各仓库到各需求点的总运费最少，同时要保证各需求点仅由一个仓库负责配送其货物。现建模如下：

$$\min \sum_{i \in N} \sum_{j \in M} d c_{ij} y_j \qquad (2-1)$$

s.t.

$$\sum_{j \in M} x_{ij} = 1, i \in N \qquad (2-2)$$

$$\sum_{j \in M} y_j = p \qquad (2-3)$$

$$x_{ij} \leqslant y_j, i \in N, j \in M \qquad (2-4)$$

$$x_{ij} \in \{0,1\}, i \in N, j \in M \qquad (2-5)$$

$$y_j \in \{0,1\}, j \in M \qquad (2-6)$$

式（2-2）表示每个需求点只能由一个仓库配送其货物；式（2-3）表示总仓库数量为p；式（2-4）表示只有当j处建立了仓库，i处的需求才能被其满足；式（2-5）和式（2-6）表示x_{ij}和y_j均为0-1变量。

4. 问题求解

P–中值模型需要解决两方面的问题：第一，需要确定在哪些备选点建立仓库；第二，需要将各需求点按运输成本最少原则分配给各仓库进行后续货物配送。面对规模较大的P–中值问题通常采用启发式算法进行求解，其基本步骤如下：

Step1. 令当前选中仓库点数$k = m$，即先将所有仓库候选点都选中；

Step2. 将每个需求点指派给k个仓库中距离最近的一个仓库，求出总运输成本F；

Step3. 若$k = p$，则输出k个选址点及各需求点的划分结果，否则转至Step4；

Step4. 从k个仓库候选点中选择一个点剔除，此时需要满足将该仓库覆盖的需求点指派给其他最近仓库后总费用增加量最少，从仓库候选点集合中剔除刚刚确定的剔除点，令$k = k - 1$，转至Step2。

（三）K-means聚类算法

K-means聚类算法是一种迭代求解的聚类算法，近几年来被广泛运用于人工智能机器学习领域。此方法先将一组对象分为k组，然后随机选择k个对象作为初始的聚类中心，计算其他各对象与各类中心之间的距离，再把每个对象分配给距离它最近的聚类中心，此时可形成k个聚类簇。此后算法不断迭代直至各聚类簇中的对象到其对应聚类中心的欧氏距离最短为止，此时可形成k个最优聚类簇及k个最优聚类中心，如图2-2所示。

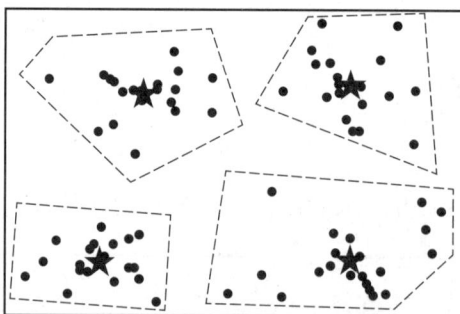

图2-2 K-means聚类算法示例

在仓库选址领域，K-means 聚类算法的特性可帮助企业进行选址及配送区域划分的工作。企业可将各需求点看作若干待划分对象，预先给出拟建立仓库数量，随后根据 K-means 聚类算法确定聚类中心并规划出聚类簇，聚类中心即各仓库选址点，聚类簇则为此聚类中心的配送范围，此方法能使各需求点能被距离最近的仓库服务，且所有需求点到其对应仓库的配送距离最短。K-means 聚类法可在既定仓库数量的前提下进行需求规模较大的仓库选址及配送区域划分规划。

K-means 聚类法是数据挖掘中的一种聚类算法，其具有算法思想简单、实现方便、算法收敛速度较快及方便处理大规模数据的特点，其算法步骤如下：

Step1. 获取算法最大迭代次数及坐标数据集；

Step2. 随机选择 k 个点作为初始聚类簇中心；

Step3. 对于各坐标点，分别计算该点与各聚类簇中心的距离，与该坐标点距离最小的聚类簇中心即该点所属的簇；

Step4. 重新计算 k 个簇的聚类中心，此聚类中心为该簇内所有点的算术平均值；

Step5. 若迭代次数达到最大或当前簇的聚类中心集合与上次迭代后相同，则转至 Step6，否则转至 Step3；

Step6. 输出 k 个聚类中心的位置及各点所属的聚类簇及聚类簇内误差平方和等结果。

算法输出结果即仓库选址地点和各仓配送区域，同时可得出各需求点到对应配送仓库间的总配送距离，得出最优仓库选址方案。

案例分析

A公司是一家中国互联网医药行业龙头企业，致力于用互联网模式和思维方式，进一步改变中国大众"看病难、买药贵"的现状。此公司运用创新的互联网 IT 技术提供在线诊疗、购药和健康管理等服务，这些服务通过缩减中间环节，对供应链进行优化，为中国大众提供完整的解决方案，也为中国大众看病买药打通了一条十分实惠和便利的渠道。

此公司旗下拥有 B2C 医药平台、B2B 医药平台分别为零散客户和企业客户提供在线购买医疗用品和配送服务。此外，公司设有互联网医院，此服务平台通过人工智能技术为患者提供在线诊疗服务，并为其推荐治疗措施及开具电子处方，患者可根据自己的药物需求在 B2C 医药平台上购买廉价药品。此线上服务大大缩短了患者寻医问诊所花费的时间，为患者看病买药提供了极大便利。

1. A公司仓库选址现状

针对 B2B 及 B2C 医药平台的物流配送服务 A 公司在全国范围内建立了 5 座仓库，选址分别在天津、昆山、广州、重庆和武汉。从仓库的选址不难发现，公司为了满足全国范围内的需求及配送服务，在华北、华东、华南、华西及华中都分别设置了配送中心，目的是用最快的响应速度和最小的成本完成全国范围内的配送服务。

其中天津仓、重庆仓和武汉仓只负责 B2B 业务，广州仓和昆山仓为批零一体仓库，同时负责 B2B 和 B2C 业务。从公司近几年业务量上涨趋势来看，B 端的订单增长趋势迅猛，2019—2020 年各季度增长率均在 100% 以上，在企业营收方面占较大比重，因此为满足 B 端客户需求，企业决定在需求较为密集地区建立前置仓，以提升药品配送服务质量，同时为已有仓库减轻库存负担；反观企业C端业务，由于其营收占比较低，增长趋势较缓，且客户较为分散，短期内客户需求完全可靠现有的两仓满足，因此只需在配送环节上进行优化。

2. A公司药品采购现状

针对每座仓库的供货需求，A公司的采购部门采用集中采购和地方采购两种方式来为各配送中心提供货源（见表2-1）。集中采购（以下简称集采）为从药企或流通商进行集中性采购；地方采购（以下简称地采）为在当地采集所控销或缺货的商品。地采相比集采有时会更具价格优势，主要有以下两点原因：（1）药企通过不同渠道销售，这其中某些渠道宣传力度小，存在价格补贴;（2）某些药企为达到自己的销量目标，会将某些药品降价销售。针对不同仓库中的药品，采购部门的采购模式也不尽相同。

表2-1 供应链采购模式

采购方式	简称	采购内容
集中采购	集采	为B端和C端集中从药企或者流通商采购
地方采购	地采	① 集采所控销或者缺货的药品；② 价格比集采更有优势的药品

3. A公司仓库选址存在问题

前文提到，企业B端业务增长迅速且营收占比较大，因此决定建立前置仓，以提升配送服务质量，减轻现有仓库库存负担。由于药品为特殊商品，采购受政府政策限制，因此企业只能从少数地点采购运输至药品仓库，现将B端各需求点在地图上对应的坐标给出，如表2-2所示（其中编号标有*的点为可采购地点）。企业将针对36个需求节点建立4个前置仓，以优化供给端和需求端的配送服务质量。

表2-2 需求节点坐标信息

编号	x	y	编号	x	y	编号	x	y
1	1.66	4.29	13	4.21	2.98	25	1.78	3.88
2	−3.45	3.42	14	−2.12	2.94	26*	−1.69	2.23
3*	4.84	−1.15	15*	0.70	−0.48	27	2.59	−2.05
4	−5.38	−3.36	16	−0.39	−3.96	28	−4.01	−3.21
5	0.97	2.92	17	2.83	1.57	29	2.26	3.39
6	−3.57	1.53	18	−0.79	3.34	30*	−2.68	0.79
7*	0.45	−3.30	19	2.94	−3.36	31	0.94	−4.02
8	−3.49	−1.72	20	−3.20	−2.28	32	−3.67	−2.26
9	2.67	1.59	21	2.34	2.88	33	2.05	2.74
10	−3.16	3.19	22*	−1.79	2.55	34	−3.19	1.78
11*	3.17	−4.00	23	2.19	−1.91	35	4.37	−0.82
12	−2.79	−3.10	24	−3.40	−2.78	36*	−2.58	−3.50

思考并分析：

1. 请结合案例及本节内容分析企业B端前置仓选址应考虑哪些因素。
2. 请结合案例帮助企业选择合适的地点建立前置仓。
3. 除了案例中建立前置仓的方案外，你还能提出什么建议优化配送服务质量？

第二节　多仓商品分配优化管理

一、多仓商品分配优化的必要性

现在若考虑一张含有多种品类（Stock Keeping Unit，SKU，最小存货单位），其中每种品类又含有多个数量（Unit）的订单，订单下达后，执行系统会将订单分配给配送中心（Distribution Center，DC，也存在仓库直接配送订单的情况，暂将仓库与配送中心都称作DC）来完成配送。如果在同一时间没有一个配送中心含有订单所需的全部商品，或者某些SKU由于自有属性（如预售产品、产品需要上门服务等）无法在同一时间配送的，那么这张订单将会需要被拆分为多个订单，分别由不同的配送中心来完成配送，或由同一配送中心在不同时间段来完成配送。

拆单行为无疑会增加企业的运营成本、人工成本和配送成本。在线零售业逐步成熟，商家的竞争越来越激烈，消费者也对在线零售商提出了更多的要求，包括高质量、高性价比的商品，更优质的配送体验等。不仅如此，随着消费者的个性化需求日益提高，急速配送、指定时间段配送等问题对在线零售商的库存配置及配送能力提出了巨大挑战。在快节奏的生活中，产品能否及时交付，已经成为消费者衡量在线零售商服务水平的一个重要因素。而从供应链的角度来看，配送作为在线购物的最后一环，显得尤为重要，全方位提高顾客配送环节的体验需要高额的配送成本，而这也成为影响在线零售商发展的一个重要因素。

有资料显示，亚马逊2013年的运输费用为66亿美元，占总运营成本的77.3%，是当年净利润的24.2倍，而亚马逊2011年的配送成本仅为当年净利润的6.3倍，配送成本的增幅远远高于利润的增长幅度。对于运输成本占据过半运营成本的在线零售商而言，如果2013年的亚马逊有10%到15%的拆单率，在假设每张订单运输费用相同的前提下，订单被拆分所产生的额外配送成本为2.6亿到4.2亿美元，这些额外的配送成本相当于其当年净利润的96%到156%。如果能够降低这部分额外配送成本，无疑会大幅提高在线零售商的利润率，进一步降低商品售价，增强企业竞争力。因此，对拆单问题进行研究显得极为重要。

订单被拆分一般有三个因素。一是SKU在配送中心的存储规则（品类拆单）。如果一个配送中心不能够容纳所有的SKU，那么对于一张含有多个SKU的订单，就有可能需要被拆分。二是配送中心SKU的当前库存水平（数量拆单）。尽管某配送中心中包含了订单所需全部的SKU，但如果其中某个SKU当前缺货，或者当前库存量不及订单的需求量，那么这张订单也将被拆分。三是个别SKU会因为自有属性而导致拆单（标记拆单）。一旦订单中含有该类SKU，则订单必须被拆单，如上文提到的预售产品、需要上门服务的产品等。但从运营管理的角度来看，前两个因素更值得关注。

随着在线零售逐步流行，消费者需求多样性日益广泛，一站式购物理念的提出与追捧，使得在线零售商持有的SKU品类与数量都呈现爆炸式增长，导致配送中心的面积越来越大，数量也越来越多。配送方面，一方面消费者对配送时间的期望越来越短，这也无形中减少了在线零售商聚集订单的机会，增加了拆单的可能性。另一方面，订单数的增加，尤其是在线零售业中不定时的促销情况，对配送中心的出库能力提出了挑战，这也促使了配送中心数量的增加，而配送中心数量的增加又不可避免地增加了订单被拆分的可能性。因此，如何在尽量降低拆单率的情况下将SKU放置在多个配送中心中，成为在线零售商不得不解决的问题。

二、多仓商品分配优化模型

考虑到拆单的品类原因和数量原因，企业可以通过合理规划配送中心存放的SKU品类和数量来减少拆单率，从而降低配送成本。对此，我们可以通过构建数学模型，来寻求合理的SKU规划安排。如果将SKU视为产地，订单作为销地，配送中心作为中转站，则拆单问题可以视为一个带有中转站的运输问题。该运输问题包含两个阶段：第一阶段，在线零售商在不清楚订单状况的情况下对SKU进行分配（SKU到配送中心的运输）；第二阶段，顾客下单后，执行系统将订单分配到不同的配送中心进行配送（配送中心到订单的运输）。这两个阶段的决策都会影响总的运输次数，如果订单状况随机，此问题即为一个两阶段二维随机优化模型。为了简化问题规模，结合实际情况，需做如下假设：

1. 在未来的某一段时间内，在线零售商面临的环境不会出现剧烈变化；
2. 多个配送中心处于同一区域；
3. 暂不考虑第三类拆单，即标记拆单；
4. 对指定的SKU，至少有一个配送中心来存放；
5. 单个配送中心无法存放SKU的全部品类及数量，但全部配送中心可以；
6. 单个配送中心可以缺货，但是全部配送中心不缺货；
7. 订单执行系统采用先到先服务的即时化决策。

假设1中，在零售商所面临的销售环境较为稳定的情况下，我们可以利用过往的交易数据来预测未来某一段时间内商品的需求情况。假设2中，就国内在线销售环境而言，不同区域的顾客消费习惯差别较大，这就要求在线零售商只能从当地配送中心来满足顾客需求；除此之外，可以假设同一区域配送中心的单张订单配送成本相差很小，此假设能将模型的目标函数由降低运输成本转化为降低拆单率。

现约定相关参数符号如表2-3所示。

表2-3　参数符号说明

数学符号	文字描述
I	SKU品类总量，编号为i；

数学符号	文字描述
J	订单总量，编号为 j;
N	配送中心总数，编号为 n;
K_n	配送中心 n 最多能存放的商品品类;
C_n	配送中心 n 最多能存放的商品数量;
R_{ij}	订单 j 对 SKU_i 的需求量;
S_i	零售商根据自身库存管理策略决定的 SKU_i 的最大库存水平;
M_j	订单 j 所含 SKU 品类的集合。

现面对订单 j，需要决策的是配送中心 n 是否配送 SKU_i，若配送那么如何安排配送的 units。为了解决以上两个问题，现约定决策变量如表2-4所示：

表2-4　决策变量符号说明

数学符号	文字描述
y_{in}	若 SKU_i 存放在配送中心 n 中则为1，否则为0;
U_{inj}	配送中心 n 发出 U_{inj} 个 SKU_i 来满足订单 j;
Z_{nj}	若配送中心 n 发出针对订单 j 的配送则为1，否则为0;
Q_{in}	配送中心 n 中能存放 SKU_i 的最大数量。

考虑到拆单率，在选择配送方案时，可以构建以下数学模型：

$$\min \sum_{n \in N} \sum_{j \in J} z_{nj} \tag{2-7}$$

s.t.

$$\sum_{n \in N} y_{in} \geq 1 \qquad \forall i \tag{2-8}$$

$$\sum_{i \in I} y_{in} \leq K_n \qquad \forall n \tag{2-9}$$

$$\sum_{i \in I} Q_{in} \leq C_n \qquad \forall n \tag{2-10}$$

$$\sum_{j \in J} U_{inj} \leq Q_{in} \qquad \forall i, \forall n \tag{2-11}$$

$$\sum_{n \in N} U_{inj} \geq R_{ij} \qquad \forall i \in M_j, \forall j \tag{2-12}$$

$$0 \leqslant U_{inj} \leqslant R_{ij} \qquad\qquad \forall i \in M_j, \forall j, \forall n \qquad\qquad （2-13）$$

$$\sum_{n \in N} Q_{in} = S_i \qquad\qquad \forall i, \forall n \qquad\qquad （2-14）$$

$$U_{inj} \leqslant (\sum_{j \in J} R_{ij}) y_{in} \qquad\qquad \forall i \in M_j, \forall n, \forall j \qquad\qquad （2-15）$$

$$U_{inj} \leqslant (\sum_{j \in J} R_{ij}) z_{nj} \qquad\qquad \forall i \in M_j, \forall n, \forall j \qquad\qquad （2-16）$$

$$y_{in}, z_{nj} \in \{0,1\} \qquad\qquad \forall i, \forall n, \forall j \qquad\qquad （2-17）$$

约束（2-8）保证至少有1个配送中心n存放SKU_i；

约束（2-9）为品类约束，配送中心n所能存放的商品品类最多为K_n；

约束（2-10）为数量约束，即配送中心n所能存放的商品数量最多为C_n；

约束（2-11）表明配送中心n对SKU_i的配送量U_{inj}不得超过该配送中心中SKU_i的最大存放量Q_{in}；

约束（2-12）保证所有配送中心对订单j中的SKU_i的配送量之和可以满足其需求量R_{ij}；

约束（2-13）即单个配送中心n对订单j中SKU_i的配送量U_{inj}不能超过其需求量R_{ij}，且需为非负整数；

约束（2-14）即所有配送中心对SKU_i的最大存储量之和等于SKU_i的最大库存水平S_i；

约束（2-15）为y_{in}的判定约束，只有当SKU_i存放在配送中心n中时，其才可发出一定量的SKU_i来满足订单j；

约束（2-16）为z_{nj}的判定约束，即配送中心n发出SKU_i来满足订单j的前提是，该配送中心有针对订单j的配送发生。

假如不考虑SKU的数量，即只考虑品类拆单情况，则模型简化为决策SKU在配送中心之间的摆放策略。考虑SKU总数I为偶数且每个订单只包含2种SKU的特殊情况，同时配送中心数量N为2，SKU容量相等$k_1 = k_2 = I/2$。此时若把SKU看作顶点，则订单是联结两个顶点的边。此时简化后的模型可以用图表示，并可以转化为二分图问题，即将顶点集分割为两个互不相交的子集，目标是使跨越两个子集的边数最小。该问题已经被证明属于NP-hard问题。因此更为复杂的拆单问题也是NP-hard问题，难以用精确算法求解。

三、多仓商品分配问题算法设计

订单j中所包含的SKU_i从配送中心n来完成配送，需要两个条件：首先，配送中心n中需要存放有SKU_i；其次，配送中心n中所存放的SKU_i的数量可以满足订单j的需求量。如此，可以将模型分为两步来求解，第一步求配送中心n所包含的SKU品类，第二步求配送中心n中所含SKU的数量。在此之前，首先介绍数量拆单发生时，在线零售商为了满足顾客订单所采取的两种基本策略。假设配送中心n中SKU_i数量不足以满足订单j，此时订单需要被拆分，而此时的拆分通常有两种：

其一为部分拆分策略，将配送中心n中剩余的全部SKU_i分配给订单j，同时不足的量交由另外的配送中心m来满足。其二为全部拆分策略，配送中心n不配送订单j中的SKU_i，全部交由另外的配送中心m来满足。这两种策略都需要额外增加一次配送，不同的是：部分拆分策略会一定程度上影响配送中心 n 中 SKU 的多样性。对于全部拆分策略，考虑一张特殊的订单 j，该订单需要 5 个 SKU_i，而每个配送中心中 SKU_i 的剩余量都不足 5 个，但是全部配送中心的总和却可以满足该订单，如此会产生一个现象：即消费者在线可以下单，但是订单执行系统却无法执行该订单。实际情况中，我们认为顾客一般更倾向于一种商品经由一次配送，即全部拆分策略。且相较部分拆分策略，全部拆分策略可以减少配送中心 n 中一次拣货。出于后文的算法设计考虑，本文优先采用全部拆分策略，对库存不足的极端情况下产生的订单采用部分拆分策略。

假设另外一种拆单模型，配送中心只有数量约束而没有品类约束，这种情况下，只要订单执行系统做得足够好，总可以将每种 SKU 按照配送中心的剩余容量的比例来进行分配，这样可以得到一个质量相当好的解，假如备货量也充足，甚至能够让拆单率降到 0%。然而现实的情况是，每个配送中心品类约束和数量约束都有，同时，为了平衡仓库负载，这时在往配送中心中存放 SKU 时就必须同时考虑这两个因素。因此，有必要对订单结构进行分析。图 2-3 是对国内某大型在线零售商一段时间内某一目录商品的销量排序统计结果。

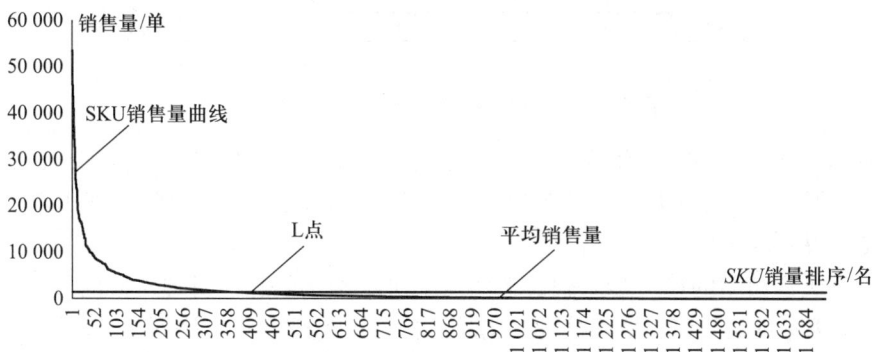

图 2-3　某零售商 SKU 销量排序图

图 2-3 中可以看出，前面为数不多的 SKU 占据了绝大多数的销量，而后面大量的 SKU 销量很少。进一步统计发现，前 50% 的 SKU 占据了销售量的 95% 以上，而前 20% 的 SKU 更是占据了销量的 80% 左右。一个很简单的设想是，可以通过销量较大的 SKU 来平衡各仓库的负载，而剩余部分来存放其他 SKU，如此在尽量保证负载均衡的情况下来降低拆单率。Catalan 在 2012 年提出的热销品算法（Bestseller）就体现了这种思想。热销品算法首

先选出 B 个热销品，其中 $B = \left\lceil \dfrac{\sum\limits_{n \in N} K_n - I}{n - 1} \right\rceil$，将这些热销品分配到所有的配送中心中，如果

某个配送中心的品类约束 K_n 小于 B，则分配前 K_n 个热销品，剩余 SKU 则通过相关性矩阵 C 来分配到平均相关性最高的配送中心。其中 $C = R^T R$，R 为订单—SKU 矩阵，若订单 j 中含有 SKU_i，则元素 $r(i, j) = 1$，否则为 0。在仅考虑品类拆单的情况下，热销品算法结果很好，且各配送中心负载均衡。热销品算法中，每个配送中心中都含有热销品，而对于非热销品 SKU_i，只有一个配送中心有货，换句话说，只能从这个配送中心配送，这样无疑会加大被拆单的可能。

我们对热销品算法进行改进，可以得到环形算法。环形算法首先将 SKU 依照销量降

序排列，计算一段时期内SKU的平均销量，将销量高于平均销量的SKU记为热销品，分界点记为L，如图2-3所示。若$L>B$，则热销品个数为B，分配B个商品到每个配送中心；若$L \leq B$，则热销品个数为L，分配L个商品到每个配送中心。剩余的SKU按照销量优先填充某个配送中心，第二个配送中心延续未分配的部分，如果SKU分配完毕后还没有达到品类约束上限，则继续分配，其余配送中心顺次分配，类似一个环形，直到全部配送中心分配完毕，如此可以提高持有非热销品的仓库数量，降低由于非热销品带来的拆单。分配过程如图2-4所示，其中白色部分是待分配SKU，黑色部分是分配到某个配送中心的部分，从上到下依次为DC1、DC2、DC3。

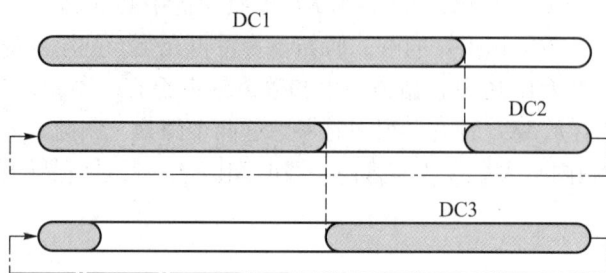

图2-4　环形算法非热销品摆放策略示意图

选择销量算法（Sales）作为对比标杆算法，首先依照销售量降序排列后的结果，将SKU顺次分配给余下品类数最多的配送中心，SKU全部分配完后，剩余的空位进行随机指派，完成对SKU品类分配。

前面完成了模型的第一步求解，下面需要决定配送中心中每种SKU的数量。因为热销品占据了大量的销售量，贸然分配热销品可能会导致配送中心爆仓而无法存放其余的商品，故而，选择按照销量最低的商品依次分配。我们认为，在线零售商出于库存成本和缺货损失考虑，对于销量较高的SKU库存保有量较高，销量较低的SKU库存保有量较低。因此，非热销品的保有量较低，不至于引起配送中心爆仓，数量分配上选择最简单的按比例均分取整策略。按照品类分配的结果，在分配有SKU_i的配送中心中依照各自的剩余可存放量（数量）来按比例均分。如此完成第二步求解。

随着在线零售业竞争的进一步加剧，较低的利润率是每个管理者都必须要面对的。对于规模以上的在线零售商而言，厂商之间的进货成本相差无几，如何在不降低消费者体验的前提下通过降低运营成本，提高利润是企业迫切需要解决的问题。本书从仓储管理的角度对在线零售商多仓商品摆放策略作初步研究，以期通过对多个配送中心内部商品的摆放策略进行调整以降低订单的拆单率，从而降低商家的配送成本，进而降低运营成本。在结合在线零售商的库存管理策略，同时考虑品类和数量的两类拆单的情况下，建立了最小化拆单率的数学模型，并且改进了热销品算法得到了环形算法。

当然，在实际中，配送中心的SKU摆放策略还需要考虑其他因素，比如SKU自身特性以及货架的类型，这是SKU摆放问题后续研究的一个方向。对于SKU摆放决策已定的企业，库存水平是影响拆单的一个重要因素，提升库存水平可降低拆单的影响，然而却会同时提升企业的库存持有成本。将库存水平与拆单问题相结合，更全面地考虑降低运营成本将是该问题后续研究的另一方向。

四、越库配送

（一）越库配送的概念

越库配送（Cross-Docking，CD），即不经过仓库上架、存储等过程，从不同供应商运来的商品抵达配送中心以后，直接进行分拣并配送给需要的客户。作为一种先进的物流配送战略和运作模式，该方式已经在沃尔玛等众多行业巨头得到了成功应用。与其他配送战略比较，越库配送可以缩短商品周转周期，降低配送中心库存水平，减少物流成本，在时间、空间和成本上获得利益。

当前越库配送还没有一个统一的定义，一种解释为——"越库配送是几乎跨越仓库贮存生命周期本身的一种运作战略。它是一个过程，在这个过程中，通过一种设施把收到的产品和其他偶然将运到同一个地点的产品一起尽可能早地运送，而不长期地存储这些产品。"另一种更为直观地解释为——"越库配送实质是在收货和发货之间直接地运送商品，取消了商品储存和选择的步骤。在发货区域，商品经过一个传送带直接流向每辆拖车；在收货区域，产品从拖车上直接移到越库配送传送系统。"实际上，在越库配送模式下仓库仍会持有（少量）库存，但仓库不再是传统的存储角色，而是起协调作用。在典型的越库配送物流系统中，商品从制造商到达仓库，然后转移到零售商的车辆上，进而尽可能快地运送给零售商。商品在仓库中停留的时间很短，通常不超过12个小时。

（二）越库配送的特点及要求

1. 越库配送的特点

无论是从供应链的角度，还是配送中心的角度，越库配送当前尚且没有一个精确的定义，但是综合国内外关于越库配送的研究文献与实践，可以看到越库配送模式有以下五个显著特点：

（1）越库配送以"零库存"为最终目标，是一种基于准时制（Just In Time，JIT）生产方式的现代物流配送模式。

（2）越库配送以更精确的顾客需求预测为基础，是一种需求驱动的"拉动"系统。

（3）越库配送以供应链上各方的积极参与为基础，旨在追求和提高供应链的整体系统性能和效率。

（4）越库配送以成本——效益分析为基础，是一种先进的配送战略。

（5）越库配送是一个遵循PDCA循环（计划——实施——检查——行动）的连续改进过程。

对于越库配送的上述五个显著特点的充分理解并达成共识，是任何公司成功运作越库配送的基础。诚然越库配送是一种非常高效的物流运作模式，但由于它改变了传统的物流运作模式，因此该模式的成功实现不仅需要基础技术条件的支撑，更需要配套高水平的管理模式以及全供应链的高度协作。

2. 越库配送的运作要求

越库配送的运作要求可以归纳为以下五个方面：

（1）建立供应链成员的战略合作伙伴关系。一方面，越库配送需要上下游的高度协作，建立战略合作伙伴关系有利于供应链成员的协同发展，保证每一个环节的可靠性。另一方面，越库配送往往使得某些环节的运作成本增加，通过合作可实现成本的合理分担，这是成功运作越库配送模式的基本前提和要求。

（2）选择高质量的供应商。越库配送要求商品流动的全过程是快速高效的，因此需要选择能够长期稳定地将准确数量的指定商品在要求的时间送到指定站台，并且质量必须严格保障，避免在配送中心还需要进行质量检验。

（3）搭建供应链信息交流平台。供应链上下游信息的互联互通是实现越库配送实时运作的基本保证。不仅仅是实现需求/配送信息的快速传递，还包括市场需求的信息共享。当前绝大多数越库配送运作中的信息交流是通过电子数据交换（EDI）来实现的。

（4）配套人员、设备和设施。虽然越库配送减少了上架、存储等环节，但对商品的收货和发货环节提出了更高的要求，需要配备相应的软件（如仓储管理系统）、硬件设施（如叉车、手持终端、自动化输送分拣设备），保障越库配送的顺利运行，因此越库配送通常需要很大的基础设施投资。

（5）有较高的组织、管理水平。越库配送的运作是一个非常复杂的过程，其日常管理更是非常重要而又易被忽视，这就对管理者的计划、组织、控制、协调能力提出了更高的要求。

（三）越库配送的优缺点

从供应点到需求点有多种配送模式，包括传统的库存模式、经过性物流模式（如越库配送）和门店直送（Direct Store Delivery，DSD）模式。一般而言，零售连锁商不会采用单一的配送模式，而是采用组合的配送模式。

表2-5　三种配送模式的比较分析

	传统库存模式	门店直送模式（DSD）	越库配送模式（CD）
风险分担	利用		
运输成本	降低进货成本		降低进货成本
仓储成本		无仓库成本	无保管成本
配送时间	延迟配送		延迟配送

表2-5中给出了三种配送模式在风险分担、运输成本、仓储成本以及配送时间上的对比。其中，DSD是指由制造商或供应商把商品直接运送到零售商门店而不经过仓库或配送中心，这缩短了提前期，但造成制造商或供应商的运输成本增加。DSD虽然避免了零售商经营仓库或配送中心的费用，但由于没有库存的缓冲，需求或供应波动易造成零售商损失。DSD在杂货业中较为流行，采用DSD可以保持商品的新鲜度、减少商品运输破损、缩短交货周期等。

与传统的仓储配送模式相比，越库配送模式的最大特点是取消了或者极大地弱化了仓库的储存功能，是一种截然不同的运作方式。概括而言，越库配送可以在时间、空间和成本上获得收益。在能够成功实施越库配送的前提下，参与越库配送运作的供应链上各方可以获得以下利益与改进：

（1）降低配送成本；

（2）降低零售商门店的缺货率；

（3）加速配送中心商品的周转率；

（4）降低库存水平；

（5）增加商品在门店货架上的时间；

（6）减少门店商品交货的复杂性；

（7）实时获得商品活动的信息（流动信息、销售信息）；

（8）减少配送中心的物理空间。

此外，越库配送长期的成功实施可以获得以下潜在的预期利益：

（1）增进零售商和供应商之间的合作关系；

（2）降低整个供应链的系统成本（例如减少仓库的数目）；

（3）提高整个供应链运作的效率；

（4）持续、快速地响应和满足顾客需求。

尽管越库配送战略具有很多优势，但其最大的缺陷在于越库配送的运作实施要求投巨资，而且管理上难度很大，体现在以下4点：

（1）零售商配送中心、零售商的各门店和供应商之间必须运用先进的信息系统联结起来，保证在要求的时间内完成商品的生产、分拣以及运输；

（2）为了使越库配送系统运转，必须有一个快速反应的运输系统；

（3）需求预测更为关键，必须信息共享；

（4）只有在大型配送中心运作越库配送时，越库配送战略才是有效的。

由于越库配送是一种先进的配送战略和物流运作模式，越库配送的成功运作需要企业具有较高水平的供应链管理能力以及物流运作能力作为支撑。在与越库配送相关的运作基础尚不完善以及管理水平不匹配的情况下，大规模地实施越库配送战略蕴含极大风险。

（四）越库配送的类型

越库配送的高效运作离不开信息系统和硬件设施的支持，典型的零售业越库配送运作流程如图2-5所示，具体运作流程为：首先由门店基于销售情况分析与预测，通过信息平台向配送中心发出需求订单；之后配送中心汇总所有门店需求信息，并通过信息平台向各供应商发送配送订单；然后供应商在接到配送中心的配送订单后迅速准备，并在向配送中心发送预先发货通知（ASN）后按订单发货。实际上供应商由于事先能够获得所有门店的POS信息及相关数据分析，在接到订单后便能够较快地组织生产（加上一定的库存）；最后，配送中心接到ASN便安排组织收货准备工作，在商品抵达后根据各门店的订单需求，对商品进行分拣、包装等一系列工作，然后把商品快速配送到各门店。

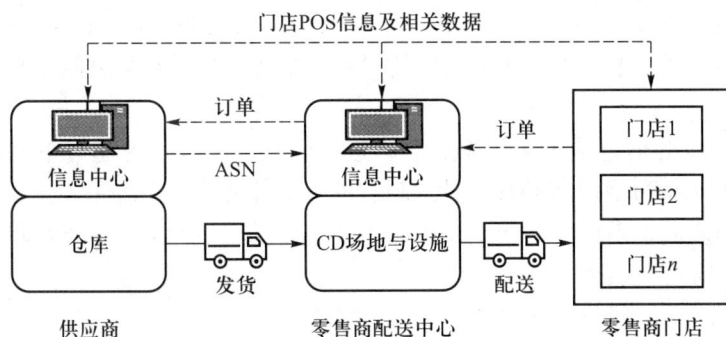

图2-5　越库配送模式运作流程

由于企业自身条件、能力、业务特点以及所处外部环境的不同，越库配送的运作模式也较为多样，一般而言，越库配送有以下三种类型：

（1）机会型越库配送（opportunistic cross-docking）。使用已经收到的产品满足当前的需求订单，即使这些产品处在存储状态或者准备用于满足后面的订单。大多数制造商和分销商正在采用这种形式。机会型越库配送的特点是充分把握现有的可能机会，加速产品的周转。

（2）配送型越库配送（distribution cross-docking）。对收到的整车货物（集装箱）和由多个集装箱拼成的整车货物进行发送。配送型越库配送的特点是追求规模效益。

（3）终点站型越库配送（terminal cross-docking）。根据即将离开的运货卡车对订单进行分类和合并。这种类型的越库配送要求从两家或多家制造商或分销商收到的订单能够同时发送到另外一个地点。终点站型越库配送的特点是对到货的时间和欲发送的指定地点有严格要求。

案例分析

1. 企业概况

Z企业位于深圳，是一家一流的信息与通信技术解决方案供应商，企业主营交换机、数据通信设备、终端设备及相关通信信息产品，业务遍布全球170多个国家和地区。

Z企业在某地共有4个仓库，分别为W1、W2、W3和W4，其中W1和W2是企业自建的自动化立体仓库，位于企业园区内，距离生产线较近；W3和W4是外租的高架仓库，位于企业园区外，距离生产线较远。目前Z企业有大约40 000多种原材料存放于这四个仓库。四个仓库的存储条件并不相同，其中W1和W2由于是自动化仓库且建在园区内，所以仓库面积较小，库容没有W3和W4大，但是拣选和出库的效率比W3和W4高，并且具备完善的原材料存储和检验条件。例如，某些对存储环境的温湿度或静电敏感的电子元器件就只能存放于W1和W2。而W3和W4虽然库容较大，但是距离产线较远，且存储和检验条件并不完善。

Z企业有A-G共7个交付区域，其中A-D为四个生产线，E和F分别代表W3和W4的收货区，G代表该企业的外部协作企业（以下简称外协）。外协主要负责为Z企业加工原材料，从仓库运走原材料，加工后再送回仓库，无须Z企业配送。A、B、C、D四个交付区域位于园区内，且A和B距离W1较近，C和D距离W2较近，E和F位于园区外，E距离W3较近，F距离W4较近。由于四个仓库均设有外协点料室，G距离四个仓库的距离可以看作0。

企业采用自研的信息系统对订单和仓库进行管理。当客户下达订单后，系统会根据BOM表将产品订单拆分成具体到每一种原材料的拣选任务指令，并下发至各仓库。各仓库拣选完所需物料之后，由班车运送至线边超市或直接送至生产线，待该订单所需的所有原材料均齐套后，方可开始生产。

2. Z企业仓库选品现状及问题

目前该企业的仓库选品主要由库房主管凭经验决定，缺乏系统性的分析和规划。而企业的业务则处在不断变动之中，现在仅凭经验很难确定合适的仓库选品。Z企业在选品问题上遇到了许多麻烦，例如虽然可以凭借经验大致判断出哪个物料存放在哪个仓库，但是4万多种物料全部依靠人工经验判断费时费力，且不好确定每种物料在每个仓库的库存量，少了可能导致无法满足产线要求增加拆单率，多了则会占用存储空间，并不经济。考虑到不同的物料有不同的存储和检验条件且有些物料可以存放在多个仓库而有些则不行，如何确定每一个物料的存储仓库并能随着时间的推移给出调整建议成了Z企业面临的一个难题。

由于仓库选品不合适，当前该企业主要面临以下5个问题：

问题一：交叉投递

交叉投递主要发生在园区内，例如A区域距离W1更近，但一些频繁发往A区域的物料却存放于W2仓库中，使物料的齐套等待时间延长。

问题二：高频远存

部分需求频次很高的物料存放于W3或W4，导致频繁地跨园区投递，增加投递成本和运输时间。

问题三：低呆近存

部分物料在2个月内没有订单需求，但是存放于园区内的W1和W2仓库，占用宝贵的内部存储空间。

问题四：外协内存

部分主要发外协的物料存放于园区内的W1和W2仓库，占用宝贵的内部存储空间。

问题五：一单多拆

同一订单需要的多种原材料由于存放仓库或库存数量不合理而出现品类拆单和数量拆单，导致齐套时间延长、车辆装载率降低，增加投递成本。

3. Z企业仓库选品优化及前后对比分析

要进行适当的选品，最重要的就是掌握每种物料的需求信息，根据需求决定选品，使每一种物料的存储仓库距离其最频繁的交付区域最近，从而保证整体较优。Z企业最终通过分析历史订单数据，计算出每种物料的发料频次、各交付区域需求占比等数据，根据交付频次与运输距离进行优化。在满足存储和检验条件的基础上，根据各交付区域需求占比确定物料在每个仓库的存放数量，按照发料频次确定高、中、低频物料并按顺序进行分配，以保证效益最大化，并根据物料相关性对分配进行调整，从而降低拆单率，提升整体效益。不仅如此，Z企业还把该算法集成进信息系统，每两个月自动计算一次，通过最新的订单记录掌握当下的生产动向，及时对选品进行调整，保证仓库选品处在一个相对较优的状态。

经过优化调整后，年车辆运输距离累计减少约70 000千米，年班车发车次数累计减少约700次，Z企业的年均节约成本约350万元。

思考并分析：

1. 除了分析发料频次和需求占比，还有哪些指标或方法能辅助仓库选品决策？

2. 你能想到哪些分析物料间相关性的方法？

复习思考题

1. 仓库选址需要考虑的因素都有哪些?
2. 请详细解释拆单带给企业的影响?
3. 试分析引起拆单的因素有哪些?
4. 越库配送的特点有哪些?

即测即评

扩展阅读

A Catalán, Fisher M. Assortment Allocation to Distribution Centers to Minimize Split Customer Orders[J]. Social Science Electronic Publishing, 2013.

第三章

仓库运作管理

知名制造商A拥有多种存储原材料的中心仓，如立体仓库、高架仓库等，根据每种中心仓的功能，设置了多种不同的拣货设备。立体仓库中主要的拣货设备有天地轨道、巷道堆垛机、出入库输送设备、AGV等自动化设备，主要完成订单的快速响应，提高仓库的作业效率。高架仓库距离生产线较远，主要用于存储原材料，在有订单需求存在时，也可以使用AGV进行拣货作业，但AGV的工作主要是面向多层货架进行拣货作业。

在仓库作业过程中，订单拣选系统会先将指令分配到多个多层货架上，AGV将多层货架运输至拣货台的位置，由人工进行扫码拣选出来。由于订单中SKU的种类和数量的多样性，同一个SKU经常会摆放在库区的多个多层货架的不同区域，拣选完一个订单需要AGV运输很多个货架的情况时有发生，极大地降低了订单的拣货效率。

案例思考题： 如何合理地安排SKU在货架中的位置使得订单的拣选效率最高。

本章关键术语

仓库设备（Warehousing equipment）；库位（Storage bin）；排班（Scheduling）

第一节 仓库设备

一、仓库设备的定义

仓库设备是指仓储业务所需的所有技术装置与机具，即仓库进行生产作业或辅助生产作业以及保证仓库和作业安全所必需的各种机械设备的总称。

二、仓库设备的特点

仓库设备是衡量仓储与物流技术水平高低的主要依据，现代仓库设备体现了现代仓储与物流技术的发展，其特点主要表现在以下4方面：

（1）设备的专业化、标准化、机械化以及自动化程度高；

（2）设备的社会化程度越来越高，设备结构越来越复杂，并且在研究、设计、生产直至报废的各环节之间相互依赖，相互制约；

（3）设备出现了"四化"趋势，即连续化、大型化、高速化、电子化，提高了生产率；

（4）设备类型大多为能源密集型和资金密集型，能源消耗大，设备投资大，使用费用十分昂贵，因而加强对设备的管理以提高其经济效益对物流企业来说非常重要。

三、仓库设备的作用

仓储设备是构成仓储系统的重要因素，担负着仓储作业的各项任务，影响着仓储活动的每一个环节。离开仓储设备，仓储系统就无法运行，服务水平及运行效率极其低下，仓储设备的作用可以概括为以下三点。

1. 仓储设备是提高仓储系统效率的主要手段

一个完善的仓储系统离不开现代仓储设备的应用。许多新的仓储设备的研制开发，为现代仓储的发展做出了积极的贡献。实践证明，先进的仓储设备和先进的仓储管理是提高仓储能力，推动现代仓储迅速发展的两个"车轮"，缺一不可。

2. 仓储设备是反映仓储系统水平的主要标志

仓储设备与仓储活动密切相关，在整个仓储活动的过程中伴随着存储保管、存期控制、数量管理、质量养护等功能作业及其他辅助作业环节，这些作业的高效完成需要不同的仓储设备。因此其水平的高低直接关系到仓储活动各项功能的有效实现和完善，决定着物流系统的技术含量。

3. 仓储设备是构筑仓储系统的主要成本因素

现代仓储设备是资金密集型的社会投资，其购置费用相当可观。同时，为了维持系统的正常运转，发挥设备效能，还需要继续不断地投入大量资金。仓储设备的费用对系统的投入产出分析有着重要的影响。

四、仓库设备分类

根据仓库设备在仓库中的用途，可分为装卸搬运设备、存储设备、分拣设备以及其他设备。

（一）装卸搬运设备

装卸搬运设备用于货物的出入库、库内搬移、升降和短距离输送，对改进仓储管理，减轻工人劳动强度，提高收发货效率具有重要作用。这类设备在物流系统中使用频度最大、数量最多，是仓库设备的重要组成部分。仓库装卸搬运设备主要包括输送机、码垛机、装卸机以及托盘搬运车等。

1. 输送机

在仓储系统中，其搬运作业以集装单元化搬运最为普遍。因此，所用的输送机也以单元负载式输送机为主。单元负载式输送机主要用于输送托盘、箱包件或其他有固定尺寸的集装单元货物。根据有无动力源，输送机可分为重力式和动力两类。重力式输送机根据滚动体的不同，可分为滚轮式、滚筒式和滚珠式三种。动力输送机，一般以电动机为动力，根据其驱动介质的不同，可以分为滚筒输送机、皮带输送机、链条式输送机等。

2. 码垛机

码垛机是将输送机输送来的料袋、纸箱或是其他包装材料按照客户工艺要求的工作方式自动堆叠成垛，并将成垛的物料进行输送的设备。例如，它可将已装入容器的纸箱，按一定排列码放在托盘、栈板（木质、塑胶）上，进行自动堆码，可堆码多层，然后推出，便于叉车运至仓库储存，可大大地减少劳动力和降低劳动强度。

3. 装卸机

装卸机是指用于装车、卸车和搬运的机械。装卸笨重货物的装卸机有门式起重机、桥式起重机、汽车起重机、轮胎起重机、履带起重机、轨道起重机、固定式起重机和叉车等。装卸散堆装货物主要采用卸煤机和装沙机与皮带输送机配合作业，其次采用单斗装载机和起重机配合抓斗作业，以及采用底开门自卸车辆配合高架线（栈桥）或皮带输送机作业，散装货物卸车量特别大的货场多采用翻车机卸车。装卸机的驱动方式主要是电力驱动，其次是热力驱动；传动方式主要是机械传动，次要是液体传动。

4. 托盘搬运车

托盘搬运车是起搬运货物作用的物流搬运设备。手动托盘搬运车在使用时将其承载的货叉插入托盘孔内，由人力操纵液压系统来实现托盘货物的起升和下降，并完成搬运作业。它是搬运站托盘运输工具中最简便、最有效、最常见的装卸、搬运工具。

（二）存储设备

存储设备主要用来保存并存放货物，主要包括托盘、货橱、货架等。

1. 托盘

托盘即存放货的水平平台装置，可以防止货物直接接触地面以及防止货物被水浸泡。托盘根据材质可以分为木制托盘、钢制托盘以及塑料托盘。

2. 货橱

货橱即存放货物的封闭式格架，主要用于存放比较贵重或需要特别养护的商品。

3. 货架

仓库货架的作用在于可以很好地利用仓库空间，把仓库的空间进行科学的划分，以此来提高整体仓储效率及科学性，仓库货架的种类主要包括以下十种。

（1）托盘货架。托盘货架用以储存单元化托盘货物，配以巷道式堆垛机及其他储运机械进行作业。高层货架多采用整体式结构，一般是由型钢焊接的货架片（带托盘），通过水平、垂直拉杆以及横梁等构件连接。

（2）移动式货架。移动式货架易控制，安全可靠。移动货架由一个电机驱动，用装置于货架下的滚轮沿铺设于地面上的轨道移动。其突出的优点是提高了空间利用率，一组货架只需一条通道，而固定型托盘货架的一条通道，只服务于通道内两侧的两排货架，所以在相同的空间内，移动式货架的储存能力比一般固定式货架高得多。

（3）穿梭式货架。穿梭式货架是由货架、台车以及叉车组成的高密度储存系统，可以实现高密度存储，提高仓库利用率。穿梭式货架的工作效率高，大大减少了作业等待时间；它的作业方式灵活，货物的存取方式可以先进先出，也可以先进后出；它的安全系数高，可以减少货架与叉车的碰撞，提高安全生产率；它对照明要求相对低，对比其他类型货架，整体投资更少。

（4）搁板式货架。搁板式货架通常使用人工存取货方法，组装式结构，层间距可调，货物也常为集件或不是很重的未包装物品（便于人工存取），货架高度通常在2.5米以下，否则人工难以涉及。搁板式货架按每层的载重量可分为轻、中、重型搁板式货架，层板主要为钢层板、木层板两种。

（5）流利式货架。流利式货架又称滑移式货架，采用辊轮铝合金、钣金等流利条，利用货物台架的自重，从一边通道存货，另一边通道取货，实现先进先出，存储方便。流利式货架存储效率高，适合大量货物的短期存放和拣选。可配电子标签，实现货物的轻松管理，常用的相关滑动容器有周转箱、零件盒及纸箱，广泛应用于配送中心、装配车间以及出货频率较高的仓库。

（6）重力式货架。重力式货架采用的是先进先出的存储方式，货架高度及层数可按需而定，适用于少品种大批量同类货物的存储。重力式货架的每一个货格就是一个具有一定坡度的存货滑道。入库起重机装入滑道的货物单元能够在自重的作用下，自动地从入库端向出库端移动，直至滑道的出库端或者碰上已有的货物单元停住为止。位于滑道出库端的第一个货物单元被出库起重机取走之后，在它后面的各个货物单元便在重力作用下依次向出库端移动一个货位。

（7）贯通式货架。贯通式货架又称通廊式货架或驶入式货架。贯通式货架可供叉车（或带货叉的搬运车）驶入通道存取货物，适用于品种少、批量大的货物储存。贯通式货架的存储密度较高，在同样的空间内比托盘货架几乎多一倍的储存能力，因为它取消了位于各排货架之间的巷道，将货架合并在一起，使同一层、同一列的货物互相贯通。

（8）阁楼式货架。阁楼式货架是在已有的货架或工作场地上建造一个中间阁楼以增加储存面积。阁楼楼板上一般可放轻泡货物、中小件货物或储存期长的货物，可用叉车、输送带、提升机、电动葫芦或升降台提升货物。阁楼上一般采用轻型小车或托盘牵引小车作业。

（9）屏挂式货架。屏挂式货架由百叶式挂屏和挂箱组成，适用于多品种或多规格的小型零件的储存，也可设置在手推车或托盘上，作为工序间临时储存，或装配线供料用。

（10）重型货架。重型货架是使用最普通的一种货架，其有拣取效率较高、成本低、安全可靠、组装、拆卸简单方便等特点，适用于人工存取箱式货物，或者与零件盒、周转箱配套装载零散重型货物。其固定架的储存密度较低，储存物品较重，须配合栈板和叉车使用，故又称为栈板式货架。

（三）分拣设备

分拣设备用于将货物按品种、出入库顺序等要求进行分门别类拣选、堆放，现代化的仓库大多使用自动化分拣系统进行分拣工作，自动化分拣系统主要包括以下4部分。

1. 控制装置

控制装置的作用是识别、接收和处理分拣信号，根据分拣信号的要求指示分类装置，按商品品种、按商品送达地点或按货主的类别对商品进行自动分类。这些分拣需求可以通过不同方式，如条形码扫描、色码扫描、键盘输入、重量检测、语音识别、高度检测及形状识别等，输入分拣控制系统中，根据对这些分拣信号判断，来决定某一种商品该进入哪一个分拣道口。

2. 分类装置

分类装置的作用是根据控制装置发出的分拣指示，当具有相同分拣信号的商品经过该装置时，改变在输送装置上货物的运行方向，使其进入其他输送机或进入分拣道口。分类装置的种类很多，一般有推出式、浮出式、倾斜式和分支式，不同的装置对分拣货物的包装材料、包装重量、包装物底面的平滑程度等有不同的要求。

3. 输送装置

输送装置的主要组成部分是传送带或输送机，其作用是使待分拣商品连贯地通过控制装置、分类装置。并且输送装置的两侧，一般要连接若干分拣道口，使分好类的商品滑下主输送机（或主传送带）以便进行后续作业。

4. 分拣道口

分拣道口是已经完成分拣的商品脱离主输送机（或主传送带）进入集货区域的通道，一般由钢带、皮带、滚筒等组成滑道，使商品从主输送装置滑向集货站台，在那里由工作人员将该道口的所有商品集中后，入库储存或组配装车并进行配送作业。

（四）分拣机的主要类型

上述四部分装置通过计算机网络联结在一起，配合人工控制及相应的人工处理环节构成一个完整的自动分拣系统，自动分拣系统的核心设备是自动分拣机。常见的形式有下列4种：

（1）挡板型。挡板型是指利用一个挡板挡住输送机上向前移动的商品，将商品引导到一侧的滑道排出。就挡板本身而言，有多种形式，如直线形、曲线形，也有在挡板工作面上装有辊筒，以减少摩擦力。

（2）浮出型。浮出型是把商品从输送机上托起，而将商品引导出输送机的一种结构形式。

（3）倾斜型。倾斜型输送机有两种形式，一是条板倾斜式，二是翻盘式。

（4）滑块型。滑块型指输送机的表面用金属条板构成，而每个条板上有一枚用硬质材料制成的滑块，能沿条板横向滑动，而平时滑块停止在输送机的侧边。滑块的下部有销子与条板下导向杆连接，通过计算机控制，滑块能有序地自动向输送机的对面一侧滑动，因而商品就被引出主输送机。

（五）其他设备

1. 包装设备

包装设备主要指在完成全部或部分货物包装过程中使用的机械设备，通常按照功能可分为充填机、封口机、裹包机、贴标机、集装拆卸机、多功能包装机等。

2. 保管养护设备

保管养护设备是用于保管、养护作业的设备，主要包括各种吸湿器、擦锈机、烘干机、温湿度控制器。

3. 计量检验设备

计量检验设备是在商品的入库验收、在库检查和出库交接过程中使用的度量衡称量设备、量具及检验商品的各种仪器仪表。称量设备包括地中衡、轨道衡、磅秤、自动称量装置等；量具包括直尺、卷尺、卡钳、线规、游标卡尺和千分卡等。检验商品的仪器仪表有测湿仪、拉力机、硬度机、显微镜、光谱仪、光学分析仪器等。

4. 通风、照明、保暖设备

常见的设备有：联动开窗机械、抽风机、各式电扇、普通加罩电灯、探照灯、暖气装置、防护火炉等。

5. 消防设备

为了保证仓库的安全，必须根据储存商品的种类配置相应的消防设备。常见的消防设备有消火栓、灭火器等。

第二节　库位规划

仓库库位规划，是仓储规划和作业的基础工作。将货品放置到合适的库位，使仓内货品库位最优化，可以减少货物搬运的成本，提升工人拣货效率，降低货物在存储及搬运过程中的损耗，从而降低仓库作业成本。

一、库位规划准则

（一）货物库存周转率

各项仓储作业中，最耗时费力的是搬运货物。因此确定货位时首先要考虑减少行走路径，把进出频繁的物品靠近出入口放置，反之则远离。零售型仓库物品入库时通常品少量大，而出库多为拆零，所以这类仓库首先要考虑将高周转率货物靠近出口放置。

（二）产品相关性法则

在库存货品中，有些品类常被同时订购。这些具有高相关性的货品应尽量存放在相邻货位，以缩短拣选路径。我们可以通过分析历史订单数据来找出库存货品的相关性。需要注意的是相关性会随着销售季节变化。

（三）产品同一性法则

产品同一性是指同一种物品应存放在同一个货位，因为若一种物品存放在多个货位，其上架、拣选、盘点等作业工作量都会增加。现代仓库由于货物进出频繁，在实际操作中要做到一货一位是较难的。

（四）产品类似性法则

类似物品指主要属性相似的物品，例如黄豆和绿豆。这个法则要求把类似物品相邻存放，就是常用的分类存储法。在仓储管理信息系统功能较弱时，分类存储可以大大降低人工管理难度，但这种存储方式有时会降低空间利用率、增加拣选路径，所以用这个法则时要酌情变通。

（五）产品互补性法则

这条法则要求可互补的物品靠近存放，以便一种货物缺货时可以用另一种代替。这条法则适用面比较窄，因为仓库通常不能修改订单。对长期供求合作者，在预先有约定的条件下才可以这样做。

（六）先进先出法则

此法则要求先入库的货物先出库，通常适用于保质期较短的货物。若不认真规划货位和入库出库流程，一般很难做到先进先出，否则就要多占货位和空间。例如，药品要照GSP规定按生产批次存放和配送。

（七）叠高法则

叠高法则即为了提高仓库空间利用率，应尽量将货物叠高存放。简单的一箱压一箱叠放不利于选择性取货，也不能叠放很高，所以产生了多层高位货架。多层高位货架有很多类型，需要配用不同的装卸机械。

（八）重量特性法则

库位规划需要依照货物的重量来安排存放位置。通常重货往下放，轻货往上放。此外，还要考虑机械化搬运和人工搬运的不同，人工搬运的重物应存放在腰部以下位置，而机械化搬运的存放位置可以高些，具体高度由具体机械和货架决定。

（九）面对通道法则

为了使货物的存取方便快捷，货物应面对通道摆放。货物和货位的编号标志、名称等也应该布置在通道附近等容易看到的位置。同理，出货频率较高的货物应靠近主通道存放。

（十）产品尺寸法则

货物需按照外形大小的不同来设计对应的货位空间大小。这个法则也是选用货架类型的一个依据，我们可据此选择托盘地堆、横梁式货架、层板式货架、储柜式货架等。

（十一）储位表示法则

储位表示法则要求使用简单规范、具有唯一性的方法来表示货位，如图3-1所示。目前多数仓库都使用字母加数字编码的方式，可表示货区、通道、排列、层、格等信息。简洁的货位表示法可以大大简化对货物的仓储管理。

1-3-2	2-3-2	3-3-2	4-3-2	5-3-2	6-3-2	7-3-2	8-3-2	9-3-2	10-3-2	11-3-2	12-3-2	13-3-2	14-3-2
1-3-1	2-3-1	3-3-1	4-3-1	5-3-1	6-3-1	7-3-1	8-3-1	9-3-1	10-3-1	11-3-1	12-3-1	13-3-1	14-3-1
1-2-6	2-2-6	3-2-6	4-2-6	5-2-6	6-2-6	7-2-6	8-2-6	9-2-6	10-2-6	11-2-6	12-2-6	13-2-6	14-2-6
1-2-5	2-2-5	3-2-5	4-2-5	5-2-5	6-2-5	7-2-5	8-2-5	9-2-5	10-2-5	11-2-5	12-2-5	13-2-5	14-2-5
1-2-4	2-2-4	3-2-4	4-2-4	5-2-4	6-2-4	7-2-4	8-2-4	9-2-4	10-2-4	11-2-4	12-2-4	13-2-4	14-2-4
1-2-3	2-2-3	3-2-3	4-2-3	5-2-3	6-2-3	7-2-3	8-2-3	9-2-3	10-2-3	11-2-3	12-2-3	13-2-3	14-2-3
1-2-2	2-2-2	3-2-2	4-2-2	5-2-2	6-2-2	7-2-2	8-2-2	9-2-2	10-2-2	11-2-2	12-2-2	13-2-2	14-2-2
1-2-1	2-2-1	3-2-1	4-2-1	5-2-1	6-2-1	7-2-1	8-2-1	9-2-1	10-2-1	11-2-1	12-2-1	13-2-1	14-2-1
1-1-6	2-1-6	3-1-6	4-1-6	5-1-6	6-1-6	7-1-6	8-1-6	9-1-6	10-1-6	11-1-6	12-1-6	13-1-6	14-1-6
1-1-5	2-1-5	3-1-5	4-1-5	5-1-5	6-1-5	7-1-5	8-1-5	9-1-5	10-1-5	11-1-5	12-1-5	13-1-5	14-1-5
1-1-4	2-1-4	3-1-4	4-1-4	5-1-4	6-1-4	7-1-4	8-1-4	9-1-4	10-1-4	11-1-4	12-1-4	13-1-4	14-1-4
1-1-3	2-1-3	3-1-3	4-1-3	5-1-3	6-1-3	7-1-3	8-1-3	9-1-3	10-1-3	11-1-3	12-1-3	13-1-3	14-1-3
1-1-2	2-1-2	3-1-2	4-1-2	5-1-2	6-1-2	7-1-2	8-1-2	9-1-2	10-1-2	11-1-2	12-1-2	13-1-2	14-1-2
1-1-1	2-1-1	3-1-1	4-1-1	5-1-1	6-1-1	7-1-1	8-1-1	9-1-1	10-1-1	11-1-1	12-1-1	13-1-1	14-1-1

图3-1　库位布局图

（十二）明示法则

　　货位信息是仓储作业所需的基本信息，所以货位信息必须标示得非常明显，这对提高仓储作业效率是非常有效的。可以使用大小标牌、看板、位置指示灯、电子显示屏等显示仓库内的货位信息。

二、快速拣货区

　　仓库的快速拣货区被誉为"仓库中的仓库"。仓库内销量较高、出库频率较高的商品都以相对较少的数量存储在这里，使得大多数拣货可以在一个相对较小的范围内完成。这意味着分拣工人的步行距离可大大降低，出库效率显著提升，同时工人的拣货工作也更容易受到监管。同时，快速拣货区还需要从仓库其他区域为其存储商品进行补充、储备，因此快速拣货区需要决策其内存放的商品种类，以及各商品存储数量。

　　快速拣货区内的商品种类和商品数量决定了快速分拣区的价值。若存放商品的种类或数量不当，补货的成本可能会超出任何可节省的分拣成本。

三、库位规划优化方法

（一）优化准则

　　优化库位分配时，除需要考虑以上提到的12项准则外，还需具体到仓库。首先考虑的是大部分产品按大类分类存储，可保证同一性。对于出库频次特别高的产品可集中存储。相关研究表明，产品的周转率和相关性对产品的货位分配影响最大，所以可以选择这两个准则作为推荐货位的目标准则。同时，为了避免仓库出现库容不足、频繁补货现象，需将产品的尺寸准则作为推荐货位的约束准则；同时将产品的重量也作为约束，将重量大的产品放置在货架下部，确保货架稳定。

（二）两阶段优化方法

阶段1：确定每一大类的货位区域。

Step1. 根据产品特性划分出大类数，计算每一大类的产品种类数，并统计每一大类的平均出库频次与大类间的相关性。

首先，根据仓库货物的具体特征与出库频次大小，将产品分为A、B两类，A类产品为出库频次（用选定时间段内含有该产品的订单数表示）前10%的畅销品，单独存放在靠近分拣区的货位。其余为B类产品，适合采用按类存储的方式，这样可同时满足同一性准则和相容性准则。然后，对于B类产品，由于其出库频次比较低且彼此差距不大，分开存放没有明显效果。我们将B类产品按大类进行细分，将A类产品与B类产品中的每一类产品都看为整体，统计每个整体的日均出库量所占比重，与每个整体间的订单相关性。根据实际数据，除去某些特殊商品(如优惠券等)大约有14个产品大类，加上A类产品，共有15个类别。最后，计算出15个类别的日均出库量、订单相关性数据与每一类别产品的日均出库体积数据。

Step2. 根据大类数与仓库物理特性，将仓库拣货区域分成与大类数相同的片区数，并计算每一片区到分拣区的平均距离。

通过对仓库的实地测量，计算出每个货位距分拣区的距离，根据仓库货架大小、数量及在不同区域分布的具体情况，考虑到不同区域距离分拣区的距离不同，大体分为15个片区。并计算15个片区距分拣区的折线距离。

Step3. 根据数学模型计算，将产品大类与仓库片区一一对应。并根据各大类产品种数调节各片区的面积与货位数量。

将15个类别的日均出库量，订单相关性数据、每一类别产品的日均出库体积以及15个片区距离分拣区的折线距离，相互之间的折线距离以及每个区域货位的平均体积代入数学模型进行计算，得出每一类别产品大体应该放置的片区。再根据每一类别产品种类上的不同，在临近区域之间调节货位数量，并根据每类产品的业务扩大速度，预留一定数量的货位给新产品。

阶段2：为每一大类产品分配具体货位。

Step1. 统计各大类货位到分拣包装线的折线距离，统计每种产品的日均出库频次与两两间的相关性。

Step2. 代入建立的数学模型进行计算，得出产品与货位对应表。

按这种思路进行货位的推荐，可以保证出库频次越高的产品放在离分拣区越近的货位，相关性强的两个产品放在距离较近的货位上，同时可以保证货位的同一性、相容性（大类产品间相容性较好，按大类分配货位后，相邻产品不相容的现象会大大减少）。

（三）模型假设与参数设置

根据实际情况，我们做以下假设：

（1）产品已存在销售记录；

（2）拣货区的货位数已知；

（3）产品SKU数已知；

（4）选定时间内仓库的产品出库数据、订单数据已知；

（5）只考虑产品出库；

（6）只考虑产品两两之间的相关性；

（7）两点之间的距离按折线记。

模型的目标为：出库频次越高的产品放在离分拣区越近的地方；相关性越强的两个产品放在距离越近的两个货位上。

参数及变量设置如下：

i，j为产品种类，$i,j = 1,2,3,\cdots,n$；

k，l为平面货位，$k,l = 1,2,3,\cdots,n$；

p为货架层数，$p = 1,2,3,\cdots,m$；

c_{kp}为kp货位到分拣区的折线距离（对一个仓库来说，货架布局一旦确定，c_{kp}的值也就确定了）；

a_i为第i种产品日均出库频次；

d_{ii}为i产品到分拣区的折线距离；

d_{ij}（$i \neq j$）为i产品到j产品的折线距离；

c_{kplq}（$k \neq l$，且$p \neq q$）表示kp货位到lq货位的折线距离；

v_i为i产品的日均出库体积；

V_k为k货位的体积；

w_{kp}为放置在kp位置产品的重量；

t_i为i产品的每天补货次数；

x_{ikp}（x_{jlq}）为0–1变量，取1时表示i（或j）产品放在k位置p层（或l位置q层）货位。

参数的计算方法如下：

距离计算：设货架共有m层，每层高度为h，一般最中间层最方便拣货，故选择第$\left[\dfrac{m}{2}\right]$层为基础层，垂直距离转换为水平距离的转换系数为$\omega$，记位置$k$的$p$层货位到分拣区的距离为$c_{kp}$。

$$c_{kp} = c_k + \omega h \left(\left| p - \left[\frac{m}{2}\right] \right| \right) \tag{3-1}$$

有如下重力约束，使得产品放置重心在货架中位线以下。

$$\sum_{p=1}^{m} \left(w_{kp} \times p \right) g \leqslant \left[\frac{m}{2}\right] \times \sum_{p=1}^{m} w_{kp} g \quad k = 1,2,\cdots,n \tag{3-2}$$

b_{ij}表示i产品与j产品相关系数（为避免不相关的产品之间因为偶然原因表现出相关性，当$b_{ij} < 0.05$时令其取0），具体计算方法如下：

Step1. 对历史数据进行采样，取得一段时间的所有订单，统计出包含产品i的订单个数p_i，组成数列：

$$P_n = (p_1, p_2, \cdots, p_n) \tag{3-3}$$

Step2. 在含有产品i的订单中，统计出含有j的订单个数q_{ij}，组成矩阵：

$$Q_{n \times n} = \begin{pmatrix} q_{11} & \cdots & q_{1n} \\ \vdots & \ddots & \vdots \\ q_{n1} & \cdots & q_{nn} \end{pmatrix} \tag{3-4}$$

Step3. 得到频率矩阵，当 $i = j$ 时，$b_{ij} = 1$。

$$B_{n \times n} = (b_{ij}) = \left(\frac{q_{ij}}{p_i} \right) \qquad (3-5)$$

（四）库位规划整数规划模型

根据模型的目标，给出目标函数，如下所示：

$$\min z = \sum_{i=1}^{n} a_i \left(d_{ii} + \sum_{j>i}^{n} b_{ij} d_{ij} \right) = \sum_{i=1}^{n} a_i \left(\sum_{j \geqslant i}^{n} b_{ij} d_{ij} \right) \qquad (\because b_{ii} = 1) \qquad (3-6)$$

$$d_{ij} = \sum_{k=1}^{n} \sum_{l=1}^{n} c_{kplq} x_{ikp} x_{jlq} \qquad (3-7)$$

$$\min z = \sum_{i=1}^{n} a_i \sum_{j \geqslant i}^{n} \sum_{k=1}^{n} \sum_{p=1}^{m} \sum_{l=1}^{n} \sum_{q=1}^{m} b_{ij} c_{kplq} x_{ikp} x_{jlq} \qquad (3-8)$$

因为产品与自己本身总是"同时出现在一个订单中"，故 $b_{ii} = 1$，由此对目标函数进行化简。产品之间的距离实际上就是产品所放置的货位之间的距离，d_{ij} 实际上是 c_{kplq} 与决策变量的乘积，因此目标函数也相应变成式（3-8）。

目标函数中的中货位采用平面位置与层数二位编码，表达冗余且不利于计算机计算，可转换成一位编码采用如下方式：

c_{kp} 表示 k 位置的 p 层货位，共有 $m \times n$ 货位，令 $c_e = c_{kp}$，其中 $e = (k-1)m+p$，$e \in (1, m \times n)$。则 w_e 表示 e 放置在货位产品的重量。a_i，b_{ij} 均是常数，设 $s_{ij} = a_i b_{ij}$，得到最终模型如下：

$$\min z = \sum_{i=1}^{n} \sum_{j \geqslant i}^{n} \sum_{e=1}^{n \times m} \sum_{f=1}^{n \times m} s_{ij} c_{el} x_{if} x_{jl} \qquad (3-9)$$

s.t.

$$\sum_{i=1}^{n \times m} x_{ie} = 1 (k = 1, 2, 3, \cdots, n) \qquad (3-10)$$

$$\sum_{e=1}^{n \times m} x_{ie} = 1 (i = 1, 2, 3, \cdots, n) \qquad (3-11)$$

$$v_i \leqslant V_k t_i \qquad (3-12)$$

$$\sum_{e=m(k-1)+1}^{m \times k} (w_e \times p)g \leqslant \frac{m}{2} \times \sum_{e=m(k-1)+1}^{m \times k} w_e g (p = e - (k-1)m, k = 1, 2, \cdots, n) \qquad (3-13)$$

在模型中，式（3-10）表示一个货位上只能放一种产品，式（3-11）表示一种产品只能放在一个货位上，式（3-12）表示 i 产品的日均出库体积小于等于 k 货位的体积与 i 产品的补货次数之积。式（3-13）表示产品放置使得货架重心在中位线以下。

（五）模型求解

由于仓库内存放的货品种类较多，很难通过一般的数学算法获得模型的最优解，因此采用启发式算法中的模拟退火算法求得次优解。

模拟退火算法出发点是基于物理中固体物质的退火过程与一般组合优化问题之间的相似性。模拟退火算法的思想是：在某一初始温度下，伴随温度参数的不断下降，结合概率突跳特性在解空间中随机寻找目标函数的全局最优解，即能从局部最优解中概率性地跳出并最终趋于全局最优的可行解。具体算法如下：

x 为模型的决策变量，其中 x_{best} 表示模型的最优解，x_0 为模型初始解，x_{new} 为每次迭代计算产生的新解；

n 为温度的迭代次数；

r 为每次温度迭代的乘数；

$T(n)$ 为当前迭代时的温度，T_{min} 为最低温度，T_{max} 为最高温度，$T(n) = T_{max}{}^{*} r^{n-1}$；

j 为当前温度下运算的次数，k 为每个温度下最大运算次数；

$E(x)$ 为当解为 x 时的目标函数，$\Delta E = E(x_{new}) - E(x_{best})$；

c 为 0 和 1 之间的随机数，$c = \text{random}[0,1]$；

p 为在 $\Delta E < 0$ 时接受当前解的概率，$p = \exp(-\Delta E/T(n))$。

模拟退火算法基本步骤如下：

Step1. 随机产生一个初始解 x_0，令 $x_{best} = x_0$，并计算目标函数值 $E(x_0)$。

Step2. 设置初始温度 $T(0) = Th$，迭代次数 $n=1$。

Step3. 对当前最优解 x_{best} 按照某一领域函数，产生一个新的解 x_{new}。计算新的目标函数值 $E(x_{new})$，并计算目标函数值的增量 $\Delta E = E(x_{new}) - E(x_{best})$。

Step4. 若 $\Delta E < 0$，则 $x_{best} = x_{new}$；若 $\Delta E > 0$，则 $p = \exp(-\Delta E/T(n))$。

Step5. 若 $c = \text{random}[0,1] < p$，则 $x_{best} = x_{new}$。

Step6. 若 $T(n) < T_{min}$，则输出当前最优解 x_{best}，算法结束；否则转至 Step3。

🔘 案例分析

考虑某药品仓库现需进行库位规划，仓库内现存有 20 000 种不同品类药品，分为内服非处方药、内服处方药、保健食品、医疗器械、中药饮片、隐形眼镜和普通食品七大类。由于某些药品的存储条件较为苛刻，仓库被分为了常温库和阴凉库两个区域。仓库内药品现处于分类存储状态，且各药品区域内的药品为随机库位存储。由于业务增长迅速，仓库订单量骤增，目前的库位规划方案得到的出库效率已难以满足需求。

1. 仓库内布局介绍

如图 3-2 所示，仓库分为 A、E、F 三个区域，其中 A 区有 1 360 个库位，E 区有 5 265 个库位，F 区有 1 680 个库位，每个库位包含 4 个储物区可存储商品，A 区和 E 区各配有一个货梯，F 区配备有两个货梯。各区域面积信息如下：

总面积：5 033 平方米。

药品库：2 980 平方米（阴凉库（F 区）1 530 平方米；常温库（A 区）1 450 平方米）。

非药品库（E 区）：1 390 平方米（日用品库 500 平方米，食品库 890 平方米）。

器械阴凉库 70 平方米。

中药饮片库 48 平方米。

不合格品区 25 平方米。

退货区 15 平方米。

待验收区 25 平方米。

收验区80平方米。

复核发货区150平方米。

办公室250平方米。

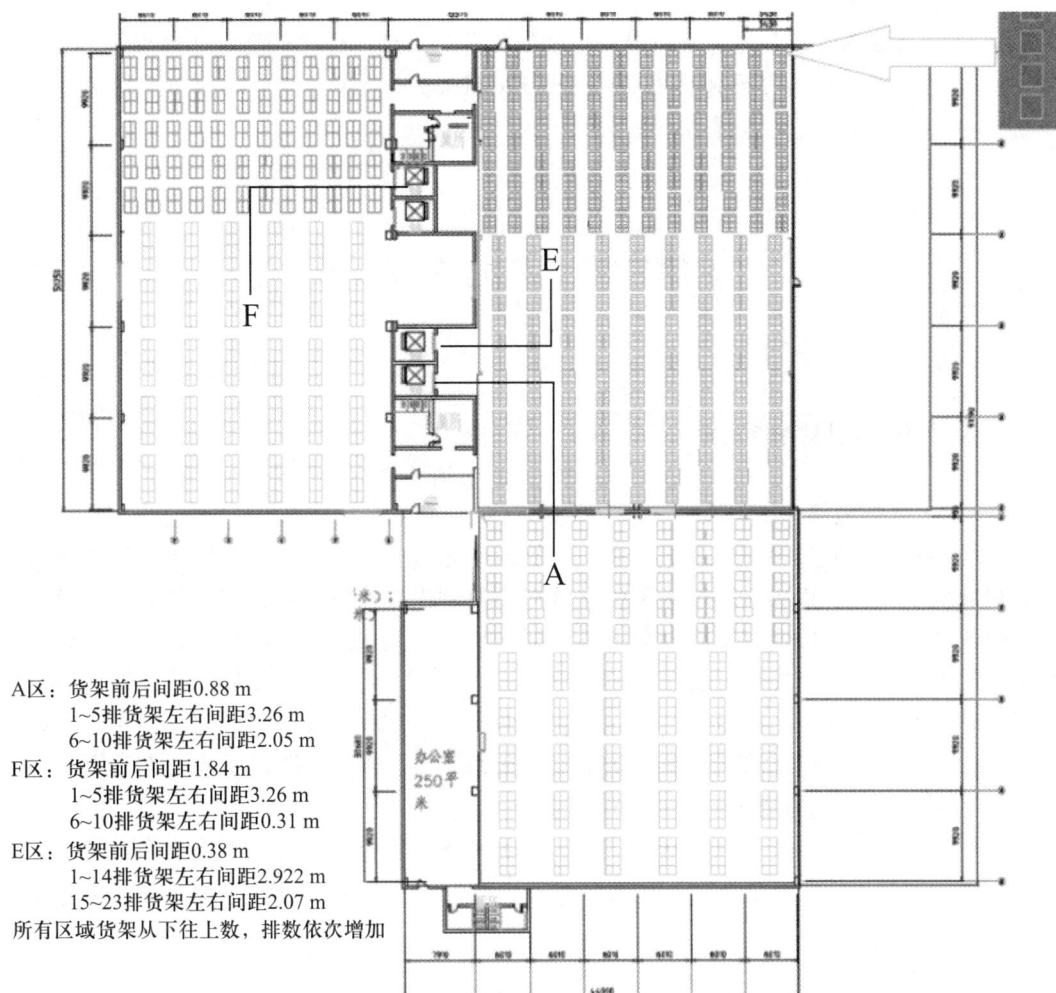

A区：货架前后间距0.88 m
1~5排货架左右间距3.26 m
6~10排货架左右间距2.05 m

F区：货架前后间距1.84 m
1~5排货架左右间距3.26 m
6~10排货架左右间距0.31 m

E区：货架前后间距0.38 m
1~14排货架左右间距2.922 m
15~23排货架左右间距2.07 m

所有区域货架从下往上数，排数依次增加

图3-2 药品仓库内布局

2. 库位规划存在的问题

此药品仓当前采用的库位规划准则是：由人工初始化货品的摆放位置，货物入库后，推荐到相应同类药品的库位；若为新药品，则系统自动分配到现有空库位上，而人工常因为所分配库位的极其不合理而私下改动，这会大大降低上架、拣货流程的效率，存在的具体问题如下：

（1）药品摆放不合理，直接增加了药品上架的难度，延长了拣货时寻找药品的时间，降低了处理效率；

（2）药品分类不合理，同种药品在不同的库区都有库位；

（3）推荐库位时没有考虑药品的不相容性，导致某些药品产生化学反应而失效。例如，高锰酸钾外用片具有强腐蚀性，不能和内服药存放在一起，但是在分配库位的时候没有考虑这些问题，需要在推荐库位后对不相容的货品进行微调；

（4）库位规划时未考虑库容，当药品拉到推荐库位处，却无法将所有药品全部上架，只能堆到旁边的空架子上，造成药品对应库位的混乱，也会影响后续库位的推荐。

思考并分析：

1. 请结合案例及本节内容分析该仓应如何为药品规划库位，药品应如何存放。

2. 请结合案例内容及仓库内布局图分析哪个区域适合作为此仓的快速拣货区，快速拣货区内的库位规划需注意哪些问题。

第三节　人力分配

一、人员排班优化背景

（一）人员排班简介

在维持整个物流体系运转的成本中，仓储成本是重要组成部分。仓储作业主要包括入库和出库两个环节。以出库环节为例，从客户下单到出库，主要包括四个环节：拣货、分拣、包装和出库。一般情况下仓储作业人员的排班工作是按照经验进行的，所以各环节人员的忙闲不均现象时有发生。除了要避免出现各环节工作效率不均衡的情况之外，还要注意不同时间段内工作人员的分配情况，如在"双十一""618"等大促时间，仓库要安排足够的工作人员处理突然暴涨的订单，防止出现仓库爆仓、客户等待时间过长的现象。

（二）人员排班的重要性

合理的排班是保障仓储物流活动正常运作的基础。不科学的排班不但浪费时间、浪费人力，而且容易出错，易引入主观的人为因素，缺乏公平性和合理性，造成的弊端主要有以下几个方面。

1. 人力成本浪费

除了设备、仓库建设成本等固定投入，人力成本是仓库运营成本最重要的组成部分。过多的工作人员会造成人力资源浪费，某环节人员的冗余可以使该环节总效率增加，但人均效率较低，不能使每个员工发挥出最大能力，既是对公司资源的浪费，也是对员工能力的浪费。

2. 各环节进度差异较大

每个环节的人均效率不同，排班却没有根据相应的比例调整人数，导致各个环节的运作效率差距较大。如在出库环节中，若拣货效率高而包装效率低，会导致订单的积压，直接影响最终的出库环节。另外，各个环节之间排班不均衡，还有可能导致商品堆积、占用资源、影响设备的周转，使人员工作效率更加低下。

3. 作业人员每小时的人均效率差异大

过少的人员会降低运作效率，容易产生人为失误。人为失误直接与作业人员的疲劳程度和工作负荷相关。疲劳程度是影响作业人员操作的一个重要因素。工作环境、工作任务量与人员之间的不平衡，将导致工作人员受到不同程度的伤害。不合理的工作安排、过长的工作时间以及不充分的休息，都会引起人员行为能力的降低，从而导致仓库人员作业速度减慢、注意力无法集中、工作积极性下降等。如在拣货环节，当员工体力消耗过大时，就容易产生疲劳，从而导致拣选时间增加，无法完成工作任务，最终影响顾客满意度，同时会导致员工压力过大，离职率增高。

（三）人员排班优化的目的及原则

从创造经济效益的角度出发，要尽可能降低仓库的人员成本同时保证仓库的工作效率，即安排尽可能少的员工来满足企业的高效运营。而对工作人员来说，自己的休息时间应该得到保证，不能过度工作，透支体力。

对企业来说，不应该一味地追求效益最大化，要做到"以人为本"，提高员工的"幸福感"，注重人文关怀。能够有效调动员工积极性，是一种有效的管理手段。如何兼顾两方面的要求，合理安排员工的工作岗位与班次，做到在满足仓库运营效率和员工对休息时间要求的前提下，使企业运营成本最少，就是企业人员排班优化的重点。

在进行人员排班优化时，需要注意以下两个原则。

原则一：各环节间的作业能力相互均衡，也就是将合理的人数安排到各个环节。

原则二：环节内部各个时间段的效率与那一时间段的订单量相匹配，也就是在不同时间段为各环节安排不同的人数。

原则一是为了平衡仓库各环节的工作效率，消除瓶颈环节。原则二是为了平衡环节内的工作效率，消除时间带来的工作效率波动。

二、工作效率测量

在优化仓库的人员排班之前，首先要清楚目前仓库各环节人员的工作效率。一般采用抽样调查的方法对各环节员工进行统计，首先评估出当前的工作效率，然后才能对效率低的环节进行改善，以达到提高仓库运作效率的目的。测量员工工作效率的方法分为以下三个步骤。

（一）确定抽样方案

由于不同员工的熟练度不同，因此采用分层抽样的方法更加精确。在实际操作过程中，首先将员工分为熟练员工、中等员工和新员工，再在三类员工中按照一定比例抽取。在订单量平稳的某天，于早中晚分别测量一次。一般来说只需抽取样本总数的15%即可，无需对每个员工进行效率测量。这种方法与简单随机抽样相比，样本的代表性比较好，抽样误差比较小，尤其在样本水平分布不均的情况下较为适用。

（二）数据采集

为了得到员工的人均工作效率，即人均每小时处理客户订单数，在确定了观测对象之后，主要采集两方面数据。一是员工工号与波次号，采集员工工号是为了防止重复抽样，采集波次号是为了得到每个波次内的客户订单数。二是时间，以测量出库效率为例，需要准确记录员工任务开始时刻（领波次单时刻）到任务结束时刻（订单出库的时刻），得到员工工作时间的数据。

（三）数据处理

根据采集到的数据代入以下三个公式，即可得到员工人均工作效率。

$$实际操作时间 = 任务结束时刻 - 任务开始时刻$$

$$员工实际工作效率 = \frac{客户订单数}{实际操作时间}$$

$$人均工作效率 = \frac{\sum 员工实际工作效率}{员工人数}$$

三、资源约束理论

（一）定义

资源约束理论（theory of constrain，TOC）是企业在实现目标过程中识别并消除制约因素（即约束）的管理理念和原则。约束理论认为现实世界中企业的生产系统是一个相互依赖的资源链，在所有输入到生产系统中的资源中，只有很小部分资源控制着整个系统的有效产出，具有这样特点的资源就是瓶颈资源。在一条业务链中，瓶颈节点的节拍决定了整条链的节拍，即任何一个多阶段生产系统，如果其中一个阶段的产出取决于前面一个或几个阶段的产出，那么产出率最低的阶段决定着整个系统的生产能力，见图3-3、图3-4。约束即阻碍企业有效扩大产出能力、降低库存和运行成本的环节。

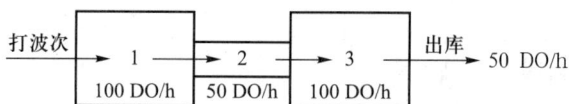

图3-3　优化前各环节效率示意图

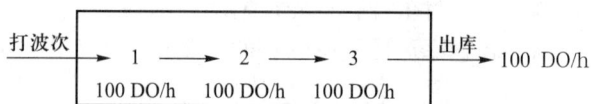

图3-4　优化后各环节效率示意图

约束理论的管理思想是先抓"重中之重"，使最严重的制约因素凸显出来，从技术上消除"避重就轻""一刀切"等管理弊病发生的可能，避免了管理者陷入大量的事务处理当中而不能自拔的情形。但在实现目标的过程中，瓶颈并非是一成不变的，会随着环境的变换而产生变化，如在仓库运作过程中出现机器故障、临时插单、拣货路径改变等会使瓶颈不断发生改变。

（二）　方法介绍

表3-1是某仓库不同岗位的作业人员情况。人均效率低表示在某段时间，作业人员的空闲时间较多。虽然有空闲时间，但是在其他环节仍然存在未完成订单的积压。说明现有的排班质量不高，工作人员的利用率并不高，存在人力成本的浪费。由表中数据可知，在该仓库，拣货和包装环节积压严重，而收货、上架等环节几乎无积压，说明各个环节的安排并不均衡。

表3-1 各环节作业人员现状表

作业环节	现状（DO/h/人）	订单饱和状态（DO/h/人）	作业人数（人）
收货	351	351	5
上架	879	879	2
拣货	62	62	8
包装	62	62	8
发货	200	260	1

对不同岗位上的人员数量进行适应分配，使不同岗位的处理能力基本相同。在不改变工作时间和作业人数的前提下，运用TOC法对人员的排班进行优化。需要说明的是，在优化员工工作效率时，我们使用的数据是表中订单饱和状态的数据。优化步骤如下。

首先定义各变量与参数：

u_i为环节i人均每小时订单饱和效率。

U_i为优化后环节i每小时订单饱和效率。

r_i为环节i的相对人数比例。

r_i'为归一化后环节i的相对人数比例。

W为优化前仓库的运作效率。

W'为优化后仓库的运作效率。

x_i为环节i的工作人数。

Q为仓库工作总人数。

Step1. 找出仓库运作的瓶颈环节：$W = \min U_i$，优化前仓库的最大运作效率所在的环节，即仓库运作中的瓶颈。从表3-1可知，现阶段仓库的瓶颈在发货环节。

Step2. 使用流程平衡得到各个环节人数的相对比例：$r_i = \dfrac{1}{u_i}$，得到表3-2。

表3-2 各环节作业人员相对比例

作业环节	相对比例
收货	0.002 85
上架	0.001 14
拣货	0.016 13
包装	0.016 13
发货	0.003 85

Step3. 归一化处理，得到各环节人数比例：$r_i' = \dfrac{r_i}{\sum\limits_i r_i}$，如表3-3所示。

表3-3 各环节作业人员比例

作业环节	人数比例
收货	0.071 06
上架	0.028 38
拣货	0.402 31
包装	0.402 31
发货	0.095 94

Step4. 各环节工作人数：$x_i = Q \times r_i'$，取整数，得到表3-4。

表3-4 优化后各环节作业人数

单位：人

作业环节	人数安排
收货	2
上架	1
拣货	9
包装	9
发货	3

Step5. 计算各环节在订单饱和时的效率：$U_i' = u_i \times x_i$，得到表3-5。

表3-5 优化后各环节饱和效率表

作业环节	优化后饱和效率（DO/h）
收货	702
上架	879
拣货	558
包装	558
发货	780

Step6. 优化后仓库最大运作效率：$W' = \min U_i'$，优化后仓库最大运作效率为558 DO/h，同时表示仓库的瓶颈环节从之前的发货环节转到拣货、包装环节。

Step7. 优化前后对比。通过对比优化前后各环节效率，我们可以看到某些环节的效率在提升的同时，也会出现其他环节效率的降低，如表3-6所示。但若以瓶颈环节来衡量整个仓库的运作效率，那么仅通过重新配置仓库人员，即可显著提升仓库运作效率，从每小时处理260个客户订单提升至558个客户订单，优化比例为115%。

表3-6 优化前后各环节饱和效率对比表

作业环节	优化前饱和效率（DO/h）	优化后饱和效率（DO/h）	优化比例
收货	1 755	702	−60%
上架	1 758	879	−50%
拣货	496	558	12.5%
包装	496	558	12.5%
发货	260	780	200%
运作效率	260	558	115%

四、整数规划模型

除了对各环节人员安排进行平衡外，根据原则二，在人员排班优化中，还要平衡不同时间段的工作人员，使一天中各个时间段的工作量与工作人数相匹配。依据仓库实际运营情况，对早中晚人员排班进行优化，使仓库各岗位对订单的处理能力与所需订单接受能力相匹配。

某仓库在2018年3月平均每天24小时订单分布情况如图3-5所示。由图3-5可知，顾客需求在一天24小时中并不是均匀分布的，订单量在上午10点和下午15点处于高峰期，晚上21点以后订单量逐渐减少。当前仓库拣货员工人数为10人，每天工作时间为11.6个小时，人均工作效率为7.5DO/h。仓库需要解决的问题是，如何匹配不同时间段工作人数与工作量，使该环节作业人数最优。

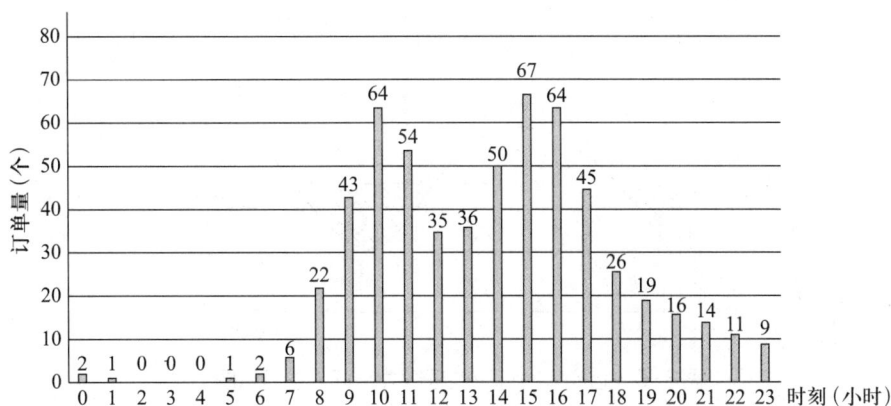

图3-5 2018年3月某仓库平均每天24小时订单分布图

（一）模型假设与参数设定

在优化前，需要根据实际情况做出以下假设使优化问题更加清晰。

假设1：23:00-8:00出现的订单都在第二天的8:00-13:00进行处理。

假设2：假定所有员工都只能发挥90%的个人能力。

假设3：早班时间8:00—13:00，中班时间12:00—17:00，晚班时间16:00—22:00。

定义各变量与参数：

x_i 为优化后环节 i 的工作人数。

u_i 为环节 i 人均每小时订单饱和效率。

λ 为员工的工作能力。

h 为员工有效工作时间。

N_i 为环节 i 需要的工作效率。

Q 为仓库工作总人数。

（二）建立模型

目标函数

$$\min z = \sum_i x_i \qquad (3-14)$$

S.t.

$$x_i \times \lambda \times h \times u_i \geqslant N_i \qquad (3-15)$$

$$\sum_i x_i \leqslant Q \qquad (3-16)$$

$$x_i \in Z^+ \qquad (3-17)$$

式（3-14）表示工作人数最小化，式（3-15）表示员工订单处理能力应大于等于该岗位的订单需求量，式（3-16）表示所需工作人数应在现有人数的约束内，式（3-17）为决策变量的取值约束。

由以上模型可求得该环节所需的最少人数为9人。但通过结果，我们发现以下问题：

如图3-6所示，阴影部分表示多余的处理能力（超出处理能力的订单需求可以延后处理，但超出需求的过剩处理能力只能被浪费），因此需要通过早中晚排班来使得处理能力曲线尽量与订单需求曲线重合。因此，我们进行了进一步的排班优化设计。

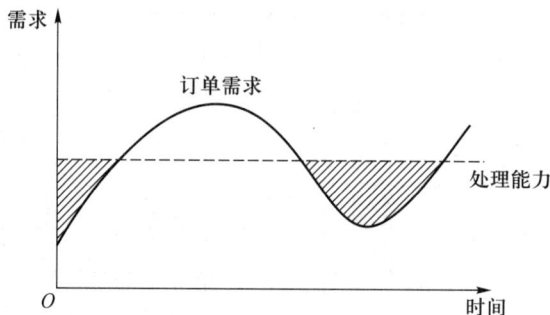

图3-6　仓库人员订单处理能力与订单量示意图

（三）模型进一步优化

变量引入：

k 为班次，$k = 1,2,3$。

y_{ik} 为环节 i 在班次 k 的工作人数。

L_{ij} 为环节 i 在 j 时刻之前的工作效率之和。

N_{ij} 为环节 i 在 j 时刻之后的工作效率。

b_k 为班次 k 的开始时刻。

e_k 为班次 k 的结束时刻。

目标函数

$$\min z = \sum_i x_i$$

S.t.

$$\sum_{k=1}^{3} y_{ik} = 2x_i \qquad (3\text{-}18)$$

$$y_{ik} \leqslant x_i \qquad (3\text{-}19)$$

$$L_{ij} = \begin{cases} (j-b_1)\lambda u_i, & b_1 \leqslant j \leqslant b_2 \\ (2j-b_1-b_2)\lambda u_i, & b_2 \leqslant j \leqslant e_1 \\ (j+e_1-b_1-b_2)\lambda u_i, & e_1 \leqslant j \leqslant b_3 \\ (2j+e_1-b_1-b_2-b_3)\lambda u_i, & b_3 \leqslant j \leqslant e_2 \\ (j+e_1+e_2-b_1-b_2-b_3)\lambda u_i, & e_2 \leqslant j \leqslant e_3 \end{cases} \qquad (3\text{-}20)$$

$$x_i \times \lambda \times h \times u_i - L_{ij} \geqslant N_{ij} \qquad (3\text{-}21)$$

$$x_i \times \lambda \times h \times u_i \geqslant N_{ib_1} \qquad (3\text{-}22)$$

$$x_i \in Z^+$$

式（3-14）表示工作人数最小化，式（3-18）表示工作时间的约束，即一天内，每人要上两个班次；式（3-19）表示每个班次的工作人数应小于总员工数；式（3-20）为每个班次的工作效率计算；式（3-21）表示在 j 时刻的工作效率能够满足该时刻内的订单需求；式（3-22）表示员工一天内的工作效率要满足当天的订单需求。式（3-17）为决策变量的取值约束。

首先我们根据上述的模型计算出拣货环节所需的最少人员数量，即9人。然后我们拣货岗位的9个工人进行了如下排班，如表3-7所示：早班6人，午班6人，晚班6人。

表3-7　优化后拣货环节早中晚班人员安排

人员编号	早班（8:00—13:00）	中班（12:00—17:00）	晚班（16:00—22:00）
1	1	1	0
2	1	1	0
3	1	1	0
4	0	1	1
5	0	1	1
6	0	1	1
7	1	0	1

人员编号	早班（8：00—13：00）	中班（12：00—17：00）	晚班（16：00—22：00）
8	1	0	1
9	1	0	1
合计	6	6	6

通过计算优化后每个时刻员工的实际订单处理能力（即工作效率），并将其与订单需求进行拟合，可得到如图3-7的对比图。

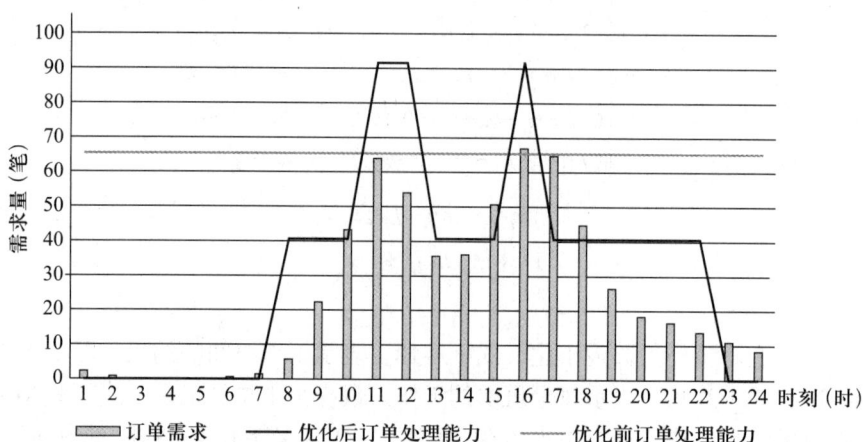

图3-7　优化后员工订单处理能力与订单需求对比图

从图3-7对比可以看出，优化大大避免了空闲时期处理能力的过剩，同时也弥补了高峰时期仓库订单处理能力的不足。

案例分析

Y公司是一个"B2B2C"的医药电商企业，用户在公司的APP上下单后，系统根据用户选择的地址定位最近的库存，通过后台计算，在购物页面上显示能够提供的时效服务。而仓库在接到用户订单后，会在短时间内完成订单出库任务，确保用户能够在24～48小时内收到所需药品，及时满足用户需求与良好的消费体验。该公司某仓库的出库情况如表3-8所示。

表3-8　Y公司某仓库出库情况表

指标	日均sku（个）	日均units（个）	日均出库金额（元）	日均客户订单数（个）
出库数据	5 446	16 149	820 000	3 300

目前在Y公司仓库内部，由于工作人员排班是按照经验进行的，没有明确的规则或依据。现有粗放的排班方式存在各种弊端，影响了仓库运作效率。该仓库的出库流程主要有票据审核、开单证、拣货、分拣、包装以及出库扫描六个步骤。票据审核是指审核顾客开发票的申请，开单证需要经过四个系统才能完成发票与药检报告的打印，并生成随货同行单（随货同行单一般是指随着货物一起的销售单据及相关的证明性文件，如注册证、生产日期、品名、规格、数量、检验报告等）。拣货由人工进行，边拣边分，一般遵循S形拣货路径。有些订单的SKU种类多，数量大，不易包装。出库环节的效率较高，但在承运商的选择上，员工也是随机选择的。根据测量，出库各环节的饱和人均工作效率、平均工作人数和人均有效工作时间如表3-9所示。

表3-9　Y公司某仓库出库效率表

指标	开单证	拣货	分拣	包装	出库扫描
饱和人均工作效率（DO/h）	300	70	150	70	260
平均工作人数（人/day）	2	5	3	5	1
人均有效工作时间（h/day）	12	12	12	12	12

思考并分析：

1. 粗放的排班方式会给企业造成哪些弊端？

2. Y公司现有出库环节中的问题有哪些，如何解决？

3. 针对Y公司出库环节，如何对人员排班进行优化，以进一步提升出库效率？人员排班优化能够给企业带来多大的收益？

复习思考题

1. 仓库中都有哪些基本存储设备，各自的功能有哪些？

2. 结合京东快速配送的物流特征，请简要分析为什么仓库要进行库位规划？

3. 请结合仓库内作业流程分析各岗位需要的人力分布情况。

即评即测

扩展阅读

李建斌，蒙铭友，戴宾. 电子商务环境下的存储策略优化研究：固定存储还是分类随机存储[J]. 中国管理科学，2021，29（8）:14.

第四章

订单出库配送管理

本章导入案例

A公司承运商合同机制如下：配送费均按件计费，以"首重+续重"的方式计算，各承运商月末根据全国范围内订单总量决定折扣比率，并将总金额按折扣比率进行最后结算。然而根据公司运营情况，B、C端业务订单重量存在较大差别，B端超过首重的订单量占80%左右、C端低于首重的订单量占90%左右，采用相同的"首重+续重"计算方式会造成高额的配送成本。

案例思考题： 在考虑不同配送端的配送费用时，如何划分区域以更好地设计承运商合同机制？

本章关键术语

订单分配（Order Allocation）；拣货（Picking）；承运商（Carrier）

第一节　订单分配

一、订单分配概述

订单分配（Order Allocation）是指消费者通过在线零售商的线上平台或网站下单后，在线零售商实时搜索可配送该订单的仓库，考虑将订单从仓库运送到消费者所在地的运输成本及仓库库存可用性等因素，将该订单虚拟地分配给一个仓库或多个仓库进行配送。根据物流服务水平和客户偏好，在线零售商通常还会向消费者承诺发货日期。如果订单内包含大量某一种SKU或多种类SKU，往往没有仓库能够满足该订单的全部需求，因此无法从一个仓库发货，此时在线零售商通常将订单拆分后再分配给多个仓库进行配送。分配订单后，订单中的每一种SKU都将进入其指定仓库的拣货队列。经过6到18个小时的等待，订单中的各项商品会被拣选并组装成一批货物，而后零售商通过第三方物流或自营物流将包裹运送到消费者所在地。

与传统零售商相比，一方面在线零售商面临着持续且快速增长的订单配送费用，且在线零售商的订单履行过程更为复杂，涉及更多的决策选择。另一方面，在线零售商必须保证物流服务水平，从而提高消费者购物体验，通过完美的订单交付来吸引和留住消费者。从运营管理的角度来看，在线零售带来的优势之一是有机会利用在线订单履行期间的需求数据。在传统的零售商店场景中，产生需求和满足需求之间的时间间隔非常短，因此传统零售商无法在消费者走进商店和离开商店之间做出更好的决策。相反，在网络场景中，在线零售商有机会在顾客等待收货时，决策从哪个仓库配送订单，从而可以最佳方式完成订单配送。在线零售中，需求到达和订单发出配送之间的时间间隔被称为"决策时间窗口"。

一些大型的电商企业，如京东，往往利用这一决策时间窗口来决定如何有效满足消费者的订单。例如，通过京东下单时，根据下单时间京东提供了不同时间的配送方案：① 消费者在上午11点之前下单，当天就能收到订单中的商品；② 消费者在上午11:00之后和晚上11:00之前下订单，将在第二天下午3:00之前收到订单中的商品。消费者总是希望在最短时间快速收到订单内商品，而订单分配方案会显著影响订单配送费用和消费购物体验，因此为达到低成本实现消费者期望的目的，进行订单分配优化是必要的。

二、短视实时分配策略

在线零售订单分配实践中，由于零售商不会预期未来的消费者订单或库存补充情况，往往采用实时分配策略。实时分配策略总是短视的，这主要是由两点原因造成的：① 在线零售商面临的订单数量非常大；② 为保证消费者购物体验，在线零售商需要在短时间内快速做出响应。在面临这样的挑战时，在线零售商往往难以进行有效的订单分配，以下举例说明。

假设某位消费者发出了需求订单1，包含一单位商品 s_2。经过一段很短时间后，另一位消费者发出了需求订单2，包含一单位商品 s_1 和一单位商品 s_2。当订单1到达时，仓库1和仓库2都可以满足该订单，由于仓库1离订单1的用户距离更近，则在线零售商可以选择仓库1来配送订单1来最小化运输成本。当订单2到达时，此时由于没有仓库能一次性满足该订单中的需求，只能将订单2分配到两个仓库，即拆分成两单进行配送。因此，这两个订单一共进行了三次配送，见图4-1。

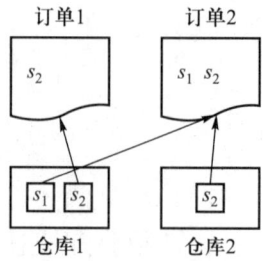

图4-1　实时分配订单策略实例1

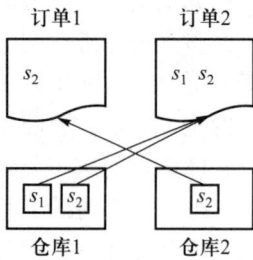

图4-2　实时分配订单策略优化实例1

在运输包裹时，尤其是运输一些小型包裹时，运输成本中很大一部分是固定成本，因此减少配送次数能够有效降低运输成本。例如，从仓库1发出一个10千克的包裹到订单2所在地相比于从仓库1和2发出两个5千克的包裹到订单2所在地，通常运输成本更小。遵循这个思路，可针对图4-1中的订单分配实例进行优化从而减少配送次数。如图4-2，选择仓库2来配送订单1，仓库1来配送订单2，这两个订单一共进行了两次配送。

以上所举实例较为特殊，且较为明显地可以看出优化分配方案，实际情况中，在线零售商拥有品类繁多的商品且面临数量庞大的订单，为了贴合实际及体现订单分配问题的复杂性，以下再次举例说明。如图4-3，一共有四个订单按顺序出现，有三个仓库1、2、3储存了共5种商品，假设某位消费者发出了需求订单1，包含一单位商品 s_1，由于仓库2离订单1所在地最近或其他因素的考虑，在线零售商将该订单分配给仓库2来配送。订单2包含一单位商品 s_2 和一单位商品 s_5，在线零售商将订单2分配给仓库2和仓库3来配送。假设仓库3内的商品 s_2 的库存补充在订单2和订单3到达之间抵达仓库，因此订单3被分配给仓库3配送。最后，在线零售商将订单4分配给仓库1和仓库2配送。综上，这四个订单一共进行了六次配送。

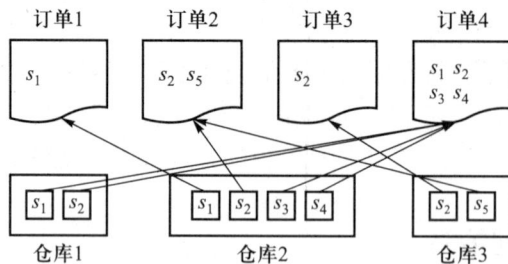

图4-3　实时分配订单策略实例2

与实例1相似，在这个实例中也可以通过优化订单分配从而减少配送次数，如图4-4，当仓库3内的商品 s_5 的库存补充到达仓库后，可通过仓库3满足订单2，这样优化后的分配方案使得总配送次数减少到四次。

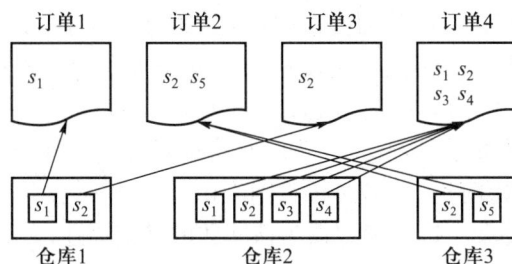

图4-4 实时分配订单策略优化实例2

以上实例说明在线零售商往往遵循一种短视的实时分配策略,将订单分配到某个或多个仓库进行配送,即针对每一个当前收到的订单以最小化成本的目的来分配,并没有考虑未来一段时间内的库存补充情况或当前的分配结果对未来订单的影响。在保证实现对消费者的配送时效承诺的前提下,寻找更为有效的订单分配策略是实现成本节约的重要手段。

三、实时分配再评估策略

实时分配订单策略简单易行,在实践中也多为在线零售商采用,由于其短视性的缺陷显而易见,因此非常有必要对实时分配策略进行调整。事实上,这种调整在实践层面上也是可行的。某个仓库即使能满足一个订单中的所有商品,该订单往往也要等待8到16个小时才能被处理、拣选并发货。因此,针对在一定时间内到达但还未进行拣货的订单的分配问题,重新评估实施分配决策,可以在不违反订单交货日期承诺的前提下降低运输成本。

为建立数学模型描述实时分配再评估问题,使用符号及决策变量如下:

k 为仓库索引,且 $k = 1,2,3,\cdots,K$;

i 为订单索引,且 $i = 1,2,3,\cdots,I$;

j 为SKU索引,且 $j = 1,2,3,\cdots,J$;

W_j 为拥有 SKU_j 可用库存的仓库集合;

Q_j 为包含 SKU_j 需求的订单集合;

d_{ij} 为订单 i 对 SKU_j 的需求量数量;

s_{kj} 为仓库 k 中 SKU_j 的可用库存数量;

x_{kij} 为仓库 k 为满足订单 i 需求,发出的 SKU_j 的数量;

y_{ki} 为若仓库 k 为满足订单 i 需求发出了一次配送,则 $y_{ki} = 1$,否则,$y_{ki} = 0$。

以最小化配送次数为目标,建立数学模型如下:

$$Min\sum_{k=1}^{K}\sum_{i=1}^{I}y_{ki} \tag{4-1}$$

$$\sum_{k\in W_j}x_{kij} = d_{ij},\forall j\in J, i\in O_j \tag{4-2}$$

$$\sum_{i\in O_j}x_{kij} \leqslant s_{kj},\forall j\in J, k\in W_j \tag{4-3}$$

$$0\leqslant x_{kij}\leqslant d_{ij}y_{ki},\forall j\in J, i\in O_j, k\in W_j \tag{4-4}$$

$$y_{ki}\in\{0,1\},\forall k\in K, i\in I \tag{4-5}$$

其中，目标函数（4-1）为最小化配送次数；约束（4-2）表示所有拥有SKU_j可用库存的仓库配送的总数量必须能满足订单i内SKU_j的需求数量；约束（4-3）表示仓库k发出的为满足订单i内SKU_j的商品数量必须小于仓库k内SKU_j的可用库存数量；约束（4-4）表示两个决策变量之间的关系，若仓库k为满足订单i发出了任何SKU的配送，则仓库k为满足订单i需求发出了一次配送，y_{ki}为1，否则为0。

由于现实情况更为复杂，以上模型仅为该问题的基础描述，在订单分配实践中，往往需要考虑更多的因素，例如：① 受配送商品规格或配送距离影响，配送次数无法反映配送成本，因此优化目标需变更为最小化运输成本；② 为描述当前订单分配给未来造成的影响，可加入需求预测的因素；③ 在线零售商给消费者做出的配送时效承诺是订单分配策略的重要约束之一；④ 一些拥有自建物流体系的在线零售商通常除仓库外还建设有配送中心，作为仓库和消费者之间的中转物流节点，考虑三节点物流网络具有较强的实践意义。

🔆 案例分析

Y医药电商企业"toB"业务的主要客户为全国各类药店。目前Y企业共拥有六个分布在全国各地的仓库，且各仓库均在线上开设了店铺。客户通过线上网站搜索某种商品时，所有拥有该商品可用库存的仓库店铺均会展示购买链接，由于各店铺的优惠及促销活动不同，同一种商品的定价也存在差异。因此客户在搜索结果页面看到同种商品不同链接时，往往会通过价格最低的链接来下单，而并不在意该店铺的仓库离自己所在收货地的距离。因此，在客户选择某个店铺的链接下单时，就已经代替Y企业决策了该订单由哪个仓库发货。Y企业在进行成本核算时发现配送成本占了运营成本的很大比例，因此要求供应链部门针对运输成本居高不下的问题进行相应改善。

经过对当前各仓库配送订单情况的分析，供应链部门发现现状与原本预计的配送情况完全不一致。供应链部门原本希望能够做到每个仓库覆盖其附近区域的需求，然而当前每个仓库均会配送来自全国各地的订单。为了解决这个问题，供应链部门认为应由企业自身来分配订单到仓库进行配送，为了拿到分配订单的决策权，首先需要将前端链接进行整合，统一定价。

思考并分析：

1. Y企业目前将所有店铺链接展示给客户的缺点是什么？
2. 针对Y企业在全国各地分布的仓库，怎样进行订单分配更有效？

第二节 波次分配

一、波次分配优化的必要性

供应链的建设支撑着电商的有效运营，谁拥有最完善的供应链体系，谁就有把握在电商行业中占有一席之地。快消品电商，如京东面向的顾客群体广泛，销售的货品多种多样，是电子商务行业的主力军。由于其面临的市场需求波动大，为了提高企业服务水平，则更为看重供应链的建设，其中就包括自建仓库。自建仓库的优势在于企业能够有效地控制仓库运营，以更好地应对市场需求的不确定性，因此对仓库运营中的各个流程都提出了更高的要求。

仓库运营效率的关键流程是如何分批对顾客订单进行处理，以使得后续的拣货流程达到尽可能高的效率，从而提升整个仓库的运营效率。实际操作中，快消品电商在收到顾客订单后，由其系统自动将顾客订单转化为包含货品仓储位置信息的后台订单，再依次对订单进行波次生成、拣货、分拣、包装等工作，其中订单波次生成是在考虑了货品仓储信息之后为方便后续拣货工作而进行的订单分批。

理论上来说，仓库拣货人员每次仅可以处理一张订单，但由于快消品电商主要面向零散的个人客户群体，客户消费习惯难以估量，单张订单需求往往随机性强，货品在仓库中分布零散，且不同订单货品重合度较高，按单个订单处理会造成频繁地往返拣货，行走距离长且效率低下。常用的方式是将多个订单叠加成一个订单波次，由拣货人员完成整个波次拣货后，再由分拣人员将波次拆分成原订单，经包装等程序后配送至顾客手中。

快消品电商产生波次的传统方法是基于先进先出策略，将依次到达的一定数量的订单组合成一个波次，虽然是大量处理订单，但这种方式没有从根本上避免以单张订单为单位处理时存在的问题，尤其是在市场需求激增时，仓库极有可能面临爆仓的风险。

因此，对订单波次生成策略进行优化是非常有必要的。通过合理地组合零散订单，使拣货人员在更短的行走距离内完成尽可能多的拣货任务，提高仓库整体运作效率。除此之外，减小订单拣选行走距离可以优化人工拣选作业系统，可有效提高客户满意度，降低成本。

二、波次分配优化思路

订单波次生成策略优化的核心准则是尽可能将商品重合度高的订单组合在一起，这要求系统一一比较每个订单中的商品。对于订单量大的企业而言，这会对信息系统造成很大的负担。考虑到优化波次分配的主要目的是减少拣货路径距离以及提高拣货效率，一种常见的简化方式是考虑最大化重合通道数，即尽可能将商品存放通道相同的订单组合在一起。换言之，如果两个订单的商品都在同一个通道内，拣货员只需要访问这个通道即可（通常在一个通道里的行走距离会小于跨通道的行走距离）。

在实际操作中，系统默认包含缺货商品的订单将触发补货而不会被纳入波次，且极少数包含大量商品的订单也将被单独处理，因而本章的讨论中将不考虑上述两种特殊情形。

三、波次分配规划模型

（一）模型假设

权衡实际情况和问题求解难度之后，本模型做出以下假设：

假设1. 货架通道足够宽。

按照通道重合率高的原则生成波次，会导致某些"热点"通道拣货频繁且拣货停留时间长，如果拣货通道过窄，则容易导致拥堵增加拣货难度，降低工作效率。

假设2. 已知单波次包含订单数量上限。

一个波次所包含订单数量受限于硬件设备条件，若硬件设备充裕，则波次大小会影响订单在仓库中的停留时间，因此需要通过权衡服务水平与拣货效率确定最优停留时间来设定每个波次所包含订单数量的上限。本文重点分析优化组合法对波次效果的优化，默认该上限为某一给定值。

假设3. 系统库存信息与实际库存一致。

系统信息的正确是能够有效施行优化的基础。

（二）参数设计

相关参数符号如下所示：

n 表示默认待处理订单集合包含的订单数量；

i, j 表示待处理订单集合中的订单编号，随机或按时间顺序均可。其中 $i, j = 1, 2, \cdots, n$，且 $i \neq j$；

O 为待处理订单的集合；

q_i 为订单 i 包含的货品总数量；

A_{ik} 为订单 i 的第 k 种货品所在库位通道编号的集合，$k = 1, 2, \cdots, q_i$；

A_i 为订单 i 中的所有货品分布的通道集合，$A_i = \bigcup_{k=1}^{q_i} A_{ik} = A_{i1} \cup A_{i2} \cup \cdots \cup A_{iq_i}$；

S_{ij} 为订单 i 和订单 j 之间的相似系数，用重合的通道数表示，$s_{ij} = |A_i \cap A_j|$；

N 为单批次内订单数量上限，由硬件设备条件或者期望订单在仓库停留时间确定；

Q 为单批次内货品数量上限，用以保证单批次货品总体积不超过拣货车容量。

（三）规划模型

首先，每次从系统中按订单到达时间先后顺序选取 n 个订单作为待处理订单集合，以保证先进的 i, j 先出。给定待处理订单集合，模型目标为最大化所有订单组合成波次后的总重合通道数。可以验证，与单纯地按时间顺序组合波次相比，优化后生成的波次数量将减少并且拣货效率会大大提高。

以相似系数为衡量标准，如果生成的波次具有更大的相似系数，则说明该波次内订单之间具有更为紧密的联系，可以花费更少的行走距离完成工作，令

$$X_{ij} = \begin{cases} 1 & \text{配送单} i \text{和配送单} j \text{进入相同波次} \\ 0 & \text{配送单} i \text{和配送单} j \text{进入不同波次} \end{cases}$$

基于该标准建立波次生成的聚类模型如下：

$$\text{Max } z = \sum_{1 \leq i \leq n} \sum_{1 \leq j \leq n} S_{ij} X_{ij} \tag{4-6}$$

S.t.

$$\sum_{i=1}^{n} X_{ij} \leq N; \, j = 1, 2, \cdots, n \text{且} i \neq j \tag{4-7}$$

$$\sum_{i=1}^{n} X_{ij} q_i + q_j \leq Q; \, j = 1, 2, \cdots, n \text{且} i \neq j \tag{4-8}$$

约束（4-7）表示单个波次内的订单数量不超过其数量上限N。约束（4-8）表示单个波次内货品数量不超过其数量上限Q。在当前系统未录入货品体积信息的情况下，用约束（4-8）代替拣货车容量约束，Q的设计应尽量保证单个波次货品总体积不超过拣货车的容量；若今后仓库信息系统中加入了货品体积信息，则约束（4-8）变为$\sum_{i=1}^{n} v_i X_{ij} + v_j \leq V, j=1,2,\cdots,n$，其中$V$为拣货车的体积，$v_i$为订单$i$中货品的体积总和。

四、考虑通道重合数的启发式算法设计

（一）静态波次分配算法

以上模型为0-1规划问题，可以转化为具有能力约束的设施定位问题，而该问题是NP难题，无法求得最优解。下面给出上述模型的启发式算法，思路如下：

首先确定每两个订单之间的相似系数，然后将相似系数最大的两个订单组合在一起，同时这两个订单内的货品总体积不超过拣货车的容量。两个订单组合在一起后看成一个新的订单，再重新计算所有订单两两之间的相似系数，不断重复以上步骤，直到每个波次的订单数达到N或满足拣货车容量约束。具体步骤如下：

Step1. 列出待处理订单集合$O_0 = \{1,2,\cdots,i,\cdots,j,\cdots,n\}$中两两之间所有可能的组合$(i,j)$并计算相似系数$S_{ij}$，若$\sum_{i=1}^{n} X_{ij} q_i + q_j \geq Q$，即某一订单与所有其他订单两两组合后的货品数量均超出上限约束Q，则直接转入step 6；

Step2. 将相似系数S_{ij}按降序排列；

Step3. 选择S_{ij}最大的组合(i^*,j^*)（如果遇到S_{ij}相同的情况，则任选一个）；

Step4. 将选中的组合(i^*,j^*)作为一个新的订单i_t，表示i订单经过组合后包含总订单数t，初始条件下$t=1$，重新加入待处理订单集合，生成新的待处理订单集合$O=\{1,2,\cdots,i-1,i_t,i+1,\cdots,j-1,j+1,\cdots,n\}$，当$t \geq N-1$或订单集合中仅剩订单$i_t$时，则直接转入step 6；

Step5. 得出新的待处理订单集合，转入Step 1；

Step6. 列出该订单组合，即一个波次；

Step7. 输出该波次待处理订单组合的全部波次，然后导入下一波次订单，转入Step 1。

（二）动态标杆波次分配算法

以上算法在生成波次的同时没有对订单实施即时更新，因此上述方法是一种静态聚类算法，称为"静态波次分配算法"（下称静态法）。采用"静态法"优化效果较好，但计算时间长，且优化效果随迭代次数的增加呈递减趋势。以通道重合数作为相关系数时，包含商品多的订单更易组合在一起，实际中订单长度往往不均衡，易导致组合生成的一批波次中任务前重后轻，因此提出以下改进方案，以通道重合率替代通道重合数作为相关系数，采用动态更新替代"静态法"。

另外，具体分析的话可以发现，采用"静态法"时，首先选取数目为n的待处理订单集合，完成该波次后再从系统中选取下一批数目为n的待处理订单集合。此类方法每次批量完成n个订单，能确保先选进待处理波次的订单被优先处理，可以做到波次层面的先进

先出。但随着待处理订单数目减少，波次生成速度由慢变快导致不均衡，且生成的波次单优化效果递减。此外，两两比较尽管可以达到很好的优化效果，但随着待处理波次数目的增加，计算量也明显增加，对于快消品电商而言难以承受长时间的运算等待。

因此，在权衡计算速度及优化效果之后，对原有算法做以下改进。选定数目为 n 的待处理订单集合，每次生成一个波次之后，即时补充新订单，在订单充裕的情况下，始终保持 n 个订单待处理。实际运营中，由于顾客将在网络终端不断产生订单，动态更新待处理订单集合，会使待处理订单保持良好的优化空间，整体优化效果将随之提升。每次优化时选定包含最多商品数的订单作为"标杆"，其他所有订单仅与"标杆"订单进行比较，寻找通道重合数最大的组合。此方案可能导致部分订单一直处于待处理状态。为尽量减少上述情形，设定在相似系数相同的条件下优先处理生成时间较早的订单。此方法名为"动态标杆波次分配算法"，简称"动态标杆法"。步骤如下：

Step 1. 找出待处理订单集合中包含最多货品数量的订单 i^* 作为"标杆"；

Step 2. 计算其他所有订单 j 与订单 i^* 的相似系数 S_{ij}，若合并后超出货品数量上限约束 Q，则 $S_{ij} = -1$；

Step 3. 将相似系数 S_{ij} 按降序排列；

Step 4. 选择 S_{ij} 最大的组合 (i^*, j)，若遇到 S_{ij} 相同的情况，选择生成时间较早的订单；

Step 5. 将选中的组合 (i^*, j) 作为一个新的订单，重新加入待处理订单集合，生成新的待处理订单集合 $O = \{1, 2, \cdots, i-1, i_\ast, i+1, \cdots, j-1, j+1, \cdots, n\}$，当 $t \geq N-1$ 或订单集合中仅剩订单 $i_\ast$ 时，直接转入 step 7；

Step 6. 得出新的待处理订单集合，转入 Step 2；

Step 7. 输出波次，同时按时间先后顺序添加新的订单进入待处理订单集合，补充至 n（不足则有多少加入多少），并按系统规则重新给待处理订单编号，转入 Step 1。

（三）通道重合率

以上的两个算法采用通道重合数作为相关系数，当两个订单内容较多时，可能会有较多产品相同（畅销品），容易导致包含商品种类多的订单被优先组合。静态处理时，待处理订单集合内前半部分组合效果好但任务量大，后半部分组合任务量小但组合效果差，易引发任务分配不均衡且效率不稳定；动态处理时则导致较小的订单迟迟不能被处理，影响服务水平。因此为避免上述不足，考虑在选取"标杆"的基础上采用通道重合率作为相关系数，其中通道重合率的定义为：

$$通道重合率 = \frac{与"标杆"重合通道数}{自身包含通道数}$$

如选定的"标杆"订单包含 15 个通道，"对比"订单包含 5 个通道，其中 3 个与"标杆"一致，则重合率为 60%。采用这种方式，当选定一个较长的订单作为"标杆"，较短的订单会更容易与其有更高的重合率，这样避免了以通道重合数作为相似系数时，出现过多长订单相组合的情况，可以有效做到长短结合以均衡工作量。

"静态法"与"动态标杆法"均可采用上述方法，但该方法也存在缺陷。在多库区情况下，长订单会容易与短订单组合，平衡了通道重合数作为相关系数时产生的长订单易与长订单、短订单易与短订单组合的弊端，但也消除了其优势，即容易导致产生的波次大部分都是长短组合而需要跨全库区进行拣货，尽管减少了波次数目，却增加了拣货工作量。为了避免不必要的频繁跨库区拣货情况，可以考虑先将库区分类后再进行后续工作。即结合订单和库区分布规律，考虑将只包含A库区商品的订单作为大类，然后在各分类中分别进行上述波次优化算法。在实际运作中，库区数目、商品分布、拣货频次、包装运输线等多方面因素会共同影响库区组合方式，此处不对该问题做进一步讨论。

💡 案例分析

A公司的仓库每天接收到成百上千份订单，仓库工作人员按照某种标准将不同的订单合并为一个波次，然后再由拣货人员去仓库拣货。这种方法称为波次管理，即对订单进行分类，一个波次指导一次拣货，这可以提高订单处理效率与拣货作业效率，平衡作业的负荷和资源的使用。波次管理必须有分类的标准，作为波次分配的依据。波次的订单组合直接影响波次的拣货路径长度，进而影响拣货效率。因此需要确定最优的波次标准，对目前仓库的波次形成进行优化，提高波次质量以提高拣货效率。

A公司经过优化后，确定形成波次的依据为订单之间的重合商品数，重合的商品数越多，表明订单之间的相关系数越大，将相关系数大的订单合并为一个波次可以减少拣货路径以及提高拣货效率。

思考并分析：

1. 简述波次分配优化的必要性。

2. 订单波次生成策略的核心准则是什么？

3. A公司将通道重合数作为相关系数的缺点是什么，应该如何改进？

第三节 拣货路径

一、拣货路径优化问题概述

拣货路径指在一次拣货中，将订单要求的所有商品拣出时在仓库中行走的轨迹。注意，在一次拣货中，可能只完成一个订单，也可能同时有多个订单（如一个波次）。据统计，常规的拣货作业量占仓库总作业量的60%，而其移动成本占总移动成本的90%左右，拣货作业时间占配送中心总作业时间的30%~40%。所以说，拣货作业是仓库作业的核心部分。尤其是在采取人至物的拣货方式的仓库中，拣货路径对仓库效率的影响尤为突出。如何能在短时间内得出最优的拣货路径以缩短拣货行走距离，是提高仓库运作效率的关键之一。

拣货路径问题与经典的旅行商问题（Traveling Saleman Problem, TSP）类似，目标都是寻找依次通过所有需求点的最短路径。对于一次包含10个商品的拣货而言，不同的拣取顺序意味着不同的路径长度。而如果仓库的布局比较复杂，则路径之间的长度差异则会更大。因此寻找一条最优的路径可以有效降低行走距离，这也意味着在同样时间内可以完成更多次拣货，从而提高仓库运作效率。

另外，拣货路径问题已经被证明为是一个NP-Hard问题，即很可能不存在有限时间内得到全局最优解的算法，因此普遍的解决方式是设计在可接受时间内求得可接受局部满意解的算法。拣货路径问题中的全局最优解和局部满意解的示例可见图4-5。

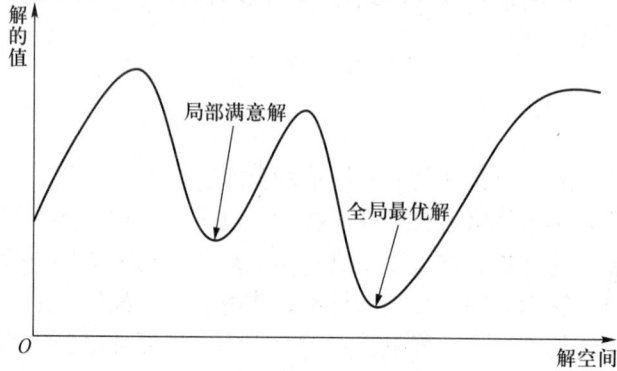

图4-5　最优解和满意解的示例图

考虑到拣货作业的频繁以及对时间的高度要求，在设计求解算法时必须权衡运算时间和求解质量，或者可以说应该在保证运算时间的前提下尽可能提高解的质量。下面将以传统的双区型仓库为例，阐述从根据实际情况建立距离矩阵开始到设计求解算法的流程。

二、建立距离矩阵

在建立模型之前，我们必须先计算出库位间的距离矩阵，才可以评价和比较不同拣货路径之间的优劣。另外，由于拣货位多在底层，故忽略垂直距离影响，将拣货路径转化为平面路径，并且假设为折线路径，以此制定平面编号规则——RCBP编号规则。如表4-1所示，其名称中的四个字母分别代表仓库的排（Row）、列（Column）、货架（Bay）和货位（Position）。

表4-1　RCBP平面编码示意表

参数	含义	最小值	最大值	值递增方向
R（Row）	排	1	R_{max}	由南向北
C（Column）	列	1	C_{max}	由西向东
B（Bay）	货架	1	B_{max}	由南向北
P（Position）	货位	1	P_{max}	由南向北

本部分考虑图4-6的双区型仓库，即$R_{max}=2$的情况。除仓库边缘两条过道外，仅有双区间的一条过道，其余为拣货巷道。以仓库西南角进出口O点为原点，由南向北为y正方向，由西向东为x正方向建立坐标系。设西南货架的西南角为点s，坐标为$s(x_s, y_s)$。设托盘

货架间距宽为d，每列货架宽度为d_C，则背靠背的两列货架总宽度为$2d_C$。假设拣货员沿货架边缘行走并拣选货物，拣选时取货位按中点计算。

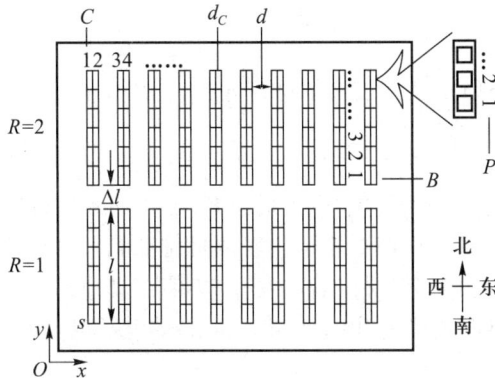

图4-6 建立仓库平面坐标系

如图4-6所示，则对于任意货位，其坐标可设为$W(x,y)$，其中横坐标由下列式子给出：

$$x=\begin{cases} x_s+\dfrac{C-1}{2}d+(C-1)\cdot d_C & C\text{为奇数时} \\ x_s+\left(\dfrac{C}{2}-1\right)d+C\cdot d_C & C\text{为偶数时} \end{cases}$$

记Y为货位相对于点s的纵向距离，则货位纵坐标y为Y与y_s之和。

设一列货架长度（取每排最长货架）为l，两排货架间垂直相距Δl。每节货架内长l_B，每节货架安排P_{max}个货位，每个货位占用长度为l_P，忽略货架立柱的影响，则有如下关系式：

$$l_B=l_PP_{max} \tag{4-9}$$
$$l=l_BB_{max} \tag{4-10}$$

而：

$$Y=(R-1)(l+\Delta l)+(B-1)l_B+(P-1)l_P+l_P\div 2 \tag{4-11}$$

则货位纵坐标y为：

$$y=Y+y_s=(R-1)(l+\Delta l)+(B-1)l_B+(P-1)l_P+l_P\div 2+y_s \tag{4-12}$$

由此可以得出任一货位的坐标。从而可以计算任意货位之间的折线距离。折线距离又称为曼哈顿距离，用于表示两个点在标准坐标系上的绝对轴距总和。考虑到仓库的实际布局，采用折线距离表示货位之间的距离比采用直线距离更为贴近现实。一般而言，对于任意两个货位$W_1(x_1,y_1)$和$W_2(x_2,y_2)$，其折线距离计算方式如下：

$$s_{12}=X_{12}+Y_{12}=|x_1-x_2|+|y_1-y_2| \tag{4-13}$$

X_{12}为两点间最短折线行走路径的横向长度总和，Y_{12}为同一路径纵向长度总和。

然而，在拣货路径优化问题中，因为仓库中有货架的存在，货位之间的距离并不总是等于两点间最短折线距离。假设上述两个货位$W_1(x_1,y_1)$和$W_2(x_2,y_2)$的编号分别为$R_1C_1B_1P_1$和$R_2C_2B_2P_2$，记$\Delta Y_i(i=1,2)$为货位$W_i(x_i,y_i)$与所在货架最南端的距离，即：

79

$$\Delta Y_i = (B_i - 1) \cdot l_B + (P_i - 1) \cdot l_P + l_P \div 2 \qquad i = 1, 2 \qquad (4\text{-}14)$$

则有：

$$X_{12} = |x_1 - x_2| \qquad (4\text{-}15)$$

$$Y_{12} = \begin{cases} \min\{\Delta Y_1 + \Delta Y_2, 2l - (\Delta Y_1 + \Delta Y_2)\} & R_1 = R_2 \text{且} \left[\dfrac{C_1}{2}\right] \neq \left[\dfrac{C_2}{2}\right] \text{时} \\ |y_1 - y_2| & \text{其他情况下} \end{cases} \qquad (4\text{-}16)$$

式（4-15）表示，任意一条货位 W_1 与货位 W_2 之间的最短拣货路径的横向长度总和为两点的坐标间横向距离。式（4-16）表示，若两货位在同一区但不同巷道中，则会存在绕行现象，此时取向北绕行和向南绕行二者中的较小值；其他情况下不存在绕行现象，故两货位间最短拣货路径的纵向长度总和即为两点的坐标间纵向距离。由此可以得出仓库中所有库位的距离矩阵。

三、路径优化规划模型

现以 W_i 为货位，S_{ij} 表示货位 i 与货位 j 间最短距离，$i = 0,1,2,\cdots,N$; $j = 0,1,2,\cdots,N$，N 为库位总数量，建立以下 TSP 模型：

假设从起点处 $W_0(0,0)$ 出发，拣选完一个波次中所有待拣货品后，最后回到起点。记 $W_1, W_2, W_3, \cdots, W_n$ 为一个波次中所有的 SKU s 的所在货位，其两两互不重复。库位坐标表示为 $W_i(x_i, y_i)$, $i = 0,1,2,\cdots,n$。假设 W_i 与 W_j 间最短距离为 S_{ij}，并引入决策变量 $x_{ij}(i = 0,1,2,\cdots,n$, $j = 0,1,2,\cdots,n)$，其意义如下：

$$x_{ij} = \begin{cases} 1 & \text{顺次拣取货位}W_i\text{与货位}W_j \\ 0 & \text{二者间无邻近先后次序} \end{cases}$$

此时有：$S_{ij} = S_{ji}$，且 $S_{i0} = S_{0i} = x_i + y_i$。

以拣货路径最短为目标，建立数学模型如下：

$$\text{Min} z = \sum_i \sum_j S_{ij} x_{ij} \qquad (4\text{-}17)$$

$$\sum_{j=0}^{n} x_{ij} = 1, \ i = 0, \cdots, n \qquad (4\text{-}18)$$

$$\sum_{i=0}^{n} x_{ij} = 1, \ j = 0, \cdots, n \qquad (4\text{-}19)$$

$$\sum_{i \in D, j \notin D} x_{ij} \geq 1, D\text{为待拣货品集合的任一子集} \qquad (4\text{-}20)$$

$$x_{ij} \in \{0,1\}, i = 0, \cdots, n; j = 0, \cdots, n \qquad (4\text{-}21)$$

式（4-17）表示最小化从起点出发经过 n 个已知货位后回到起点的总路径长度，式（4-18）与式（4-19）表示拣货路径恰好经过每个货位一次，式（4-20）表示拣货路径为遍历所有货位的一个完整的回路，式（4-21）为 0-1 变量约束。

四、求解模型：以蚁群优化算法为例

蚁群优化算法（Ant Colony Optimization，ACO）模仿自然界蚁群寻觅食物和利用群体信息共享发现最佳觅食路径的行为。蚂蚁在觅食过程中分泌能够传递信息的信息素，而蚂蚁倾向于朝着信息素浓度高的方向前进。蚂蚁经常经过的地方信息素浓度会越来越高，从而形成正反馈，达到彼此协作搜索食物的目的。根据此原理设计的蚁群优化算法是一种模拟进化算法，其优点在于利用群体智能进行全局寻优，避免陷入局部最优解，适用于解决拣货路径优化问题。

在本问题中，蚁群优化算法的求解目标是对于给定的若干个待拣货点，得出一条可以依次通过这些点的最短路径。具体思路可以描述为：在每一次迭代时，同时派出若干个蚂蚁各自搜索一条完整的拣货路径并更新信息素浓度。任意两个带拣货点之间的弧都有各自的信息素浓度，如果有蚂蚁通过这个弧，则信息素浓度会增加，增加量与该蚂蚁最后搜索到的完整路径长度有关，路径越短则信息素浓度增加量越高。任意一只蚂蚁 k 在待拣货位 i 时，转移到任意一个待拣货位 j 的概率计算方式如下：

$$P_{ij}^{k} = \begin{cases} \dfrac{\tau_{ij}^{\alpha}\eta_{ij}^{\beta}}{\sum\limits_{s \in d_k}\tau_{is}^{\alpha}\eta_{is}^{\beta}} & j \in d_k \\ 0 & j \notin d_k \end{cases}$$

其中 τ_{ij} 为待拣货位 i 和 j 之间的信息素浓度；α 为信息素因子重要程度参数；η_{ij} 为启发式因子，指待拣货位 i 和 j 之间距离的倒数；β 为启发式因子重要程度参数；集合 d_k 包含的是蚂蚁 k 当前未访问过的待拣货位，这样可以避免蚂蚁访问已经访问过的货位。可见，蚂蚁选择下一个访问点的概率与信息素浓度和距离均有关。当一次迭代完成，每条弧上的信息素都会以一定方式挥发，挥发方式一般包含挥发因子 ρ。这样可以保证信息素浓度一直保持较高水平的弧都是相对较好的。如此迭代若干次，输出历史最短路径作为最终解。

蚁群优化算法作为一种常用的智能优化算法，其具体形式有着许多变体，并且参数的设置需要根据实际问题设定，感兴趣的读者可以搜索相关文献进行阅读并学习，同时可供参考的源代码在网络上可以找到很多，在此不再赘述。

案例分析

随着电商行业的蓬勃发展，现代电子商务企业每天接收、处理海量订单，天猫商城在 2020 年"双 11"物流订单为 23.21 亿笔。同时，订单还呈现出个性化的特点，需要拣选的货物非常多。在销售高峰期，由于仓库布局不合理、拣货策略不良等问题容易导致企业订单积压、客户体验差。事实上，提高电商配送中心拣货效率的一种常用方法是优化拣货作业过程中的拣货路径策略，通过优化拣货工人在拣货过程中的行走路径，充分减少无用路径，达到降低成本和提高效率的目的。影响拣货效率的因素多种多样，包括仓库的布局、货位分配原则、拣选设备、订单分批策略、拣货路径策略等。在现阶段，优化订单拣选路径，可以在不改变其仓库现有布局和设备的前提下，提高拣选效率和降低人力成本。

A公司仓库存在拣货路径过长的问题，分析发现主要有三个原因：① 人员不合理的库位分配，大大降低了拣货流程的效率；② 货品摆放位置不合理，延长了拣货时寻找货品的时间，降低了处理效率；③ 未考虑货品的出库频次及货品间的相关性，导致拣货时行走路径过长。现需要根据仓库布局图和订单数据，提出合理的快速周转区库位推荐优化策略，以最小化拣货路径。

A公司首先将用于测算的2 880个SKU随机放置到快速周转区内的2 880个库位内，并测算拣货人员完成相关订单的拣货需要行走的总路程用作对照，然后提出了两种优化方案。方案一是将用于测算的2 880个SKU按出库频次降序排列，将出库频次较高的商品摆放在距离出口较近的库位上，同一库位不同隔间内的SKU与出口的距离视作相同，按此方式直至所有SKU均放入快速周转区内。方案二是将2 880个SKU中出库频率TOP100的SKU依次放在距离出口最近的100个库位内，且其所在库位内的其他3个隔间暂不存放SKU。然后在剩余的2 780个SKU中选出与TOP100SKU中各SKU相关系数最高的3个SKU放入对应库位内，完成前100个库位的SKU分配。最后重复上述步骤直至2 880个SKU全部被分配到快速周转区内的库位。

观察结果发现，随机分配库位方案的总拣货路径为1.29×10^8 m，方案一的总拣货路径为1.21×10^8 m，方案二的总拣货路径为1.02×10^8 m。

思考并分析：

1. A公司是怎样达到减少拣货路径的目的的？
2. 三个方案里哪一个方案更优，更优的原因是什么？
3. 结合案例，分析拣货路径优化对于电商企业有何作用或意义？

第四节　承运商选择优化

一、承运商选择问题概述

电商平台往往同时经营数千甚至数万种商品，不同商品对物流配送的需求存在较大的差异，客户对配送服务的评价指标也有所不同。如退烧药、感冒药等药品，用户对这类商品的需求往往是即时的，得了病才会需要对应的药品，在生病的状态下，用户对于商品配送时间方面的需求是比较迫切的，因此对于这类商品，配送时间是影响用户体验的关键因素之一；食品、饮料和个人护理用品等是日常消耗品，用户往往会批量购买这类商品，价格和促销折扣就成了影响这类商品用户体验的关键因素之一，而配送成本的高低则会影响价格的高低和促销折扣的大小；大型家具家电、精密设备仪器等商品往往价值较高，用户对这类商品的质量也有很高的要求，因此在配送时提供质量保证是影响用户体验的关键因素之一。面对复杂的配送需求情况，电商平台需要为每一笔订单匹配合适的承运商，以提升用户体验，从而吸引用户，提高用户数量，扩大平台规模。因此，如何匹配合适的承运商是一个不可忽视的问题。

在覆盖全国范围的电商平台上，不长时间便会积累大量订单需要从仓库发往全国各地，而平台消费者购买商品有订单数量多且配送地点分散的特点，自建物流耗时费力且成本高昂，故与承运商合作，将商品配送环节外包是电商配送的优先选择。当前，我国第三方物流产业处于高速发展阶段，物流承运商数量庞大，但是承运商的服务水平参差不齐，如何在众多承运商中选出最适合的合作者需要经过深思熟虑。首先，承运商的运营规模、软硬件情况、信息技术应用、运输管理制度、服务质量、运输经验与能力等是筛选承运商的重要指标。在初步筛选承运商后，还需要根据具体配送规则来为每个订单选择合适的承运商。相近规模的承运商，其配送服务的区别主要体现在三个方面：① 运费计价规则，一般而言运费会与配送货物的体积、重量、运输距离、运输区域相关；② 配送时效规则，各大承运商的运输网络分布情况各异，配送覆盖区域以及各区域运输时间均有不同；③ 优惠折扣规则，不同承运商的优惠准则不同，可能与订单总数量、总价格、总体积、总重量相关。

若所有订单均由一家承运商来配送，那么平台一般可获得该承运商的较大幅度折扣，但是因为不同承运商的价格体系、配送时效以及运输网点分布情况各异，所以选择单一承运商会导致配送费用高、订单时效低、特殊偏远区域无法送达等问题。因此，电商往往会与多家承运商合作，根据具体订单情况来制定承运商组合配送策略。针对不同订单的信息和特点，在满足所有订单配送要求时需要选择不同的配送承运商，在此基础上结合不同承运商的优惠原则进行匹配，可在一定程度上降低电商企业的配送成本。

二、基于配送时效与成本的承运商选择模型

随着市场的全球化和竞争的加剧，电商企业的竞争逐渐体现在商品价格和物流配送上。因此电商企业在选择第三方物流承运商时，不仅需要考虑配送成本，还要考虑配送时效。配送时效和配送成本是负相关的两个指标，如何权衡配送时效和配送成本是选择最优承运商组合配送方案中的一个重要问题。

本节中提出的基于配送时效与成本的承运商选择模型，可以在满足客户对配送时效要求的前提下，最小化配送成本。实际中承运商选择问题会受诸多现实因素的影响，比如承运商实际运输的时效可能高于合同中给定的时效。因此，为了简化订单的承运商选择问题，提出如下假设：

（1）仅针对一个地理位置的仓库进行配送承运商选择，不涉及多个仓库发货；

（2）该配送仓库中每个订单的体积、地理位置等信息均已知；

（3）每家承运商关于不同地区的收费规则和时效规则已知，且不考虑承运商实际配送时效问题；

（4）每家承运商的可配送订单量无上限；

（5）该仓库的每个订单均可完整包装，不存在拆单情况；

（6）不考虑运输温度的要求，默认所有承运商均有多种温度的运输能力，无论何种配送温度要求的订单均可以进行配送；

（7）将承运商配送地址未覆盖、竞争品牌互斥等多种原因导致的承运商不能配送订单等关于配送能力的问题统一简化为承运商能否配送的问题。

综上，该问题可描述如下：平台在与物流承运商合作时，通常选择多次发货，承运商将在每次发货点运走两次发货点之间累计的所有订单。单个发货周期内各项参数定义如表4-2所示。

表4-2　各项参数定义说明

参数	定义说明
N	单个发货周期内累计订单总数量；
O	单个发货周期内所有订单的集合，$O=\{o_i|i=1,2,\cdots,N\}$；
W_i	订单i的重量；
S_i	订单i的发货仓库地址；
E_i	订单i的发货终点地址；
ϕ_i	订单i的配送时效要求；
Φ	所有订单的时效要求集合，$\Phi=\{\phi_i|i=1,2,\cdots,N\}$；
K	当前所有可选承运商的个数；
M	当前所有可选承运商的集合，$M=\{M_k|k=1,2,\cdots,K\}$；
$C^k(W,S,E)$	承运商k的运费计价规则函数；
$T^k(S,E)$	承运商k的配送时效规则函数；
I_i^k	承运商k对于订单的配送能力参数，可配送为1，否则为0。

现假设在发货周期$t_1\sim t_2$内，电商平台累计销售订单N个，用订单集合$O=\{o_i|i=1,2,\cdots,N\}$表示，其中每个订单的重量W_i，发货地点S_i，送货地点E_i，配送要求时效T_i等信息均已知。假设电商平台存在k个可供选择的承运商，用承运商集合$M=\{M_k|k=1,2,\cdots,K\}$表示。对于电商平台而言，每个承运商的运费计价规则$C^k(W,S,E)$均与订单重量W_i、订单的发货地点S_i和送货地点E_i相关，承运商的配送时效规则$T^k(S,E)$与订单的发货地点S_i和送货地点E_i相关。对于所有信息均已知的订单，承运商k对于订单的配送能力参数为I_i^k，若承运商k可配送订单i，则$I_i^k=1$，不能配送则$I_i^k=0$。

若第i个订单由第k家承运商配送，即$x_i^k=1$，需支付的运费为$c_i^k=C^k(W_i,S_i,E_i)$，该订单的配送时间$t_i^k=T^k(S_i,E_i)$，各个变量说明如表4-3所示。

表4-3　变量定义说明

变量	定义说明
x_i^k	若订单i由承运商k配送则为1，否则为0；
c_i^k	订单i由承运商k配送时平台需支付的运费；
t_i^k	订单i由承运商k配送时的承运商配送时效；
Ω	电商发送所有订单O所需支付的总运输费用。

在选择承运商时，所有的客户订单均只能由一家承运商配送，针对每个订单选择的承运商有相应的配送能力，且每个订单必须在客户要求时间 $\Phi = \{\phi_i \mid i=1,2,\cdots,N\}$ 送达。若要在满足客户订单要求的前提下，使得电商的总运费 Ω 最小，可建立以下模型：

$$\min \Omega = \sum_k \sum_i c_i^k x_i^k \tag{4-22}$$

s.t.

$$\sum_k x_i^k = 1 \qquad \forall i = 1,2,\cdots,N \tag{4-23}$$

$$x_i^k \leqslant I_i^k \qquad \forall k = 1,2,\cdots,K; i = 1,2,\cdots,N \tag{4-24}$$

$$x_i^k t_i^k \leqslant \phi_i \qquad \forall i = 1,2,\cdots,N \tag{4-25}$$

$$c_i^k = C^k(W_i, S_i, E_i) \qquad \forall k = 1,2,\cdots,K; i = 1,2,\cdots,N \tag{4-26}$$

$$t_i^k = T^k(S_i, E_i) \qquad \forall k = 1,2,\cdots,K; i = 1,2,\cdots,N \tag{4-27}$$

$$x_i^k = \begin{cases} 1, & \text{若订单} i \text{由承运商} k \text{配送} \\ 0, & \text{订单} i \text{不由承运商} k \text{配送} \end{cases} \qquad \forall k = 1,2,\cdots,K; i = 1,2,\cdots,N \tag{4-28}$$

在上述基于配送时效与成本的承运商选择模型中，各表达式含义如下：

式（4-22）表示最小化需支付的总运费；

式（4-23）表示每个订单有且仅能由一家承运商服务；

式（4-24）表示每个订单分配的承运商有能力配送该订单；

式（4-25）表示选择的承运商的配送时间必须不超过客户订单要求时间；

式（4-26）表示各订单分配给承运商后所需要的配送费用；

式（4-27）表示各订单分配给承运商后所需要的配送时间；

式（4-28）表示订单分配给承运商的最终决策。

三、考虑分段数量折扣的区域预划分承运商选择模型

在实际中，企业更偏向选择与承运商建立长期合作关系，因此运费无须每单结算而是累计结算，如按月结算、按季度结算甚至按年结算，且承运商的折扣规则也从简单的固定低折扣变为动态折扣。概括来讲，市场上的动态折扣类型大致有全额数量折扣、超额数量折扣、总价值折扣三种。其中，全额数量折扣是指定货数量超过一定数量后所有产品全部打折，超额数量折扣是指定货量超过一定数量后超额部分打折，总价值折扣则是指根据订货的总价值进行综合打折。

在本节中讨论的承运商运费折扣规则属于全额数量折扣（也称为分段数量折扣），承运商将依据电商平台某段时间内，比如每月，所有累计订单总数量来确定最终折扣率，从而确定平台所需支付的总运费。电商的动态折扣是在分段数量折扣准则下，在某段时间内，比如每月，所有订单分配结束后，电商可以获得不同承运商的折扣率，最终具体折扣与当月电商给该承运商的订单总数量相关，且实际中一般折扣率与订单总量之间是分段函数关系。

　　值得注意的是，物流承运商的折扣规则是按照月单量进行结算，而实际中电商需要每天进行承运商的选择，无法将订单累计至月末再进行运输分配安排以获得最大折扣，又因为无法确定最终月末各个承运商所能给出的折扣率，则在每天进行承运商分配时无法利用折扣率来选择运费较低的承运商。电商分配给承运商的月订单量将影响月运费结算时的折扣率，对于每个订单而言最终的折扣率又影响各个承运商的配送费用，电商若要合理利用承运商折扣率来降低成本，那么如何合理解决折扣率滞后的问题便成为研究的重点。

　　为解决折扣率的问题，这里采用一种基于区域预划分的分段数量折扣承运商选择模型，在每月进行承运商选择之前，将平台覆盖的所有销售区域提前分配给各大承运商，在后续每日的承运商决策中直接按照区域划分结果分配订单，以此方式获得合理的折扣率，从而降低电商的配送成本。

　　实现此承运商选择逻辑的步骤如下：第一步，对各区域进行销量预测，预测各个区域的月订单数量；第二步，对各区域进行配送预划分，结合销量预测结果通过区域预划分模型得到各个区域与承运商的对应分配结果；第三步，基于预划分结果分配承运商，得到预划分结果后，在每天的订单分配时，直接基于区域预划分结果来分配日销售订单。

　　正如上文所描述，电商在月初是无法确定承运商所能给出的折扣率的，但是月初电商可以针对每月的销量情况，预测当月的销量分布情况，然后基于预测销量按照成本最低的原则，将销售范围分区域划分给各个承运商，按照区域分配的订单量得到各个承运商的折扣率，最终使得电商总的运费成本最低，同时在当月之中可根据区域划分的结果进行订单分配。

　　实施承运商配送区域预划分的第一步便是对整个销量进行需求预测，实际中承运商在计算订单运费时有两个相关量：配送地址和商品重量。但是承运商在计算折扣率时却只与订单数量相关，若以省份为划分区域，那么在进行承运商配送区域预划分之前，电商需要知道当月每一个省份的月销售订单数量。

　　销量预测方法从传统简单的移动平均法、指数平滑法、季节变动法发展到新型复杂的时间序列分析（ARIMA）法、随机森林法、机器学习算法等，在此不一一阐述，本节重点在于如何根据预测结果结合承运商折扣率规则来降低电商的配送成本。

　　利用销量预测的方法，可预知每个区域当月的预测订单总量，但是承运商的每单配送费既与订单配送地点、承运商折扣率相关，又与订单重量相关。考虑到预测每单订单重量的难度极大，所以在进行配送区域预划分时，需假设每个区域的所有订单信息均一致，即其订单重量相同。

　　除此以外，承运商信息和订单信息会受到诸多现实因素影响，故在进行配送区域预划分之前需要作出以下假设：

　　（1）承运商折扣函数仅与订单总量相关，与其他因素不相关；

　　（2）承运商运费函数仅与配送地点和订单重量相关，与其他因素不相关；

　　（3）相同配送区域内的订单为同质的，即其配送地点相同且订单重量相同；

　　（4）不同配送区域的订单为异质的，即不同区域订单的配送地点不同且订单重量不尽相同；

　　（5）电商关于各个区域的销量预测结果是准确的，不考虑销量预测所存在的误差；

　　（6）不考虑承运商能够配送区域（省份）中部分地点（城市）无法配送的情况，假定区域全部可配送或不能配送；

（7）不考虑品牌竞争互斥的现象，所有订单同质化。

具体如下：

某仓库发货覆盖范围包括 J 个区域，已知区域 j 单个结算周期内有 N_j 个订单，而每个订单重量均为 W_j，现该仓库存在 k 家可供选择的承运商，用承运商集合 $M = \{M_k \mid k = 1,2,\cdots,K\}$ 表示。每家承运商的运费计价规则 $C^k(W_j, M_k)$ 与区域及区域订单重量 W_j 相关，每家承运商的配送时效规则 $T^k(M_k)$ 与配送区域相关。对于所有配送区域，承运商 k 对于该区域的配送能力参数为 I_j^k，若承运商 k 可配送订单 i，则 $I_j^k=1$，不能配送则 $I_j^k=0$。且每家承运商均制定了分段数量折扣规则，承运商 k 的折扣率 α^k 基于相应的折扣函数 A^k 获得，即 $\alpha^k = A^k(N^k)$。各参数定义说明如表4-4所示。

表4-4　各项参数定义说明

参数	定义说明
J	仓库发货覆盖总区域数量；
j	指代某个发货区域，$j = 1,2,\cdots,J$；
W_j	区域 j 内订单的重量；
ϕ_j	区域 j 的计划配送时间；
$C^k(W_j, M_k)$	承运商 k 的运费计价规则，与配送区域及订单重量相关；
$T^k(M_k)$	承运商 k 的配送时效规则函数，与配送区域相关；
I_j^k	承运商 k 对于区域 j 的配送能力参数，可配送为1，否则为0；
N^k	承运商 k 对应所有区域的总订单数量；
$A^k(N^k)$	承运商的折扣规则函数。

若第 j 个区域由第 k 家承运商配送，即 $y_j^k = 1$，则对于区域 j，电商需支付的运费为 $c_j^k = N_j \cdot C^k(W_j, M_k)$，该区域的配送时间 $t_j^k = T^k(M_k)$，承运商 k 的折扣率 α^k 基于相应的折扣函数 A^k 获得，其中承运商订单总数量 N^k 与承运商的总订单配送量相关，即 $N^k = \sum_j y_j^k$，所以 $\alpha^k = A^k(\sum_j y_j^k)$。以上各个变量说明如表4-5所示。

表4-5　变量定义说明

变量	定义说明
y_j^k	若订单 i 由承运商 k 配送则为1，否则为0；
c_j^k	区域 j 由承运商 k 配送时平台需支付的运费；
t_j^k	区域 j 由承运商 k 配送时的承运商配送时效；
α^k	承运商 k 最终获得的折扣率；
$\tilde{\Omega}$	电商所需支付的总运输费用。

区域预划分时，单个区域只能由一家承运商配送，且每个区域所选承运商的配送时间必须在电商计划时间以内，在分配完所有的区域后可拿到其折扣率。若要在满足所有要求的前提下，使得电商平台的月总运费$\tilde{\Omega}$最小，可建立以下模型：

$$\min \tilde{\Omega} = \sum_k \sum_j \alpha^k c_j^k y_j^k \tag{4-29}$$

s.t.

$$\sum_k y_j^k = 1 \qquad \forall j = 1, 2, \cdots, J \tag{4-30}$$

$$y_j^k \leq I_j^k \qquad \forall k = 1, 2, \cdots, K, j = 1, 2, \cdots, J \tag{4-31}$$

$$y_j^k t_j^k \leq \phi_j \qquad \forall j = 1, 2, \cdots, J \tag{4-32}$$

$$c_j^k = N_j \cdot C^k(W_j, M_k) \qquad \forall k = 1, 2, \cdots, K, j = 1, 2, \cdots, J \tag{4-33}$$

$$t_j^k = T^k(M_k) \qquad \forall k = 1, 2, \cdots, K \tag{4-34}$$

$$\alpha^k = A^k(\sum_j y_j^k) \qquad \forall k = 1, 2, \cdots, K \tag{4-35}$$

$$y_j^k = \begin{cases} 1, & \text{若区域} j \text{由承运商} k \text{配送} \\ 0, & \text{区域} j \text{不由承运商} k \text{配送} \end{cases} \qquad \forall k = 1, 2, \cdots, K, j = 1, 2, \cdots, J \tag{4-36}$$

在上述承运商配送区域预划分模型中，各表达式含义如下：

式（4-29）表示考虑折扣率后需支付的月总运费最小化；

式（4-30）表示每个配送区域有且仅能由一家承运商进行配送；

式（4-31）表示每个区域所选择的承运商需有能力配送该区域；

式（4-32）表示选择的承运商的配送时间必须不超过该区域计划配送时间；

式（4-33）表示平台需支付的每个区域的配送费用函数；

式（4-34）表示区域分配给承运商后所需要的配送时间函数；

式（4-35）表示区域划分完成后每家承运商所能给出的折扣率；

式（4-36）表示区域划分给承运商的最终决策。

案例分析

一、公司概况

已经在美国纳斯达克交易所成功挂牌上市的A公司是中国互联网医药健康行业的领先者。A公司以科技驱动，拟通过独特的"T2B2C"模式来打通线上线下药品零售市场，服务药企、药店民营医院、基层医疗等医疗对象。

目前A公司已经发展了一个区别于传统的医药新零售平台，该平台由三大业务板块共同构成，包括B2C医药平台"X药网"、"B2B"医药平台"Y药城"和互联网医院"Z诊"。其中"X药网"为"B2C"医药平台，可为C端用户提供一站式的"诊+疗"健康解决方案，业务覆盖全国31个省市自治区以及363个主要城市，同时能通过自身仓储系统和配送承运商有效合作来实现72小时送达（不包括新疆、西藏等偏远地区）。而"Y药城"为"B2B"医药平台，主要服务于B端用户，致力于帮助用户缩短库存周转，降低采购成本，运用智能供应链提供高效和一体化的流通解决方案。当前药城已经服务于线下药店超10万家，包括连锁药店、单体药店以及民营医院和私人诊所药房。"Z诊"则是拥有医疗专业人员服务的互联网医药，可提供在线问诊和电子处方服务。

二、A公司承运商选择现状及问题

A公司的供应链部门在选择承运商时采用多种承运商共同配送的方法，首先A公司供应链部门会基于市场配送承运商的服务水平、服务质量、市场收费标准等指标选出多个承运商作为公司的意向承运商，然后与意向承运商谈判并签订配送合同，最终仅签订了2家合作承运商，A公司医药零售平台的配送范围即可覆盖全国。

当前医药零售平台在选择承运商时，主要需满足以下三个要求：第一，订单可送达，不同承运商的可配送覆盖范围不同，在选择承运商时先要满足可配送这一基本要求。第二，满足配送时效，所选择承运商的配送时间需满足公司基本的时效，即72小时送达（偏远地区无法满足该时效要求的无须理会该条件），另外有些客户的加急订单需要快速配送时，则选择满足时效的承运商。第三，竞争品牌互斥条件，由于A公司存在第三方销售平台，而不同的销售平台订单可能与承运商之间存在品牌竞争关系，此种承运商需要排除，比如在淘宝获取的订单就不能选择京东进行配送。由于当前A公司的合作承运商数量较少，所以在满足以上三点要求后很多城市可选承运商很少，其中只有一个承运商可配送的比率为40%。最终仓库基于简单方便的原则，配送承运商选择逻辑为随机选择，系统以能够送达订单配送地址、配送时效、竞争品牌互斥为条件筛选可选承运商，随后在可选承运商中随机选择一个承运商进行，月末按照整月的配送订单情况与承运商进行配送费用月结算。

针对处于成长期的A公司，在其不断发展的过程中，目前不考虑成本的随机承运商选择模式显然不合理，主要体现在以下三点：

（一）合作承运商数量过少

当前公司的发展重心在于扩大市场占有度以及拓宽销售商品广度，对于承运商配送环节的要求仅仅是72小时送达，合作的2家承运商组合配送可以满足A公司当前的要求。但是，在覆盖的363个城市中，通过三大基本条件筛选出候选承运商时有40%的城市仅有一个承运商可选，此数据可表明当前合作承运商的数量还太少，需要继续扩大。

（二）随机选择匹配模式不合理

A公司在4位合作承运商中，选择能够满足订单可送达、实现配送时效、竞争品牌互斥三个条件的候选承运商中随机选择承运商，此种模式下并未考虑到公司的配送成本。而且对于无法满足72小时配送的地区，随机选择承运商会出现运费成本高且配送时间长的问题，随机选择承运商从时效和成本两个角度看均不合理。

（三）未充分利用承运商的折扣规则

一般承运商在月末结账时，依据该月内累计的月订单总数量、月订单总价格等因素给医药电商相应数量的配送成本折扣，若在选择承运商时考虑到折扣规则，有计划有目的地选择承运商，使得最终承运商的订单量达到某个程度并最终获得有效折扣，医药电商则可以降低部分配送成本。

三、A公司承运商选择优化及效果分析

经过分析讨论，A公司决定使用历史订单数据，分别采用基于配送时效与成本的承运商选择模型和考虑分段数量折扣的区域预划分承运商选择模型进行数值计算，分析比较两种模型在该公司的效果。

基于配送时效与成本的承运商选择模型，即在满足时效的前提下选择费用更低的承运商，以实现总费用最小。A公司将承运商计费规则、配送时效等信息事先存储在数据库中，系统每收到一张顾客订单，通过顾客目的地选择最近的仓库作为起点，并根据起点、终点和货物重量信息计算各承运商的运费，最后选择满足配送时效且运费最低的承运商，为该订单进行配送。考虑分段数量折扣的区域预划分承运商选择模型，即根据各销售区域的销量预测数据，为每个区域选择固定的承运商，以尽可能获得承运商的批量折扣。

通过计算发现，若应用基于配送时效和成本的模型，A公司月总配送成本从360余万元降至340余万元，平均每个订单的配送成本从95元降至91元，降幅为4.21%；若应用分段数量折扣的区域预划分模型，在假设效率预测完全准确的情况下，成本降低比率为24.61%。故A公司决定采用分段数量折扣的区域预划分模型。

新的承运商匹配策略上线运行3个月后，通过数据分析发现，系统上线后与上线前相比，平均配送时间相近，而平均配送成本降低了10.55%。由于实际中销量预测准确度无法达到100%准确，故成本降低比率很难达到实验中的效果，但相较于原有承运商匹配策略已有大幅度的降低。

思考并分析：

1. 针对承运商匹配问题，你还知道哪些其他的定性或定量分析方法？
2. 针对A公司的需求预测问题，你知道哪些方法可以提高预测的准确度？

复习思考题

1. 请结合所学知识分析，为何订单分配是在线零售商履单过程中的重要一环？
2. 在波次分配过程中，波次时间间隔是越长越好，还是越短越好？
3. 请结合实际分析，拣货路径过长的原因有哪些？
4. 在线零售企业在选择第三方承运商合作时，应考虑到哪些因素？

即测即评

扩展阅读

Xu PJ, Allgor R, Graves SC. Benefits of Reevaluating Real-Time Order Fulfillment Decisions. Manufacturing & service operations management. 2009;11（2）:340-355.

第五章

仓库库存管理

📥 **本章导入案例**

　　H公司是一家制造型企业，生产的产品很多，很大一部分产品为非标准产品，只有顾客下单之后才能确定规格，因此原材料品类众多。随着顾客对供货周期要求的提高，企业库存压力加大。根据对各部门的调研了解到当前库存水平高的原因主要有以下三点：一是负责物料供应的部门为避免出现生产线停产的情况，往往会设置较高的库存水平；二是部分物料存在提前期较长或只有在特定的时间段才能够买到的情况，这些物料会设置非常高的库存水平；三是库存策略不合理，设置规则简单，未能考虑供应提前期，导致库存水平高。高库存水平导致了大量的资金占用、场地占用，并且物料有贬值降价的风险，但是高库存水平确实保证了生产的连续性，公司未出现生产线停产的情况。

　　案例思考题：你认为在设置库存水平的时候应考虑哪些因素？高库存的优劣分别是什么？

📑 **本章关键术语**

库存管理（Inventory management）；需求预测（Demand forecast）；
库存控制（Inventory control）；商品调拨（Goods transshipment）

第一节　库存管理概述

一、库存与库存管理

处于储存状态的商品叫作库存，它是储存的表现形态。主要分两类：一类是生产库存，即直接消耗物资的基层企业、事业单位的库存物资，它是为了保证企业、事业单位所消耗的物资能够不间断地供应而储存的；另一类是流通库存，即生产企业的原材料或成品库存，生产主管部门的库存和各级物资主管部门的库存。企业为了能及时满足内部的生产需求或客户的订货需求，就必须经常保持一定数量的库存商品。

一方面，企业没有足够的存货，会造成供货不及时、供应链断裂，丧失市场占有率或交易机会；整体社会存货不足，会造成物资匮乏、供给小于需求，导致社会恐慌。另一方面，商品库存需要相应的维持费用，还存在由于商品积压和损坏而产生的库存风险。因此，在做库存决策时既要保留合理的库存数量，防止货源中断和库存不足，又要避免库存过量，发生不必要的库存费用。所以，库存管理的本质任务便是优化物资的存储，以便使企业在合适的时间，以最低的成本，满足用户对特定数量和质量产品的需求。

在外部要素剧烈变化的环境中，须设立相对高的库存。例如，在过去几年中，国家粮食储备、外汇储备均在剧烈变化的外部环境中发挥了稳定器的作用。而在一些产业链配套齐全的地区，如长三角的电子制造产业，产业链上企业的库存可适当降低，或运用精益思想实现准时配送的零库存模式。

二、库存分类

一般情况下，库存可以按照不同的标准进行分类。

（一）按照库存来源分类

从库存来源的角度，库存可分为外购库存和自制库存两类。

（1）外购库存。指企业从外部购入的库存。

（2）自制库存。指企业内部制造的库存。

（二）按照生产过程分类

从生产过程的角度，库存可分为原材料库存、在制品库存、产成品库存三类。

（1）原材料库存。指企业已经购买，但尚未投入生产过程的库存。

（2）在制品库存。指经过部分加工，但尚未完成的半成品库存。

（3）产成品库存。指已经制造完成并正等待装运发出的库存。

（三）按照经营过程分类

从经营过程的角度，库存可分为经常库存、安全库存、促销库存、投机性库存、季节性库存五类。

（1）经常库存。也叫周转库存，是为了满足两次进货期间市场的平均需求或生产经营的需要而储存的库存。存货量受市场平均需求、生产批量、运输批量、资金和仓储空间、订货周期、货物特征等多种因素的影响。

（2）安全库存。指为防止需求波动或订货周期的不确定而储存的库存。安全库存与市场需求特性、订货周期的稳定性密切相关。市场需求波动越小或需求预测越准确，订货周期越确定，所需的安全库存越少。如果企业能对市场做出完全准确的预测、订货周期固定，就可以不必保有这部分库存。

（3）促销库存。在企业促销活动期间，销售量一般会出现一定幅度的增长，为满足这类预期需求而建立的库存，称为促销库存。

（4）投机性库存。指以投机为目的而储存的库存。对一些原材料，如铜、黄金等，企业购买并储存的目的常常不是为了经营，而是为了做价格投机。

（5）季节性库存。指为满足具有季节性特征的需要而建立的库存，如农产品、空调、冬季取暖用煤、夏季防汛产品。

（四）按照库存的参数特性分类

从库存参数特性角度，库存可分为随机型库存和确定型库存两类。

（1）随机型库存。指存货的市场需求和订货提前期至少有一个是随机变量的库存。

（2）确定型库存。指存货的市场需求量确定且已知，同时订货提前期固定且与订货批量无关的库存。

三、库存的功能

现代物流理论认为"库存是一个必要的恶魔"，也就是说库存在企业的经营过程中十分必要，同时它也会对企业造成一部分不可避免的损害。

（一）库存的优势

1. 实现规模经济，降低库存相关成本

企业通过持有库存，可以实现采购、运输和制造等方面的规模经济。如在采购方面，大批量的采购可以节约采购费用，同时可以获得批量折扣；在运输方面，大批量运输可以选用最经济的运输方式，实现运输成本的分摊，从而降低单位物品的物流运输成本；在制造方面，持有库存有利于扩大生产规模，从而形成规模经济。

2. 防止供给短缺，提高服务水平

制造商通过增加库存数量，持有超出为满足生产所必需的库存量，提高物料的可用性，以防由于未来存货供给不足或突发的需求等原因造成的缺货，从而避免缺货带来的相关损失。

3. 缓冲需求与供给时间和空间上的差异

库存有利于缓解需求和供给之间的差异。市场需求与产品产量并不是时时匹配的，通常是通过提前生产，以待销售旺季进行销售，库存可以解决需求和供给的时间差异。在途库存是指两个不同地区之间的库存，它包括在运输过程中和存放两地的库存，因此可以通过在途库存来消除生产者、中间商及最终消费者因处于不同位置而产生的差异。

4. 实现连续生产，维持生产稳定性

企业按销售订单与销售预测安排生产计划，并制定采购计划，下达采购订单。由于采购的材料需要一定的提前期，这个提前期是根据统计数据或者是在供应商生产稳定的前提下制定的，因此存在一定的风险，有可能拖后而延迟交货，最终影响企业的正常生产，造成生产的不稳定。为了降低这种风险，企业就会增加材料的库存量。

5. 提高用户响应性，维持销售稳定性

销售预测型企业对最终销售产品必须保持一定数量的库存，其目的是应付市场的需求变化。这种方式下，企业并不预先知道市场真正需要什么，只是按对市场需求的预测进行生产，因而产生一定数量的库存是必然的。但随着供应链管理的发展，这种库存也在减少或消失。

（二）库存的劣势

1. 占用企业大量流动资金

仓库中的每一种库存根据其价值的不同都占用着企业的资金，库存中的原材料、在制品和产成品是占用流动资金的主要部分。在仓库中的库存越多，企业被占用的流动资金也就越多。

2. 产生库存成本

仓库中的货物在储存的过程中，不仅会增加企业的产品成本与管理成本，还会产生持有库存的成本。库存材料成本的增加直接增加了产品成本，而相关库存设备、仓库管理人员的增加也加大了企业的管理成本。同时存货占用资金，增加企业资金利息的机会成本。若是存货丢失、被盗、降价、发生物理或化学变化等，都会造成库存物品价值损失。

3. 掩盖众多管理问题

不合理的库存水平，会掩盖企业众多管理问题，如计划不周、采购不力、生产不均衡、产品质量不稳定及市场销售不力等。用比较形象化的语言来说，就好比高水位的海水掩盖了水下的礁石，使得人肉眼无法看见代表危险的礁石，容易造成触礁事故。但如果海水退去，这些礁石就暴露出来了。这也就意味着，库存掩盖的管理问题若不好好解决，最终可能导致严重的后果。

四、库存成本结构

在企业的仓储管理过程中，一切活动都会伴随着资金的流动。而在企业的库存经营活动中，企业资金的投入最明显。取得存储在仓库里的货物的所有成本的总和即为库存成本，它是物流作业成本中的一个主要组成部分。库存成本主要包括四个组成部分：库存持有成本、订货成本、缺货成本、购买费用，如图5-1所示。

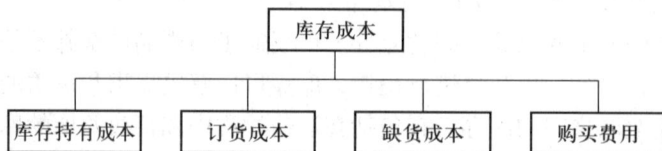

图5-1　库存成本结构

（一）库存持有成本

库存持有成本是指为保持库存而发生的成本，即拥有库存所必须付出的成本。按照库存持有成本与存货数量和时间的关系，它可以分为固定成本和变动成本。

固定成本是指一定时间内，与库存数量和时间都无关，且成本总额相对稳定的成本，例如仓库折旧、仓库职工的固定月工资等；变动成本是指随着库存数量和时间的变化而变动的成本，例如库存占用资金的应计利息、破损和变质损失、安全费用等。变动成本主要包括资金占用成本、仓储空间成本、库存服务成本和库存风险成本。其中资金占用成本，也称为利息成本或机会成本，是库存成本的隐含价值。资金占用成本反映失去的盈利能力，如果资金投入其他方面，就会要求取得投资回报，因此资金占用成本就是这种尚未获得回报的费用。资金占用成本是库存持有成本的最大组成部分。仓储空间成本包括与产品运入、运出仓库有关的搬运成本以及相关储存成本，例如租赁、取暖、照明等费用，即搬运成本与实物存储成本。这项成本随情况的不同而有很大变化，例如原材料经常是直接从火车卸货并露天存储，而产成品则要求更安全的搬运设备及更复杂的存储设备。而库存服务成本主要指保险和税金。根据产品的价值和类型的不同，产品丢失或损坏的风险高，需要的风险金额越高。此外，库存风险成本是指库存持有成本的另一个主要组成部分，反映了一种非常现实的可能性，即由于企业无法控制的原因造成的库存贬值。

（二）订货成本

订货成本是指企业为了获得某种库存货物而进行各种活动的费用，包括处理订货的办公费、差旅费、手续费、邮资、电报电话费、文书等支出。订货成本中有一部分是固定成本，与订货次数和订货数量并无直接关联，只是用于维持部门的正常活动，例如常设采购机构的基本开支等；另一部分是变动成本，与订货数量无关但是随着订货次数的变动而变动，例如差旅费、邮资等。此外，当库存的某些产品不能由外部供应而需企业自己生产时，订货成本即为生产准备成本，指企业为生产一批货物而进行改线准备的成本。其中更换模具、夹具需要的工时或添置某些专用设备等属于固定成本，与生产产品的数量有关的费用，例如材料费、加工费等属于变动成本。

（三）缺货成本

缺货成本是指当存货供不应求导致断货时产生的各种损失，它包括生产受影响（停工待料）而造成的损失，利润的损失和因信誉降低而造成的损失等。当发生缺货事件后，企业可以延期交货，那么会产生相应的延期交货成本。延期交货的特殊订单处理费用相对于一般的订单费用要高，由于延期交货的商品经常是小规模运输，导致运输成本较高。如果顾客不允许延期交货，则会产生失销成本。其直接损失是这种产品的利润损失，可以通过计算单位产品的利润，再乘以客户的订货数量来计算直接损失。除了直接损失外，还存在由于负责这笔业务的销售人员的人力、精力的浪费，称为机会损失。由于缺货，客户可能永远转向另一供应商，造成客户丢失。丢失了客户，企业也就失去了未来一系列收入，这种缺货造成的损失很难估计。

（四）购买费用

购买费用指支付给供应商的所购物品的费用，通常表现为合同上约定的货物单价与货物订购量的乘积。购买费用一般由采购人员和原材料供应商商定，选择合适的供应商降低购买费用是降低企业物流成本的重要途径之一。

第二节　需 求 预 测

　　库存需求预测是预测未来生产经营活动对库存物资的需求。它是基于对生产、装运或销售等方面的预测或计划以及客户需求的估计而对未来货物的需求数量、需求地点、需求品种、需求时间进行的估计。库存管理中一个重要的环节便是库存控制，而库存控制的量化离不开准确的库存需求预测数据。

一、需求预测概述

　　预测是对未来可能发生的情况的预计与推测，预测不仅是长期的战略性决策的重要依据，也是短期的日常经营活动的重要依据。需求预测指估计未来一定时间内，整个产品或特定产品的需求量和需求金额。需求预测通过充分利用现在和过去的历史数据，考虑未来各种影响因素，结合企业的实际情况，采用合适的科学分析方法，提出切合实际的需求目标，从而制定营销、采购、预算、人力资源等计划。

　　影响需求预测的因素有很多，如顾客偏好、产品生命周期、竞争者的行为、商业周期等，市场中的各种因素对需求预测也有不同的影响。市场需求是企业生产运作的"驱动源"，因此，比较准确的需求预测对于企业的运作至关重要。

二、定性预测

　　定性预测指预测者依靠熟悉业务知识、具有丰富经验和综合分析能力的人员与专家，根据已掌握的历史资料和直观材料，运用个人的经验和分析判断能力，对事物的未来发展做出性质和程度上的判断，然后，再通过一定形式综合各方面的意见，作为预测未来的主要依据。主要包括以下三种方法：

（一）德尔菲法

　　德尔菲法是根据专家小组成员的直接经验，对研究的问题进行判断、预测的一种方法，也称专家调查法，是美国兰德公司于1964年首先用于预测领域的。它以匿名的方式通过几轮函询征求专家们的预测意见，预测组织者对每一轮意见进行汇总整理，作为参考资料再发回给每位专家，供他们分析，提出新的预测意见和结果。如此反复几次，专家们的预测意见渐趋一致，预测结论的可靠性越来越大。

　　德尔菲法具有三大特点，分别是：

　　（1）匿名性。专家用书面形式回答预测问题，不必署名。

　　（2）反馈性。通过多次轮回反馈沟通信息。

　　（3）统计性。每次都要对反馈信息进行统计处理。

（二）主观概率法

　　主观概率法又称空想预测法，它是预测者对所预测事件的发生概率（即可能性大小）

做出主观估计，或者说对事件变化动态的一种心理评价，然后计算出它的平均值，以此作为预测事件结论的一种定性预测方法。主观概率法具有明显的主观性。

（三）销售人员预测法

销售人员预测法是依据企业销售人员丰富的实践经验以及他们对市场动态和顾客心理的把握，对未来市场需求做出估计的方法。

这些销售人员对市场情况很熟悉，对购买者意向很了解，所以他们比其他人有更丰富的知识和更敏锐的洞察力，可以获得较详细的销售量估计，同时节省预测时间和费用。应注意以下四点：

（1）应从各部门选择经验丰富的有预测分析能力的人参与预测。

（2）应要求预测参与者经常搜集市场信息，积累预测资料。

（3）预测组织者应定期将市场形势和企业的经营情况提供给预测参与者。

（4）预测应经常化，并对预测成绩显著者给予表彰或奖励，以调动他们的积极性。

除了以上三种方法外，还有消费者意向预测法、情景预测法等多种定性预测方法，由于不是本节学习的重点，在此不再赘述。

三、一元线性回归分析预测法

一元线性回归分析预测法，是根据自变量 x 和因变量 y 的相关关系，建立 x 与 y 的线性回归方程进行预测的方法。但是由于市场现象一般都是受多种因素的影响，因此，应用一元线性回归分析预测法的前提是对影响市场现象的多种因素做出全面的分析。在剔除季节因素、促销因素和其他因素后，我们就可以把销量当成是时间序列的函数，将时间作为自变量 x，对因变量商品销量进行线性拟合。具体如下：

被预测或被解释的变量称为因变量（dependent variable），用 y 表示；用来预测或用来解释因变量的一个或多个变量称为自变量（independent variable），用 x 表示。一元线性回归就是要依据一定数量的观察样本 $(x_i, y_i)(i = 1,2,\cdots,n)$，得到相应的回归直线方程：

$$y = a+bx \tag{5-1}$$

式中，x 为自变量；y 为回归拟合值；a 为回归直线在纵轴上的截距；b 为回归直线的斜率，在实际中表示自变量 x 每变动一个单位时因变量 y 的平均变动量。

根据最小二乘法原理来估计参数 a 和 b：

$$b = \frac{\sum x_i y_i - \frac{1}{n}(\sum x_i)(\sum y_i)}{\sum x_i^2 - \frac{1}{n}(\sum x_i)^2} \tag{5-2}$$

$$a = \overline{y} - b\overline{x} \tag{5-3}$$

求出参数 a 和 b 的值后，即可得到回归方程：

$$y = a+bx \tag{5-4}$$

例5-1：某企业研究企业广告费对销售额的影响，相关部门收集了2005—2013年该企业广告费和销售额的资料，如表5-1所示。若该企业2014年准备支出广告费58万元，估计企业销售额将为多少？

表5-1　企业广告费支出统计资料

年份（i）	2005	2006	2007	2008	2009	2010	2011	2012	2013
广告费（x_i/万元）	25	28	34	38	47	62	45	56	54
销售额（y_i/百万元）	28	31	50	53	61	70	60	66	63

列表并计算相关数值，如表5-2所示。

表5-2　计算企业广告费与销售额相关数据

年份（i）	广告费（x_i）	销售额（y_i）	x_iy_i	x_i^2	y_i^2
2005	25	28	700	625	784
2006	28	31	868	784	961
2007	34	50	1 700	1 156	2 500
2008	38	53	2 014	1 444	2 809
2009	47	61	2 867	2 209	3 721
2010	62	70	4 340	3 844	4 900
2011	45	60	2 700	2 025	3 600
2012	56	66	3 696	3 136	4 356
2013	54	63	3 402	2 916	3 969
Σ	389	482	22 287	18 139	27 600

由表5-2可知：$\Sigma x=389$，$\Sigma y=482$，$\Sigma xy=22\,287$，$\Sigma x^2=18\,139$，$\Sigma y^2=27\,600$代入公式：

$$b=\frac{22\,287-\frac{1}{9}\times389\times482}{18\,139-\frac{1}{9}\times389\times389}=1.1$$

$$a=\frac{482}{9}-(1.1)\times\frac{389}{9}=6.1$$

故得一元线性回归方程模型：

$$y=6.1+1.1x$$

当$x=58$时，$y=69.9$（百万元）

即，若该企业2014年准备支出广告费58万元，估计企业销售额将为6 990万元。

四、时间序列法

时间序列法是指将过去的历史资料及数据，按时间顺序加以排列构成一个数字序列，根据其动向预测未来趋势。时间序列法认为过去的统计数字之间存在着一定的关系，这种关系可以用统计方法显示出来，而且过去的状况对未来的销售趋势有决定性影响。因此，可以用这种方法预测未来的趋势。

（一）时间序列分解模型

在实际中，市场需求易受多种因素影响而发生变动，从而呈现为不稳定状态。因此采用时间序列法来进行需求预测，其准确度与多种影响因素息息相关，其中主要影响因素有以下四个：

（1）长期趋势变动。指时间序列变量在较长的持续时间内的某种发展总动向，一般用 T 表示。这个数据一般可以通过移动平均或者线性回归等方法进行拟合，因此它是可预测的部分。

（2）季节变动。指由于季节变换的固定规律作用而发生的周期性变动。季节变动的周期可以是一个季度，也可以是一年，一般用 S 表示。例如冬季时羽绒服畅销，而夏季时销量较低。通过固定位置的历史数据（取均值或者其他数学变换），也能对未来的某个位置的季节变动因素进行估计，因此它也是可预测的部分。

（3）周期变动。又称循环变动，指时间序列在较长时间内呈现出的涨落起伏，一般用 C 表示。循环变动和季节变动很像，也有周期性因素存在。但循环变动的周期是隐性的，往往要先将显性的周期性波动排除后，再观察剩下的数据部分是否有循环波动的因素，若有，也能通过同比计算等方法将其提出，因此也是可预测的。

（4）不规则变动。又称随机变动，是指偶发事件导致时间序列出现数值忽高忽低无规则可循的变动，一般用 I 表示。既然是随机波动，自然是不可预测的。

综合考虑以上四种因素影响时，通常使用两种模型：

（1）加法模型。具体形式可表现为：

$$y_t = T + S + C + I \qquad (5\text{-}5)$$

（2）乘法模型。具体形式可表现为：

$$y_t = T \cdot S \cdot C \cdot I \qquad (5\text{-}6)$$

（二）时间序列平滑模型

1. 移动平均法

移动平均法是用一组最近的实际数据值来预测未来一期或几期内公司产品的需求量的一种常用方法。移动平均法适用于即期预测。当产品需求既不快速增长也不快速下降，且不存在季节性因素时，移动平均法能有效地消除预测中的随机波动。根据预测时使用数据的权重不同，可以分为简单移动平均法和加权移动平均法。

（1）简单移动平均法。简单移动平均法使用的各数据的权重都相等。简单移动平均的计算公式如式（5-7）所示。

$$y_t = \frac{x_{t-1} + x_{t-2} + \cdots + x_{t-n}}{n} \qquad (5\text{-}7)$$

y_t 为 t 期的预测值；

x_{t-1} 为 $t-1$ 期的实际值；

n 为移动平均的时期数。

（2）加权移动平均法。加权移动平均法与简单移动平均法的不同在于，加权移动平均给每个实际销量值以不相等的权重。其原理是历史各期产品需求的数据信息对预测未来期内的需求量的作用是不一样的。一般来说，远离目标期的销量值的影响力相对较低，故应给予较低的权重。计算公式如式（5-8）所示。

$$y_t = a_{t-1} \cdot x_{t-1} + a_{t-2} \cdot x_{t-2} + \cdots + a_{t-n} \cdot x_{t-n} \qquad (5-8)$$

式中，y_t 为 t 期的预测值；

x_{t-1} 为 $t-1$ 期的实际值；

α_{t-1} 为 $t-1$ 期的实际销量对预测值的影响比例；

n 为移动平均的时期数。

其中，$\alpha_{t-1}, \alpha_{t-2}, \cdots, \alpha_{t-n}$ 称为加权因子；满足 $\alpha_{t-1}, \alpha_{t-2}, \cdots, \alpha_{t-n} \in [0,1]$，且 $\alpha_{t-1} + \alpha_{t-2} + \cdots + \alpha_{t-n} = 1$。在运用加权平均法时，加权因子的选择是一个应该注意的问题。经验法和试算法是选择权重的最简单方法。一般而言，最近期的数据最能预示未来的情况，因而权重应大些。例如，根据上个月的利润和生产能力比根据上上个月的能更好地估测下个月的利润和生产能力。

2. 指数平滑法

指数平滑法是根据特定的平滑系数计算指数平滑值进行市场预测的方法，实质是一种特殊的加权平均法。指数平滑法的预测值，实质是全部历史数据的加权平均数。指数平滑法一般用于观察期具有长期趋势变动和周期性变动的预测。

指数平滑法在实际应用中可分为一次指数平滑法、二次指数平滑法和多次指数平滑法。一次指数平滑法适用于水平型变动的时间序列预测，二次指数平滑法适用于线性趋势型变动的时间序列预测，而多次指数平滑法适用于非线性趋势变动的时间序列预测。在此只介绍一次指数平滑法。

一次指数平滑法是以最后一个一次指数平滑值为基础进行市场预测的方法。一次指数平滑法的计算公式如式（5-9）所示。

$$y_{t+1}^{(1)} = ax_t + (1-a)y_t^{(1)} \qquad (5-9)$$

式中，$y_{t+1}^{(1)}$ 为 $t+1$ 期的预测值；a 为平滑系数；x_t 为 t 期的实际值。

指数平滑法考虑所有的历史数据，而其中近期实际数据的权重大，远期实际数据的权重小。在运用一次指数平滑法的过程中，最关键的问题是要决定平滑系数 $a(0 < a < 1)$ 的大小，它表示赋予实际数据的权重。一般来说，预测值依赖于平滑系数的选择。如果实际需求稳定，那么 a 的值应该选择小一些，如果实际需求波动比较大，则 a 应该取值较大。

例5-2：设某种商品2022年的分月销量资料如下，取平滑系数 $a = 0.7$，利用一次指数平滑法计算该商品的每月销售量的指数平滑值，并预测2022年7月份该商品的销售量。计算过程如表5-3所示。

表5-3　一次指数平滑值计算表

月份（t）	销售量（x_t/千件）	指数平滑值
1	46	0
2	44	$0.7 \times 46 + 0.3 \times 0 = 32.20$
3	51	$0.7 \times 44 + 0.3 \times 32.20 = 40.46$

月份(t)	销售量(x_t/千件)	指数平滑值
4	38	$0.7 \times 51 + 0.3 \times 40.46 = 47.84$
5	41	$0.7 \times 38 + 0.3 \times 47.84 = 40.95$
6	35	$0.7 \times 41 + 0.3 \times 40.95 = 40.99$
7	预测	$0.7 \times 35 + 0.3 \times 40.99 = 36.80$

应用一次指数平滑法预测，a取值一般从0.1开始，0.2，0.3，…，（$0 < a < 1$），逐个计算其预测值，分析预测误差，从中确定预测误差最小的a值，并以此确定最后预测值。

3. 预测误差

预测误差是指预测值与实际值之间的差异。当预测值大于实际值时，误差为正，反之为负。当所使用的预测模型有参数时，如指数平滑法，在选择参数a时，应选择使预测误差最小的参数a来进行预测。

表5-4 预测误差表

时序（t）	销售量（吨）	指数平滑值		
		$a = 0.1$	$a = 0.3$	$a = 0.5$
1	26.7	26.7	26.7	26.7
2	29.5	26.7	26.7	26.7
3	29.0	27.0	27.5	28.1
4	29.9	27.2	28.0	28.6
5	32.2	27.5	28.6	29.2
6	31.4	27.9	29.6	30.7
7	25.7	28.3	30.2	31.1
8	32.1	28.0	28.8	28.4
9	29.1	28.4	29.8	30.2
10	30.8	28.5	29.6	29.7
11	25.7	28.7	30.0	30.2
12	30.9	28.4	28.7	28.0
13	31.5	28.7	29.3	29.4
14	28.1	29.0	30.0	30.5
15	30.8	28.9	29.4	29.3
预测值		29.1	29.8	30.0
平均绝对误差（MAE）		2.43	2.21	2.23

不同a值的平滑值、预测值及误差分析如表5-4所示。在比较中，我们发现$a = 0.3$的

平均绝对误差值最小，因此，选用 $a = 0.3$。相应的第15个月份的预测值为29.8，MAE = 2.21，预测精度较高。

拓展——基于商品需求波动的预测模型

五、智能预测方法

随着现代智能控制理论、信息及计算机科学的发展，智能预测方法被广泛应用于物流需求预测中。下面重点介绍需求预测中常用的智能预测方法：神经网络、支持向量回归与随机森林方法。

（一）神经网络

人工神经网络（artificial neural network，ANN，简称神经网络）是在人类对大脑神经网络认识理解的基础上人工构造的能够实现某种功能的神经网络。它是理论化的人脑神经网络的数学模型，是模仿大脑神经网络结构和功能而建立的一种信息处理系统。它实际上是由大量简单元件相互连接而成的复杂网络，具有高度的非线性，能够进行复杂的逻辑操作和非线性关系实现。

尽管人工神经网络只是人脑的低级近似，但是神经网络不同于一般的计算机和人工智能，它的很多特点和人的智能相似。单个神经单元的功能很弱，但是大量的神经元集体的、并行的活动处理功能却十分强大。其具有以下特点：

（1）分布式存储信息。其存储的信息分布在不同的位置，神经网络是用大量神经元之间的连接及对其权值的分布来表示特定的信息，从而使网络在局部网络受损或输入信号因各种原因发生部分畸变时，仍然能够保证网络正确地输出，提高网络的容错性和鲁棒性。

（2）并行协同处理信息。神经网络中的每一个神经元都可以根据接收到的信息进行独立的运算和处理，并输出结果，同一层中的各个神经元的输出结果可被同时计算出来，然后传输给下一层做进一步的处理，这体现了神经网络并行运算的特点，这一特点使神经网络具有非常强的实用性。虽然单个神经元的结构极其简单，功能有限，但大量神经元构成的网络系统所能实现的行为是极其丰富的。

（3）信息处理与存储合二为一。神经网络的每个神经元都兼有信息处理和存储功能，神经元之间连接强度的变化，既反映了对信息的记忆，同时又与神经元对激励的响应一起反映了对信息的处理。

（4）自组织、自学习功能。神经网络的神经元之间的连接强度用权值大小来表示，这种权值可以通过对训练样本的学习而不断变化，而且随着训练样本的增加和反复学习，这些神经元之间的连接强度会不断增加，从而提高神经元对这些样本特征反应的灵敏度。

（5）综合推理能力。这一特点又称泛化能力。对于一个已经训练好的网络，当输入新的数据时，网络可以根据已有的知识识别新的信息，对信息进行分类，而不需要重新训练网络。

神经网络的预测方式主要可以分为三类，如表5-5所示。

表5-5　神经网络预测方式分类

预测方式	预测方式描述
趋势预测	通过神经网络映射到未来数据
回归预测	通过神经网络分析各相关因素与预测样本的关联程度，把相关因素的未来值作为时间序列历史数据并映射到未来数据
组合预测	在一定误差指标评定下，组合神经网络与常规预测方法

虽然神经网络预测方式有所不同，但是一般来说，预测过程可以总结为以下步骤：

Step1. 数据预处理。

由于不同神经网络的激活函数与学习规则并不相同，因此将数据输入神经网络之前需要对输入样本作归一化处理。

Step2. 输入预处理后的样本 y。

分成 $y_1, y_2, \cdots, y_k$ 共 k 组，每组数据量为 $n+1$，即前 n 个值作为网络输入节点的输入数据，后一个作为输出节点的期望值。

Step3. 训练神经网络。

使用选定的神经网络训练算法，训练网络的连接强度。

Step4. 还原处理。

由于神经网络预测在数据预处理的基础上展开，因此在运算得出最终结果后应进行反归一化运算以得出有效预测值。下面介绍两类神经网络。

1. BP神经网络

BP（back propagation，反向传播）神经网络是目前最具代表性、研究最多、应用最广泛的一种多层前馈神经网络。BP神经网络的结构包括输入层（input layer）、若干个隐含层（hiden layer）和输出层（output layer），每一层内的节点的输出均传送到下一层。图5-2为BP神经网络一个三层结果图。其中，输入层节点数为 m，隐含层节点数为 n，输出层节点数为 l，输入向量为 $X=[x_1,x_2,\cdots,x_m]^T$，输出向量为 $Y=[y_1,y_2,\cdots,y_l]^T$，W_{ij} 和 W_{jk} 为神经网络的权值。

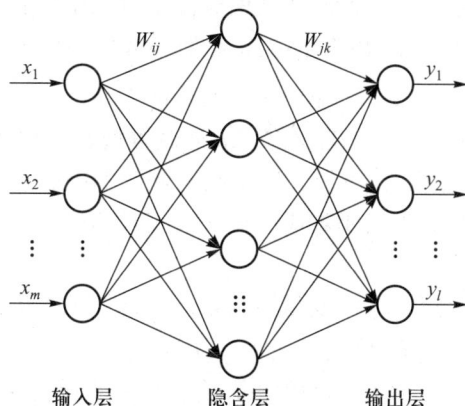

图5-2　BP神经网络结构

103

（1）隐含层。第 j 个节点的输入为：

$$net_j = \sum_{i=1}^{m} W_{ij}x_i + \theta_j^1, j = 1,2,\cdots,m \qquad (5-10)$$

其中，W_{ij} 为连接输入层与隐含层的权值；θ_j^1 为第 j 个隐含层节点的阈值。

相应的输出为：

$$O(j) = f(net_j), j = 1,2,\cdots,m \qquad (5-11)$$

其中，$f(\cdot)$ 为隐含层节点的激活函数

（2）输出层。第 k 个节点的输入为：

$$net_k = \sum_{j=1}^{n} W_{jk}O(j) + \theta_k^2, k = 1,2,\cdots,l \qquad (5-12)$$

其中，W_{jk} 为连接隐含层与输出层的权值；θ_k^2 为第 k 个输出层节点的阈值。

相应的输出为：

$$y_k = g(net_k), k = 1,2,\cdots,l \qquad (5-13)$$

其中，$g(\cdot)$ 为输出层节点的激活函数。

一般的，神经网络预测过程如下：

Step1. 初始化网络权值与神经元阈值，一般通过随机方式初始化；

Step2. 外界的输入信息通过输入层各神经元传递给隐含层各神经元，隐含层为内部信息处理层，负责信息的处理与转化，最后一个隐含层将处理过的信息传递到输出层各神经元，信息经过进一步处理后，由输出层向外输出结果，完成一次信息的正向传播；

Step3. 当输出值与期望值不符时，进入误差的反向传播阶段，即误差通过输出层，以误差梯度下降的方式修正各层权值，向隐含层、输入层逐层反向传播。

因此，BP神经网络学习训练的实质就是信息通过正向传播和误差反向传播使得各层权值不断调整的过程，一直进行到满足终止条件为止，终止条件通常为达到预先设置的精度或者学习次数。

2. RBF神经网络

RBF（radial basis function，径向基函数）神经网络的隐含层由径向基函数神经元组成。与BP神经网络相比，RBF神经网络在隐含层节点中使用了径向基函数，对输入进行了高斯变换，将在原样本空间中的非线性问题映射到高维空间中使其变为线性问题，然后在高维空间里用线性可分算法解决。RBF网络采用高斯函数作为核函数：

$$y = exp[-b(x-w)^2] \qquad (5-14)$$

其中，x 为自变量，即上一层的输入值，b 为偏置值，一般为固定常数，用于决定高斯函数的宽度。w 是输入变量的权重值，决定高斯函数的中心点。输出结果为一组平滑的小数，在特定权重值处具有最大的函数值，输入值权重离这个特定的值越远，输出就呈指数下降。

图5-3为RBF网络结构图。输入变量数为 m，隐含层节点数为 n，输出层节点数为 p，输入向量为 $X = [x_1, x_2, \cdots, x_m]^T$，输出向量为 $Y = [y_1, y_2, \cdots, y_p]^T$，隐含层的输出向量为 $\psi(X) = [\varphi_1(X), \varphi_2(X), \cdots, \varphi_n(X)]$，其中，$\psi(\cdot)$ 称为径向基函数，为非线性函数；$W = [w_1, w_2, \cdots, w_n]^T$ 为连接隐含层与输出层的权重向量。

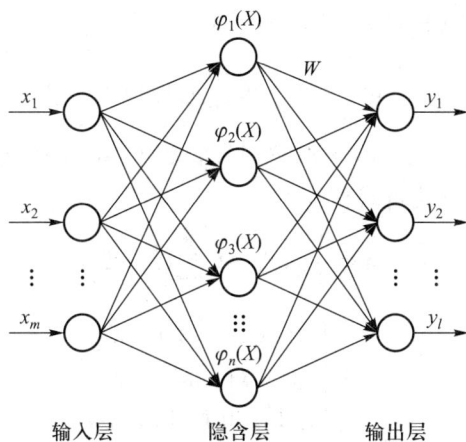

图5-3 RBF神经网络结构

相比于BP神经网络，RBF神经网络的优势在于：

（1）具有更好的网络适用性。RBF网络的输入层与隐含层节点之间为直接连接，而隐含层到输出层为权重连接，且隐含层节点的映射函数是关于中心点对称的RBF函数。因此在训练阶段，其隐含层节点数（网络结构）可以根据具体问题进行自适应调整。

（2）收敛速度更快。RBF网络支持在线学习和离线学习，能够动态调整网络结构、RBF函数的中心点和方差，学习速度快；而且RBF网络是一种典型的局部逼近神经网络，对于输入空间某局部区域的数据样本，只需少量调参即能满足精度要求。

（3）能充分利用网络资源。RBF网络隐含层节点的分配可以根据学习数据样本的容量、类别和分布来决定。在隐含层节点分配的基础上，输入层与输出层之间的映射关系可以通过调整隐含层节点与输出层节点之间的权重实现。由此不同任务之间的影响较小且网络资源可以得到充分利用。

（二）支持向量回归

支持向量回归（support vector regression，SVR）是基于支持向量机理论解决回归问题的一种机器学习方法。给定训练样本 $D = \{(x_1,y_1),(x_2,y_2),\cdots,(x_m,y_m)\}$，$y_i \in R$。对样本 (x,y)，假设能容忍模型输出 $f(x)$ 与真实值 y 之间最多有 ε 的偏差，即仅当 $f(x)$ 与 y 之间的差别绝对值大于 ε 时才计算损失，这相当于以 $f(x)$ 为中心构建一个宽度为 2ε 的间隔带，若训练样本落入这一间隔带中，则被认为是预测正确的，如图5-4所示。

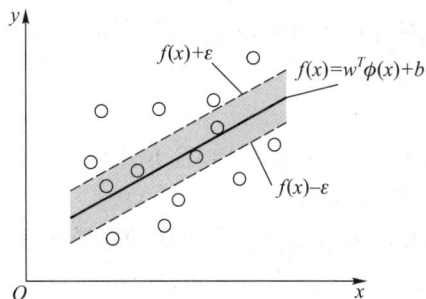

图5-4 支持向量回归

假设 $f(x) = w^T\phi(x)+b$，SVR 问题可形式化为：

$$\min_{w,b} \frac{1}{2}\|w\|^2 + C\sum_{i=1}^{m} l_\varepsilon(f(x_i)-y_i) \tag{5-15}$$

其中，C 为正则化常数，l_ε 为 ε- 不敏感损失函数（ε-insensitive loss）。

引入松弛变量 ξ_i、ξ_i^*，上式可转化为：

$$\min_{w,b} \frac{1}{2}\|w\|^2 + C\sum_{i=1}^{m}(\xi_i + \xi_i^*) \tag{5-16}$$

$$\text{s.t}\begin{cases} f(x_i)-y_i \leq \varepsilon+\xi_i \\ y_i-f(x_i) \leq \varepsilon+\xi_i^* \\ \xi_i,\xi_i^* \geq 0, i=1,2,\cdots,m \end{cases} \tag{5-17}$$

利用对偶原理并引入拉格朗日乘子 α_i 和 α_i^*，进一步将上式转化成其对偶问题：

$$\max_{\alpha,\alpha^*} \sum_{i=1}^{m} y_i(\alpha_i^*-\alpha_i) - \varepsilon\sum_{i=1}^{m}(\alpha_i^*+\alpha_i) - \frac{1}{2}\sum_{i=1}^{m}\sum_{j=1}^{m}(\alpha_i^*-\alpha_i)(\alpha_j^*-\alpha_j)K(x_i,x_j) \tag{5-18}$$

$$\text{s.t}\begin{cases} \sum_{i=1}^{m}(\alpha_i^*-\alpha_i)=0 \\ 0 \leq \alpha_i,\alpha_i^* \leq C \end{cases} \tag{5-19}$$

式中，核函数 $K(x_i,y_i) = \phi(x_i)^T\phi(x_j)$，其将高维空间的内积运算转化为低维空间的核函数计算，从而避免了高维空间中计算时出现的"维数灾难"等问题，也解决了因输入函数 ϕ 而使得 w 无法显式表达的问题。最终 SVR 函数可表示为：

$$f(x) = \sum_{i=1}^{m}(\alpha_i^*-\alpha_i)K(x_i,x_j) + b \tag{5-20}$$

（三）随机森林方法

1. 简介

随机森林方法（random forest，RF）是由 Leo Breiman 和 Adele Cutler 在 2001 年提出的结合了袋装算法（bootstrap aggregating，也称 bagging）和随机子空间（random subspace）算法的一种机器学习算法。RF 是由一组决策树作为基分类器 $\{h(X,\Theta_k);k=1,2,\cdots,K\}$ 组成的集成分类器，其基分类器 $h\{X,\Theta_k\}$ 是由 CART 学习算法构建的未剪枝的分类与回归树，其中 $\{\Theta_k,k=1,2,\cdots,K\}$ 为独立同分布的随机向量，K 表示 RF 中基分类器的个数，在进行对训练数据的学习时，每个基分类器训练出一个结果，并根据相应的集成策略对各基分类器的结果进行集成。在回归问题中对每棵决策树的结果进行加权平均作为最终模型的输出，在分类问题中，使用投票法输出结果。

RF 预测步骤如下：

对于训练集 $D = \{(x_1,y_1),(x_2,y_2),\cdots,(x_m,y_m)\}, (X,Y) \in R^d \times R$：

Step1. 对原始训练集 D 进行 Boostrap 抽样

对训练样本集进行多次 Bootstrap 抽样，用每次抽样形成的数据集训练一个弱分类器模型得到多个独立的弱分类器，即生成 N 个训练集 $D_1,D_2,\cdots,D_N$；

Step2. 利用每个训练集生成对应的决策树 h_i

第一，从 d 个特征中随机选取 M_{try} 个特征；

第二，在每个节点上从M_{try}个特征依据Gini指标选取最优特征；

第三，分裂节点直到树生成到最大；

Step3. 输出结果

（1）对于回归问题：

$$f(x) = \frac{1}{N} \sum_{i=1}^{N} h_i(x) \tag{5-21}$$

（2）对于分类问题：

$$f(x) = \text{majority vote} \{h_i(x)\}_{i=1}^{N} \tag{5-22}$$

在上述算法中，majority vote表示多数投票机制，对基分类器的结果进行集成。其中，RF集成学习模型的泛化误差主要由RF中任意两棵树的相关度(correlation)以及RF中单棵树的分类效能所决定。RF泛化误差的上界：

$$PE \leqslant \bar{\rho}(1 - s^2) / s^2 \tag{5-23}$$

其中，$\bar{\rho}$是RF中子分类器之间相关度ρ的平均值。s是子分类器$h(X, \Theta_k)$的分类效能。因此，减少树之间的相关性可以降低RF的泛化误差，提高其预测准确率。

此外，随机森林可以在训练时输出变量的重要性，即哪个特征对树节点分类的重要程度更高，通过分析变量重要性结果，我们可以更深入地了解数据特征对需求预测结果的影响度。

2. 置换法

在此我们介绍判别变量重要性的方法之一：置换法。置换法原理如下：如果某个特征重要度很高，那么改变该样本特征值，就很可能使该样本的预测结果出现错误，即该特征值对结果敏感；反之，如果一个特征的重要度较低，那么改变它对结果的影响也并不大。

（1）对于分类问题。假设置换前样本预测值为y^*，真实标签值为y，置换后的预测值为y_π^*。变量重要性的计算公式如下：

$$v = \frac{n_{y=y^*} - n_{y=y_\pi^*}}{|oob|} \tag{5-24}$$

其中，$|oob|$为包外样本数，$n_{y=y^*}$为包外集合中在进行特征置换之前被正确分类的样本数，$n_{y=y_\pi^*}$为在进行特征置换之后被正确分类的样本数。二者之差即为置换前后的分类准确率变化值。

（2）对于回归问题。

$$v = \frac{\sum_{i \in oob} \exp\left(-\left(\frac{y_i - y_i^*}{m}\right)^2\right) - \sum_{i \in oob} \exp\left(-\left(\frac{y_i - y_{i,\pi}^*}{m}\right)^2\right)}{|oob|} \tag{5-25}$$

其中，m为所有训练样本中标签绝对值的最大值。

以上定义的是单棵决策树对每个变量的重要性。计算出每棵树对每个变量的重要性后，还需对该值取平均得到RF对每个变量的重要性$\frac{1}{T} \sum_{i=1}^{T} v_i$。计算出每个变量的重要性之后，将它们归一化得到最终的重要性值。

除了上述所涉及的智能预测方法之外,还有许多其他算法也被广泛用于需求预测之中,例如遗传算法、粒子群算法等。此外,由于库存需求受多种因素影响,且包含了多种不确定信息,任何一种预测方法都有其适用特性与适用条件的局限。因此在学习众多单一预测方法的同时,对于同一需求预测问题若能适当组合不同的预测方法,则可有效提高预测精度。许多学者在论文中也在进一步探索了如何结合实际情况,探讨各种影响因素与预测方法对需求预测的影响,以及如何提高预测的准确度。有兴趣的同学可以自行了解与学习。

案例分析

A公司对仓库中的中西药品与滋补保健类药品进行需求预测。为实现更精准的需求预测,在进行预测之前,A公司通过研究历史销量数据对药品特征进行了分析。分析发现,影响以上两类药品需求的因素有:价格&价格弹性、促销、个人大单、缺货率、第三方平台等。其中,价格因素是指每个SKU对应的多个产品销售形式会导致药品单价不同;促销指抢购、满减、满赠等多形式的促销方式会影响投机类顾客的需求;个人大单的定义需根据周销量大小来定,如周销量突增则反查个人大单情况;商品缺货销量作为训练集数据时需要插值,作为测试集数据时会降低准确率;第三方平台因素则是指第三方平台做活动导致销量呈现大范围波动。基于以上药品特征因素以及历史销量纪录,A公司挑选2018年4月至2018年7月时间段内周均充货率大于70%、销量均值大于8、缺货比例不大于15%且采购次数不小于50的数据作为样本数据以进行重点预测。(周充货率等于到货数量与周最大下单量之比,缺货比例为到货数量等于0的次数与采购次数之比)。若直接采用时间序列方法中的加权移动平均法进行需求预测,预测准确度只有45%左右,销量的突增点和突降点均无法预测。现采用促销加权移动平均法。

在进行异常值处理后首先用加权移动平均法进行销量预测。其中,预测周期选取$N=4$,并通过人工选参确定加权因子。

在加权移动平均法的基础上加入促销因子和增长因子进行预测。公式如下:

$$D_t = gL_t + \gamma L_t$$

$$L_t = \alpha_{t-1}\overline{D}_{t-1} + \alpha_{t-2}\overline{D}_{t-2} + \cdots + \alpha_{t-N}\overline{D}_{t-N}$$

式中:D_t表示商品在t周期内的需求预测值;g表示SKU销量的自然增长趋势系数;γ表示促销对SKU销量造成的影响系数;L_t表示商品在t周期内的常规需求预测值;$\overline{D}_t$表示商品在t周期内的实际销售量;α_t表示t周期实际销量对预测值影响比例即加权因子,且α需满足:

$$\alpha_{t-1} + \alpha_{t-2} + \alpha_{t-3} + \cdots + \alpha_{t-N} = 1$$

$$1 \geq \alpha_{t-1} \geq \alpha_{t-2} \geq \alpha_{t-3} \geq \cdots \geq \alpha_{t-N} \geq 0$$

以2018年4月2日–2018年5月27日的销量数据为训练集,以2018年5月28日–2018年7月16日的销量数据为测试集,预测周期为8。预测准确率如表5-6所示:

表5-6 促销加权移动平均法预测准确率

统计周期	5-28	6-4	6-11	6-18	6-25	7-2	7-9	7-16	平均准确率
准确率(%)	43.12	45.87	40.83	38.53	44.04	43.58	40.37	46.33	42.83

可以看出，虽然加入了促销因素，但由于第三方销量对C端销量影响很大，其中SKU的第三方销量占总销量46%，故在预测时需要考虑第三方平台的促销行为。但是目前无法采集到第三方的促销信息，故人工模拟第三方的促销，以完善促销对销量预测影响的测试。

思考并分析：

若使用考虑促销因素的加权移动平均法进行需求预测，结果与本案例中提出的方法会有什么不同？

第三节 库存控制优化策略

一、库存控制概述

库存控制（inventory control）是指制造业或服务业企业对生产经营过程中的各种原料、半成品及产成品或其他生产资源进行管理和控制，使其库存保持在经济且合理的水平上。狭义的库存控制主要是针对仓库的物料进行盘点、数据处理、保管、发放等，通过执行防腐、温湿度控制等手段，达到使保管的实物库存保持最佳状态的目的；广义的库存控制要求控制合理的库存水平，即用最少的投资和最少的库存管理费用，维持合理的库存，以满足使用部门的需求和减少缺货损失。

（一）库存控制的目的与必要性

1. 库存控制的目的

库存控制的根本目的是在保证企业生产、经营需求的前提下，使库存数量保持在合理的水平上，因此需要做到：掌握库存数量的动态变化趋势，适时且适量发出补货指令，避免超储或缺货；减少库存空间占用，降低库存总费用；控制库存资金占用，加速资金周转。

2. 库存控制的必要性

若库存量过小，会导致以下问题：① 服务水平下降，影响销售利润和企业信誉；② 生产系统原材料或其他物料供应不足，影响生产过程的正常进行；③ 影响生产过程的均衡性和装配时的成套性；④ 使得订货间隔期缩短，增加订货次数，提高订货成本。

反之，若库存量过大，则会导致以下问题：① 增加货物占据的仓库面积，增加存储费用，无形中提高了企业产品的成本；② 占用大量流动资金；③ 造成企业资源的闲置，影响资源的合理配置及优化。

（二）库存控制的意义

从组织功能的角度来看，库存控制主要是仓储管理部门的责任，而制定库存控制策略则是整个需求与供应链管理部门的责任。通过各部门的协作制定合理的控制策略能够帮助企业实现更快速的资金周转，提高资源使用效率，从而增加企业投入的收益。库存控制的意义应包含以下三点：

1. 合理的库存控制策略是企业提高服务水平的需要

面对激烈的竞争环境，企业不仅要保证为顾客提供优质的产品，更需要为顾客提供高品质的服务以增强自身竞争力。较高的库存水平能够提高顾客需求满足率，同时也会导致高运营成本，通过高成本来维持高服务水平不是企业的可持续发展方式。因此企业必须通过合理的库存控制策略来维持合适的库存水平，从而更好地满足顾客需求。

2. 库存控制是企业规避风险的重要手段

库存控制策略需要通过优化整个需求与供应链管理流程，合理设置规则，辅之以相应的信息处理手段和工具，从而实现在保证及时交货的前提下，尽可能降低库存水平，减少库存积压与货物报废、贬值的风险。

3. 库存控制策略是整个物流供应链管理中的重要环节

库存控制策略的制定不仅包含仓储管理这一环节，其涉及更重要的部分是：需求预测与订单处理、生产计划与控制、物料计划与采购、库存计划、配送与发货策略。因此库存控制策略作为库存管理的重要手段，是整个需求与供应链管理流程不可缺少的。

二、定量与定期库存控制法

（一）定量库存控制法

定量库存控制法又叫定量订货法，是指当库存量下降到预定的最低库存量（订货点）时，按规定数量（一般以经济批量 EOQ 为标准）进行订货补充的一种库存控制方法。显然，定量订货法的两个主要参数分别是订货点和订货批量，只有确定这两个量，定量订货法才能得以实施。而在订货批量中，经济订货批量是一种以最低库存成本为原则来确定的最佳订货批量，所以一般定量订货法都会采用经济订货批量（EOQ）。

1. 订货点的确定

在定量订货法中，订货点是指企业发出订货单时仓库中该物料现有的总库存量。而影响订货点的主要因素有三个：需求速率、订货提前期和安全库存。其中需求速率是指物料需求的速率，用单位时间内的需求量 R 来描述；订货提前期是指从发出采购订单订货到所订货物入库为止间隔的时间长度，一般以 T_K 表示；安全库存是指企业为了防止由于不确定因素（如突发性大量订货或供应商延期交货）影响订货需求而准备的缓冲库存，一般以 Q_S 表示。在定量订货法中，这三个因素决定了订货点的大小。

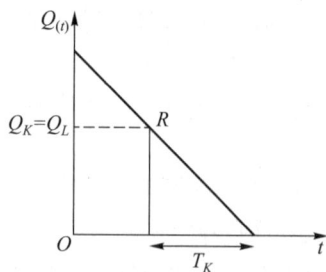

图5-5　需求速率与订货提前期确定

当需求速率 R 和订货提前期 T_K 确定时，一般并不需要安全库存 Q_S。此时如图5-5所示，订货点 Q_K 就等于订货提前期内企业消耗的总需求量 Q_L，也就是说订货点其实就是订货提前期与单位时间内平均需求量（需求速率）的乘积，则（D 为年需求量）：

$$Q_K = T_K \times D \div 365 \qquad (5-26)$$

或者

$$Q_K = T_K \times D \div 12 \qquad (5-27)$$

而当需求速率 R 和订货提前期 T_K 不确定时，则需要设置安全库存 Q_S。此时如图5-6所示，订货点 Q_K 就等于最大订货提前期内企业消耗的平均需求量与安全库存 Q_S 的和，则：

$$Q_K = T_{\max} \times D \div 365 + Q_S \qquad (5-28)$$

或者

$$Q_K = T_{\max} \times D \div 12 + Q_S \qquad (5-29)$$

上式中 $T_{\max}$ 是指最大的订货提前期。

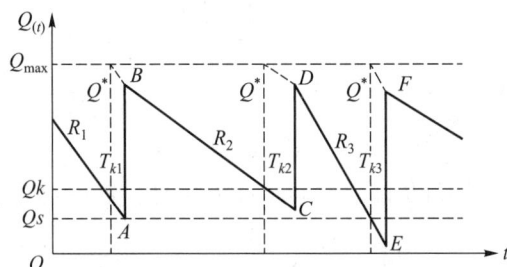

图5-6　需求速率、订货提前期不确定的订货点确定

一般，安全库存需要用概率统计的方法求出。假设总需求量的变化服从正态分布，则安全库存为：

$$Q_S = \alpha \sigma \sqrt{T_{\max}} \qquad (5-30)$$

上式中 α 为安全系数，主要由服务率或者缺货率来确定；σ 为需求量分布的标准差。

2. 经济订货批量的确定

经济订购批量（economic order quantity, EOQ）指以库存费用最低为目标所求的每次订购批量，用以解决独立需求物品的库存控制问题。企业的合理库存量是指库存能够满足正常的生产经营活动，同时使库存成本保持在较低的水平，而EOQ便是同时满足这两个条件的合理库存量。

在企业年需求量固定的情况下，一次订货量越大，订货次数就越少，每年花费的总订货成本就越少，因此，从订货成本的角度看订货批量越大成本越小。但是订货批量越大，其平均库存量也就越高，对应的库存持有成本也就越大，因此，从库存持有成本的角度看，订货批量越小其成本就越小。订货成本和库存持有成本呈现出此消彼长的关系，因此订货批量与库存总成本的关系并不简单。现为了研究满足企业生产需求的前提下使得库存总成本最小的订货批量 Q，即经济订货批量，提出以下假设：

（1）年需求量固定，且为 D；

（2）货物的单价固定，且为 P；

（3）库存持有成本以平均库存为依据，且单位库存年平均持有成本为 c_1；

（4）每次的订货成本固定，且为 c_2；

（5）不允许发生缺货。

在上述假设条件下，仓库的年库存总成本由库存持有成本、订货成本和购买费用三部分构成，则年库存成本 C 为：

$$C = \frac{Q}{2} \cdot c_1 + \frac{D}{Q} \cdot c_2 + DP \tag{5-31}$$

为了获得经济订货批量，只需将上式两边求解关于订货量 Q 的一阶导数，并令其等于 0 即可，则

$$\frac{dC}{dQ} = \frac{c_1}{2} - \frac{c_2 D}{Q^2} = 0 \tag{5-32}$$

简化上式就可得到经济订货批量的公式：

$$EOQ = Q = \sqrt{\frac{2c_2 D}{c_1}} \tag{5-33}$$

对应的最低年库存成本为：

$$C = \sqrt{2c_1 c_2 D} + DP \tag{5-34}$$

那么年订货次数 n、平均订货间隔时间（订货周期）为 T 的公式为：

$$n = \frac{D}{EOQ} = \sqrt{\frac{c_1 D}{2c_2}}; \quad T = \frac{365}{n} \tag{5-35}$$

（二）定期库存控制法

定期库存控制法又叫定期订货法，是按预先确定的订货时间间隔按期进行订货，以补充库存的一种库存控制方法。每隔一个固定的时间周期，企业会全面检查库存物料的库存量。根据盘点结果实际的库存量与预定的最大库存水平的差额确定每次订货批量。因为需求是随机变化的，所以每次订货批量都不尽相同。在定期订货法中，只要合理控制订货周期和最大库存量，就可以达到既满足正常的生产经营又节约库存成本的目的。

1. 订货周期的确定

在定期订货法中，订货周期决定订货的时机，其作用等同于定量订货法中的订货点。订货周期过长，订货批量势必过大，平均库存量过大，导致库存持有成本过高；订货周期过短，订货次数势必过多，导致订货成本过高。订货周期对年库存总成本的影响也十分复杂。为使得年库存成本最低，类比于经济订货批量，年库存成本 C 为：

$$C = \frac{DT}{2} \cdot c_1 + \frac{c_2}{T} + DP \tag{5-36}$$

同样，为了获得经济订货周期，只需将上式两边求解关于订货量 T 的一阶导数，并令其等于 0 即可，则可得到：

$$T = \sqrt{\frac{2c_2}{c_1 D}} \tag{5-37}$$

在实际中，订货周期也会根据其他的实际情况进行调整，如根据实际的生产周期或供

应周期进行调整。

2. 订货批量的确定

定期订货法的原理是预先确定一个订货周期 T 和最高库存量 Q_{max}，定期检查库存，根据实际检查的库存量和最高库存量来计算每次的进货批量，做出订货决策，完成订货，如图5-7所示。定期订货法与定量订货法不同，定量订货法需要满足订货提前期的需求量，需要随机多次盘点库存以及时获得库存动态。但定期订货法不需要随机盘点，而是定时盘点，到了固定的订货时期，各种不同的物料可以同时订货。这样的管理方式更简单，而且节省了订货费用。

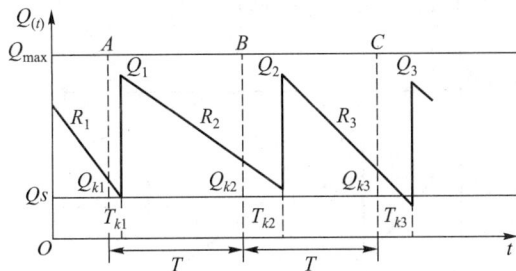

图5-7　定期订货法示意图

定期订货法的最高库存量是以满足订货周期 T 与订货提前期 T_K 内的物料需求量为目的的，即应当满足 $T+T_K$ 时间段内的总需求。此外，一般订货提前期 T_K 在实际运营中会有变化，且 $T+T_K$ 时间段内的需求也是随机的，所以在此条件下，企业应当为了预防随机性需求和订货延误等事件而设置安全库存，其公式为：

$$Q_{max} = \bar{R}(T + \bar{T}_K) + Q_S \tag{5-38}$$

上式中，$\bar{R}$ 为 $T + \bar{T}_K$ 时间段内的平均库存需求量；$\bar{T}_K$ 为平均订货提前期；$T + \bar{T}_K$ 为从本次订货开始到下次订货到达所间隔的平均时间。

确定了定期订货量的最大库存量 Q_{max} 后，每次的订货批量就可以根据每次周期盘点的实际库存量计算，即最大库存量与实际库存量的差值。但是严格来讲，实际库存量是指检查仓库时仓库具有的能够用于供应的全部物料数量，涉及在库库存量 Q_a 和在途库存量 Q_w。每次订货批量 Q^* 的表达式为：

$$Q^* = Q_{max} - Q_a - Q_w \tag{5-39}$$

因为每次的在库库存量 Q_a 和在途库存量 Q_w 都是实际检查的结果，不确定性较大，可能每次都不一样，所以每次的订货批量也会不一样。

三、最大-最小库存控制策略

最大-最小补货策略，又称非强制补货策略，其既具有定量订货法的特征，又具有定期订货法的特征。在定期订货法中，无论当前库存数量是多少，只要其低于最大库存水平就需要发出订货指令。由于库存消耗速度不一致，若最近一次补货后库存数量下降很少，仍然需要进行补货操作，在这种情况下单次补货数量太少，导致补货次数增多。从某种意义来说，最大-最小补货策略仍旧是一种定期补货方法，不同点在于其需要确定一个最低库存水平。经过一个补货周期后进行库存盘点时，若库存数量小于或等于最低库存水平，则发出补货指令，否则需要在下一次库存盘点时再决定是否补货。

（一）最大-最小补货策略原理

如图5-8所示，两个补货周期内库存数量的变化趋势。在T_{k1}时刻进行库存盘点，得知库存数量为Q_{k1}，由于$Q_{k1} < Q_{min}$，因此需要发出补货指令，且补货数量为$Q_1 = Q_{max} - Q_{k1}$；经过一个补货间隔后，到达T_{k2}时刻，再次进行库存盘点，由于此时的库存数量$Q_{k2} > Q_{min}$，因此不需要进行补货操作；再经过一个补货间隔后，到达T_{k3}时刻，进行库存盘点可知实际库存数量小于最低库存水平$Q_{k3} < Q_{min}$，因此需要补货。

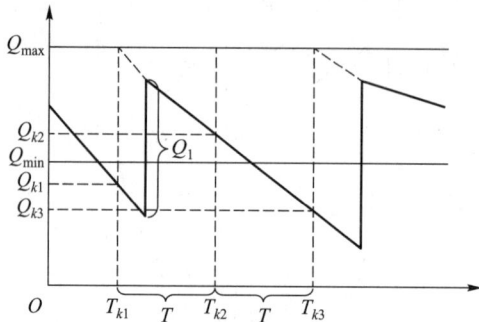

图5-8　最大-最小补货策略库存数量变化趋势图

（二）最大-最小补货策略和定期订货法的比较

首先，与定期订货法相比，使用最大-最小补货法时在每次进行库存盘点时需判断是否进行补货操作，即不一定每次都需要订货，因此订货次数较少，节省了订货费用。这是一方面。另一方面，若补货间隔期较长，那么最大-最小补货策略和定期订货法区别不大。

其次，最大-最小补货策略往往需要设置相当大的安全库存，若库存盘点时的库存水平稍高于订货点，则安全库存需要覆盖两个订货间隔期再加上前置时间的需求。可按类似于定期订货法确定补货间隔，订货点由安全库存量加整个前置时间与检查期内的期望需求量组成，安全库存则通过分析在包括前置时间和检查周期的时间内发生的需求量的偏差来确定。

拓展——基于ERP的最大-最小补货优化策略实例

四、其他库存控制策略

（一）ABC分类管理法

ABC分类管理法又称重点管理法、2-8分析法则，其基本思路是为有效利用时间、资金、人力等企业资源，企业应当根据存货的重要程度来进行分类管理，不同的物料采用不同的管理方法，以便更加有效地配置企业资源，使企业获得良好的经济效益。针对种类繁多的物料，通常按照物料的库存数量、价值大小或资金占用数额等指标将存货分为A、B、C三类。ABC分类的步骤如下：

1. 搜集数据

搜集所有需要分类管理物料的特征数据，如对库存物品的年平均资金占用百分比进行分析，则应收集各个物料的单价、年平均库存量等数据。

2. 整理数据

对收集的数据进行加工，并按要求进行计算，包括计算每种物料的年平均资金占用额、年平均资金占用额占所有物料资金占用总额的百分比、累计百分比；物料库存数量及其占总库存数量的百分比、累计百分比等数据。

3. ABC分类

所有数据整理完毕后，将管理对象分为ABC三类。三类物料的特点分别为：A类物料，价值高，品种少，种类占总物料种类的10%，而采购金额占总物料采购金额的70%；B类物料，价值较高，品种较少，种类占总物料种类的20%，而采购金额占总物料采购金额的20%；C类物料，价值较低，品种多，种类占总物料种类的70%，而采购金额占总物料采购金额的10%，见表5-7。

表5-7　物料ABC分类标准

类别	物料库存数量百分比	物料资金占用百分比
A	10%	70%
B	20%	20%
C	70%	10%

4. 绘制ABC分析图

以年平均库存量百分比为横坐标，累计主要特征值百分比为纵坐标，按ABC分析表所列示的对应关系，在坐标图上取点，并联结各点成曲线，即绘制成ABC分析图，如图5-9所示。

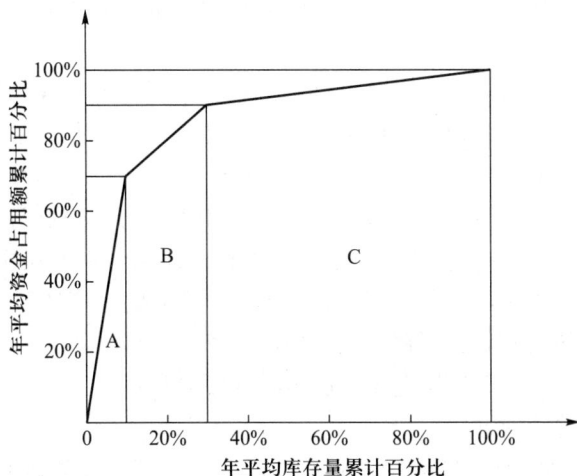

图5-9　ABC分析图

用ABC分类法将仓库物料进行分类后，各类库存物料需要按照不同类别采用不同的管理方法。A类物料的库存数量最少，但其资金占用额最大，所以不允许较高的库存，提高其周转率有较高的经济效益。但是，一般A类物料往往是企业中比较重要的物料，贸然降低库存会增加缺货风险、生产风险和经营风险。因此需要采取合适的策略，严密监视该类物料的库存量，控制平均库存量，同时防止库存量过少发生缺货情况。一般可以从以下九个方面加强对A类物料的管理：

（1）认真预测市场需求，并根据需求确定库存量；

（2）进货采用少量多次策略，尽可能在不影响需求的条件下减少库存；

（3）尽量减少出货量的波动；

（4）采用定量订货方式，对物料经常进行随机检查；

（5）增加盘点次数，尽量精确把握库存量；

（6）选择合适的安全库存，恰当的缺货报警点，一旦报警立即行动；

（7）将该类物料放置在易进易出的位置；

（8）货物包装尽可能标准化，以提高仓库利用率；

（9）与供应商密切联系，尽可能降低订货提前期。

B类物料的状况处于A类物料和C类物料之间，是数量较多、价值一般、占用资金一般的物料，应当次重点管理，其管理方法也介于这两者之间，一般采用常规方法管理。主要有如下两个方面：

（1）对资金占用额较高的物料采用定期或者定期定量混合订货，定期检查；

（2）每两周或三周进行一次盘点。

C类是数量最多，但是价值较低、耗用资金较少的物料，只需简单管理即可。对C类物料一般采用比较粗放的定量控制方法，采用较大的订货批量或经济订货批量进行订购。具体管理方法如下：

（1）采用定量订货方式，降低费用；

（2）为防止库存缺货，设置较高的安全库存，或减少订货次数以降低费用；

（3）减少该类物料的盘点次数；

（4）对于螺钉、螺丝等数量大但是价值低的货物不做日常盘点，并可规定最少出库批量，以减少处理次数。

需要注意的是，某些长期不发生任何消耗的物料并不属于C类物料，应该视为积压物料。这部分物料，除了某些品种因为特殊原因予以保留外，其他物料应及时清仓处理。

（二）MRP库存控制法

物料需求计划（material requirement planning，MRP），是对构成产品的各种物料的需求量与需求时间所做的计划，它是企业生产计划管理体系中作业层次的计划。通过MRP技术，企业就可以根据市场需求预测和顾客订单制定产品的生产计划，基于产品生成进度计划、组成产品的材料结构表和库存状况，精确地确定产品组件的需求数量和时间，实现低库存和高服务水平并存，解决制造企业所关心的短缺和超储的矛盾，是一种保证既不出现短缺又不积压库存的计划方法。

MRP中涉及的库存状态文件数据主要有两部分：一部分是静态数据，是在运行MRP之前就确定的数据，如物料的编号、描述、提前期、安全库存等；另一部分是动态数据，如总需求量、库存量、净需求量、计划发出（订货）量等。MRP在运行时，不断变化的是动态数据。下面对库存状态文件中的几个数据进行说明：

（1）总需求量（gross requirement）。如果是产品级物料，则总需求由主生产计划（master production schedule，MPS）决定；如果是零件级物料，则总需求来自上层物料（父项）的计划发出订货量。

（2）预计到货量（scheduled receipt）。该项目有的系统称为在途量，即计划在未来某一时刻入库但尚在生产或采购中，可以作为MRP使用。

（3）现有数（on hand）。表示上期末结转到本期初可用的库存量。现有数 = 上期末现有数 + 本期预计到货量 − 本期总需求量。

（4）净需求量（net requirements）。当现有数加上预计到货不能满足需求时产生净需求。净需求量 = 现有数 + 预计到货量 − 总需求。

（5）计划接收订货量（planned order receipt）。当净需求量为正时，就需要接收一个订货量，以弥补净需求量。计划接收订货量取决于订货批量的考虑，如果采用逐批订货的方式，则计划接收订货量就是净需求量。

（6）计划发出订货量（planned order release）。计划发出订货量与计划接收订货量相等，但是时间上提前一个时间段，即订货提前期。订货日期是计划接收订货日期减去订货提前期。

MRP的运行逻辑一般遵循如下过程：按照产品结构进行分解，确定不同层次物料的总需求量；根据产品最终交货期和生产工艺关系，反推各零部件的投入产出日期；根据库存状态，确定各物料的净需求量；根据订货批量与提前期最终确定订货日期与数量。

MRP的输出信息较多，其中关键的是生产和库存控制用的计划和记录。

（1）零部件投入产出计划。零部件投入产出计划规定了每个零件和部件的投入数量、投入时间、生产数量和生产时间。

（2）原材料需求计划。原材料需求计划规定了每个零件所需原材料的种类、需要数量和需要时间，并按原材料的品种、型号、规格汇总，以便物资部门进行采购。

（3）库存状态记录。记录各种零部件、外购件以及原材料的库存状态数据，便于计划与实际对比，进行生产进度控制和采购计划控制。

（三）JIT库存控制法

传统生产系统采用的是由前向后推动式的生产方式，即计划部门根据市场需求，按零部件展开，计算出每种零部件的需要量和需要时间，形成每个零部件的投入产出计划，然后将计划发给每一个生产地和工作车间。每一个生产地和生产车间都按计划制造零部件，将实际完成情况反馈到计划部门，并将加工完的零部件送到后一道工序的生产车间，不管后一道工序的生产车间当时是否需要。在这种生产系统中，大量原材料、在制品、产成品的存在，必然导致大量生产费用的占用和浪费。

准时制生产方式（just in time，JIT）的基本思想正好与传统生产系统相反，它是以顾客（市场）为中心，根据市场需求来组织生产。JIT是一种拉动式的生产管理，即逆着生产工序，由顾客需求开始，从订单→产成品→组件→配件→零件和原材料，最后到供应商。具体来说，就是企业根据顾客的订单组织生产，根据订单要求的产品数量，前道工序就应该提供相应数量的组件，更前一道工序就应该提供相应的配件，再前一道工序提供需要的零件或原材料，由供应商保证供应。整个生产是动态的，逐个向前逼进的。上道工序提供的正好是下道工序所需要的，且时间上正好准时、数量上正好。JIT系统要求企业的供、产、销各环节紧密配合，大大降低了库存，从而降低成本，提高了生产效率和效益。

案例分析

Y医药电商公司有"toB"和"toC"两类业务，且通过多个仓库来满足全国各地的需求，经过其商业分析团队观测，该公司的缺货率较高，然而在仓库实地调研时发现，有些仓库又存在爆仓现象。公司高层认为造成目前这种情况的原因在于公司未能准确预测客户的需求量，因此该公司的商业分析团队着手开发需求预测模块。模块包含了各类经典的需求预测模型，例如线性回归法、移动平均法、指数平滑法等。在商业分析团队开发的需求预测模块发展较为成熟后，供应链团队认为这一模块的输出结果能够为采购带来极大的帮助，但目前还未确定如何有效利用预测的需求数量。

思考并分析：

1. 拥有成熟的需求预测模块的Y企业，该如何将需求预测的结果高效地应用到采购环节？

2. 若设计出的采购逻辑太过复杂，根据企业业务实际对逻辑进行一些简化可行吗？

第四节　商品调拨管理

一、调拨概述

（一）调拨的定义及产生的原因

调拨作为减少供需不匹配现象的有效手段，在供应链的库存管理中显得尤为重要。调拨是指在非正常补货时间，通过将库存系统中其他节点的冗余库存调运到已经发生或可能发生缺货的仓库，来匹配整个企业的供求关系，从而减少整个供应链的库存成本，同时提高服务水平（Evers 1996）。

随着电子商务与传统行业的结合，企业越来越难准确地预测市场需求。需求波动带来的缺货和滞销现象使企业处于库存风险中，同时造成客户满意度降低与流失。当一个地方出现过量需求，而另一个地方的库存冗余时，通过调拨可以分担库存风险。越来越多的企业选择在日常经营中进行不同仓库之间的库存调拨，以应对需求的不确定性以及生产过程和采购提前期的可变性。

早期的调拨主要发生在大型设备的维修配件之间，如大型施工设备的零部件供应。这些商品具有品种多、需求不可预测、需求量较少等特点，从而决定了每种零部件的库存水平较低，很容易导致缺货。随着信息技术的进步和物流的发展，调拨的范围逐步扩大到服装、日常生活用品、玩具、图书、家居以及医药等行业。

就调拨的本质来讲，产生的原因主要有以下三点：

1. 需求的不确定性

互联网技术的不断进步和营销环境的日益复杂化使消费者需求更加多变。需求的不确定包括数量的不确定、品种的不确定以及零部件的多样化。因此企业在备货时，无法精准预测某个区域的需求。

2. 库存和资金的有限

由于资金和存储空间的限制，大部分企业不可能对所有的在销产品都持有足够的库存。在面对突增的需求时，会产生缺货的损失。

3. 提前期的不确定性

不稳定的订货提前期导致企业在向消费者交付商品时服务水平不确定。虽然在EOQ等模型中，订货提前期是个常数。但在实际运营中，提前期的变动使企业面临着不确定的库存水平，导致企业的运营时刻面临缺货风险。

（二）调拨的分类

调拨可以在所有需求实现之前的预订时间进行，也可以在任何时候进行，以响应消费者的需求。根据客户需求到达与调拨的时间顺序的不同，可将调拨分为预防型调拨（preventive transshipment）和紧急调拨（emergency transshipment）。

1. 预防型调拨

预防型调拨指在需求发生之前就在仓库之间重新分配库存，其目的是避免缺货带来损失的风险。

根据预防型调拨的定义，预防型调拨不会发生在需求到达之后。因此，调拨的时点是销售季节开始之前。在需求到达之前实施调拨主要针对的是单个销售时间段的情形。由于在订货到销售之前的时间段内，企业内各仓库可以根据以往销售经验得到大概的需求信息，因此在销售开始前，各仓库可以对库存量进行调整，以达到各仓库库存水平的平衡，从而降低在销售时段内产生缺货的风险。如每年的"双十一""618"等电商促销活动，各电商平台就要通过大数据预测本地商品的销售量，通过预测数据和实际库存之间的对比，对库存不足的区域，就要从其他仓库调拨，这样物流就能以最快速度将商品配送到客户手中，有利于提升消费者的购物体验。

2. 紧急调拨

紧急调拨是发生在获得需求信息之后，其目的是避免缺货带来的损失，防止客户服务水平下降导致丢失客户。紧急调拨侧重于需求实现后的转运，是用来满足实际需求的调拨。紧急调拨的发生大多由于难以预测的、突发的需求，如爆火的单品、突发事件导致的需求突增（如地震、疫情等自然灾害导致医疗用品的激增）。

新冠肺炎疫情暴发以来，武汉作为疫情最严重的地区之一，医疗物资受到了巨大冲击，全国各地向武汉紧急调拨防疫物资，齐心协力一同打赢防疫阻击战，有力地保障了抗疫。

二、调拨考虑的因素

调拨策略是实现需求与供给相匹配的强有力的协调机制，也是一种特殊的风险分担方式。企业在实施调拨策略时，并不仅仅考虑供需是否匹配，以下因素是企业在实际调拨过程中需要权衡的。

（一）时间因素

随着顾客需求越来越多样化，人们的偏好很可能在较短时间内发生较大的变化。随着时间的流逝，其功效或价值随之快速下降的产品被称为易逝品。易逝品不仅包括水果、海鲜、生鲜肉、医药、金属零件等易腐品，也包括随着技术发展逐步加快导致产品更新换代和市场需求变化很快的时效品。由于易逝品时效性强、需求波动大、缺货和剩余库存的损失成本甚至会大于生产成本。因此在面对易逝品的供需不匹配导致的调拨问题时，时间因素是需要考虑的一个重要因素。

（二）库存因素

在进行库存调拨时，调出仓首先要预留足够的库存满足自身需求。一般来说，调出仓需要在下个采购时间到达前预留这个销售期内的需求与安全库存 ss。调出仓可根据以往销售情况计算出日均需求 d，再计算出距离下个采购时间的天数 T，若当前仓库库存量为 Q，那么可调出库存量 $Q = Q_0 - d*T - ss$，若有剩余，那么该仓库可对调入仓进行调拨，否则不能进行调拨行为。

（三）利润因素

企业进行调拨的目的是为了销售更多的产品，获得更多的收益。因此实施调拨策略时，可适当考虑调入仓的销售情况，对销售情况较好、销售利润较高的仓库多调拨一些产品，以满足更多的需求。

除时间、库存和利润因素外，还有其他因素在调拨中也要考虑。如政策是否允许、需求紧急程度等，这些都要在实际调拨中考虑到。

三、调拨流程及注意事项

（一）调拨流程

调拨流程如图5-10所示。

1. 调拨单的生成与下发

（1）调拨任务计划单。调拨任务计划单是由上位系统创建生成的，它是根据各仓的商品库存及缺货情况进行的一种平衡。根据调拨计划生成对应各个调入仓的调拨单，涉及多种商品。

（2）生成调拨单。企业根据销售订单生成调拨单，商品销售时根据用户收货地址来判断对应的发货仓。当某个仓库发生供应不足的情况时，系统会根据特定原则生成调拨单，确定调出仓和调入仓，最终通过调入仓进行订单发货。

（3）审核。在审核调拨单时，主要判断调出仓与调入仓的商品与数量是否正确合理。如调出仓的数量是否已经达到该仓的安全库存警戒线。当审核通过后，调出仓需要锁定该部分库存，防止商品被其他需求占用。

（4）下发仓库。调拨单审核后立即生效。调拨单是成对出现的，即出库和入库，且需同时下发到调出仓和调入仓。

2. 调出仓作业

调出仓在接到调拨任务后，根据调拨单进行单据打印、拣货、打包、出库。这些步骤与仓库发货过程类似。需要注意的是，在经过拣货后，是不需要二次分拣的。

3. 调入仓作业

调入仓主要进行商品的入库作业，第一章已详细阐述过到货入库的流程。由于调拨商品已经经过多次运输转移，所以在入库时会存在商品损坏或丢失的情况。仓库收货人员要对商品进行仔细核对，防止实际入库数量与需求不符。

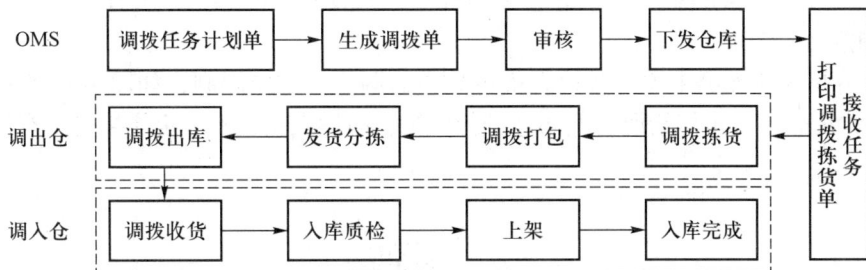

图5-10 调拨流程

（二）调拨常见问题

1. 系统记录与实物不符

两者产生不符的原因有很多，有可能是装箱时的误操作，系统记录错误，配送中发生异常等。当收货方发现货物不符时，应将异常的货物记录下来用作事后调查，并将与系统记录相符的商品按照正常流程入库。

2. 货物破损

调拨的运输过程通常是由第三方承运商来负责的，货物在运输途中可能会出现损坏情况。接收方发现货物残损后，需要将残损商品进行登记，可按照和承运商签订的协议合同获取赔偿。

四、调拨策略

（一）概述

在客户需求不确定的库存系统中，仓库的订货量与实际需求量不平衡，订货量不足的库存点需要寻找额外的库存资源，避免缺货损失，而订货量过多的仓库希望降低库存，从而降低库存成本，避免在销售季结束后持有过多的剩余库存。库存调拨的作用就体现在对不平衡的库存进行重新分配，无论是对于仓库还是对于供应链整体而言，调拨都可以起到较好的协调作用，降低供应链风险。

企业可基于不同的原则选择适宜的库存调拨策略。库存调拨策略指关于库存调拨数量、调拨对象、调拨原则、调拨目的的决策。根据调拨决策的判断条件不同可以将库存调拨策略分为最小时间调拨策略、最大利润调拨策略、均衡库存调拨策略和最短路程调拨策略等。本小节仅介绍前三个调拨策略。

（二）调拨约束

在介绍调拨策略前需要先了解三个约束。

1. 调出量约束

从调出仓调出的 units 数不能超过该仓库可调量。

其中，调出仓可调量=现有库存–（日均销量 × 目标库存天数 + 安全库存）

2. 调入量约束

调入仓库的 units 数不能超过该仓库需求量，即需要多少调多少。

其中，调入仓需求量=（日均销量 × 目标库存天数 + 安全库存）–现有库存

3. 调拨方向约束

对于药品等特殊品来说，各地政策对品类的调拨有方向限制，如图 5–11 所示。对于某 SKU，调出仓不一定能给所有调入仓进行调拨，而调入仓也不一定能接受所有调出仓的调拨。

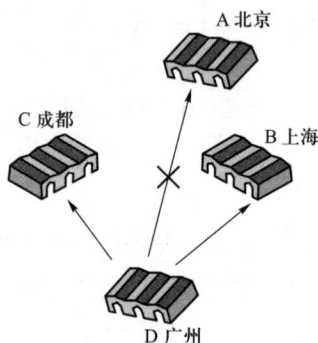

图 5–11　调拨方向约束示意图

（三）最小时间调拨策略

考虑到调拨时间越小，损失的销售机会越少，故企业可以选择最小时间调拨策略平衡各仓库的库存量。最小时间调拨策略在满足各缺货仓库的需求外，即在尽可能完成调拨需求的情况下，合理分配调出仓的富余库存，达到调拨时间最小的目标。

1. 变量描述

i, j 分别为调出仓和调入仓，$i, j = 1,2,3,\cdots,n$。

s_i 为仓库 i 的可调富余库存量。

d_j 为仓库 j 的需求量。

x_{ij} 为仓库 i 调拨给仓库 j 的 units 数。

$$y_{ij} = \begin{cases} 1 & x_{ij} > 0 \\ 0 & x_{ij} = 0 \end{cases}$$

$$A = \begin{bmatrix} a_{11} & \cdots & a_{1j} \\ \vdots & \ddots & \vdots \\ a_{i1} & \cdots & a_{ij} \end{bmatrix}, \text{其中} a_{ij} = \begin{cases} 1 & \text{该SKU可从仓库}i\text{调拨给仓库}j \\ 0 & \text{该SKU不可从仓库}i\text{调拨给仓库}j \end{cases}$$

$$T = \begin{bmatrix} t_{11} & \cdots & t_{1j} \\ \vdots & \ddots & \vdots \\ t_{i1} & \cdots & t_{ij} \end{bmatrix}, \text{其中} t_{ij} \text{表示该SKU 仓库}i\text{调拨给仓库}j\text{需要的时间。}$$

2. 最小时间调拨模型

目标函数如下：

$$\max \sum_i \sum_j x_{ij} \tag{5-40}$$

$$\min \sum_i \sum_j y_{ij} t_{ij} \tag{5-41}$$

s.t.

$$\sum_j x_{ij} a_{ij} \leq s_i \quad \forall i \tag{5-42}$$

$$\sum_i x_{ij} a_{ij} \leq d_j \quad \forall j \tag{5-43}$$

$$x_{ij} a_{ij} = x_{ij} \quad \forall i,j \tag{5-44}$$

最小时间调拨模型是个多目标规划模型。式（5-40）表示调拨量最大，以防出现调拨量为0的结果。式（5-41）表示调拨时间最小。该模型的约束条件有三个：式（5-42）表示调出量小于等于该仓库的富余供给量s_i；式（5-43）表示调入量小于等于该仓库的需求量d_j；式（5-44）表示调拨方向约束。

该方案以调拨时间最小为目标，降低了缺货给客户带来的时间成本风险，适用于对时间要求较高的商品销售。但该方案的优化结果表明，对于离调出仓较远的仓库来说得到的调拨量较少，并没有很好解决这类仓库的缺货问题。

（四）最大利润调拨策略

企业进行库存调拨是为了平衡各区域的供需，从根本上来说是企业为了获得更大的销售利润。最大利润调拨策略以调拨后的销售毛利最大为目标，合理分配调出仓的富余库存。

1. 变量描述

i,j分别为调出仓和调入仓，$i,j = 1,2,3,\cdots,n$。

s_i为仓库i的可调富余库存量。

d_j为仓库j的需求量。

x_{ij}为仓库i调拨给仓库j的units数。

c_{ij}为SKU从仓库i调拨到仓库j的单位调拨成本。

p_j为SKU在仓库j所覆盖区域中的平均售价。

$$y_{ij} = \begin{cases} 1 & x_{ij} > 0 \\ 0 & x_{ij} = 0 \end{cases}$$

$$A = \begin{bmatrix} a_{11} & \cdots & a_{1j} \\ \vdots & \ddots & \vdots \\ a_{i1} & \cdots & a_{ij} \end{bmatrix}, \text{ 其中} a_{ij} = \begin{cases} 1 & \text{该SKU可从仓库}i\text{调拨给仓库}j \\ 0 & \text{该SKU不可从仓库}i\text{调拨给仓库}j \end{cases}$$

2. 最大利润调拨模型

目标函数如下：

$$\max \sum_i \sum_j (p_j - c_{ij}) x_{ij} \tag{5-45}$$

s.t.

$$\sum_j x_{ij} a_{ij} \leq s_i \qquad (5\text{-}46)$$

$$\sum_i x_{ij} a_{ij} \leq d_j \qquad (5\text{-}47)$$

$$x_{ij} a_{ij} = x_{ij} \qquad (5\text{-}48)$$

式（5-45）表示销售利润最大化。该模型的约束条件有三个：式（5-46）表示调出量小于等于该仓库的富余供给量 s_i；式（5-47）表示调入量小于等于该仓库的需求量 d_j；式（5-48）表示调拨方向约束。

最大利润调拨策略考虑了企业的销售利润，以调拨后利润最大为目标平衡各仓库的供需。在理想情况下，实施该方案后，企业会在最大限度上获得收益。但该策略没有考虑时间因素，因此顾客的等待时间可能会过长，导致顾客满意度降低，甚至出现顾客流失的情况。

对于销售边际利润较低的地区来说，经调拨得到的调拨量较少，可能无法满足该地区的需求，长期采用此调拨策略会损失该区域的顾客。除此之外，该策略的实施需要准确度较高的销量预测，若边际利润较高地区的实际需求量小于预期需求量，那么调拨入库的商品并没有销售出去，再次出现供需不匹配的现象。

（五）均衡库存调拨策略

此策略是在尽可能调拨的情况下，根据调入仓的需求量将调出仓的富余库存按比例分配给调入仓，以达到各调入仓库存平衡的效果。如某SKU在A仓有100个富余库存，B仓和C仓均有60个的需求量，那么将按1∶1的比例均衡地分配给两个仓库各50个。

1. 变量描述

i,j 分别为调出仓和调入仓，$i,j = 1,2,3,\cdots,n$。

s_i 为仓库 i 的可调富余库存。

d_j 为仓库 j 的需求量。

PI_i 为仓库 i 的现有可调富余库存。

TI_i 为仓库 i 的在途可调富余库存。

x_{ij} 为仓库 i 调拨给仓库 j 的units数。

$$A = \begin{bmatrix} a_{11} & \cdots & a_{1j} \\ \vdots & \ddots & \vdots \\ a_{i1} & \cdots & a_{ij} \end{bmatrix}, \text{其中} \; a_{ij} = \begin{cases} 1 & \text{该SKU可从仓库}i\text{调拨给仓库}j \\ 0 & \text{该SKU不可从仓库}i\text{调拨给仓库}j \end{cases}$$

2. 策略流程

Step1. 统计调出仓 i 可配送的调入仓 j 的个数 $\sum a_{ij}$，将调出仓按 $\sum a_{ij}$ 从小到大排序，依次进入Step2。

Step2. 判断调出仓 i 对应调入仓 j 是否只有1个。若是，则 $x_{ij} = \min\{PI_i, d_j\}$，更新调入仓需求和调出仓可调量，进入Step5；否则进入Step3。

Step3. 标记多个调入仓，筛选能且仅能给这些调入仓调拨的调出仓可用现有库存 PI_i。

Step4. 判断所有现有库存是否满足所有需求。若是，则按照时间最小原则安排调拨量 x_{ij}；否则取 $x_{ij} = \min\{\sum PI_i / \sum d_j, d_j\}$，更新相应需求和可调量。

Step5. 判断调出仓是否遍历。若是，则进入 Step 6；否则按序列取下一个调出仓并回到Step2。

Step6. 判断$\sum d_j$是否等于0。若是，则结束流程；若否，则选取在途库存TI_i替换PI_i，按相同流程对在途库存进行调拨配送。

案例分析

某医药电商企业在全国部署仓库以存储药品以及非药商品（当前有天津仓、重庆仓、昆山仓、广州仓等），由于医药行业对资格的要求，各地的仓库能够采购的药品种类受到限制，另外由于药品市场存在货源不稳定的情况，市场不能完全满足各地仓库对药品的采购需求。药品种类的限制以及药品供应量的不稳定，造成了各地仓库时常"缺货"，因此需要利用仓库间调拨的方式来满足各地仓库药品的销售需求。仓库间调拨的目的在于将某些仓富余的商品输送到缺乏这些商品的仓库，以满足各地仓库的销售需求，改善甚至解决"缺货"问题。

医药行业由于合规问题，某些仓库无法向外调拨药品，只能接收其他仓库调拨来的药品，另外由于药品配送的要求，某些仓库甚至只能接收来自特定仓库的药品。这些特殊情形使得药品仓库间调拨问题与其他仓库调拨问题不同。首先，药品仓库间的调拨不是各个仓之间均可调拨，需要考虑调出仓、调入仓所在地的政策情况，即政策允许才能进行两仓之间的调拨；其次，某些仓库对某些药品可以进行地采，这会对调入仓的优先级造成影响；另外，药品的有效期会影响药品能否入库，因此若调拨消耗时间过长，会造成药品到达调入仓时有效期不符的情况。

思考并分析：

1. 依据材料，请问药品调拨时应注意哪些事项？

2. 药品行业在面对部分地区供不应求的情况时，调拨是否是解决问题的最优策略？若是，请说明理由；若不是，请提出更优的解决方案。

复习思考题

1. 在新冠肺炎疫情中，对防疫物资的库存管理起着什么样的作用？

2. 在新冠肺炎疫情中，武汉市的口罩处于紧缺状态，请结合调拨策略分析邻近省份应采用什么样的调拨策略支援武汉？

3. 请结合所学知识分析订货提前期对企业库存的影响。

即测即评

扩展阅读

李建斌，陈利，李文秀，"滞销" VS "缺货"——岗岭集团错综复杂的库存难，华中科技大学MBA教学案例，2018.

第六章

仓储管理信息系统

📲 本章导入案例

> 　　仓储贯穿于物流的各个环节，是物流不可或缺的一部分。供应链物流中的"仓储"体系不仅是存储货物的库房，更是一项以满足供应链上下游需求为目的，在特定的场所，运用科技手段对物品的进出、库存、分拣、包装、配送及相关信息进行有效计划、执行和控制的物流活动。随着科技水平的发展，仓储随着新技术的运用而快速升级，如今智慧仓储的概念越来越多地被提及，智慧仓储是使用物联网、AI、大数据等互联网新技术，以用户需求为中心重构仓储流程，重视仓储过程核心数据的积累和运用，降低仓储环节人的参与度，使用新技术促进仓储各个环节以及仓储和供应链其他环节产品流和信息流的流畅运转，从而降低仓储成本、提高效率。从企业物流信息化情况来看，2021年我国已有78.9%的企业布局仓储信息化，随着人口红利的消失，仓储人力资源的减少和成本的提高促使企业进行仓储智能化转型。仓储管理系统是智慧仓储的核心部分，与发达国家智慧仓储技术相比，我国数字化程度与智慧仓储发展水平还处在初级发展阶段，国内企业存在数字化基础差、智慧仓储普及率低等问题，但同时国内智慧仓储产品也存在性价比高、售后服务完善等优势。随着土地使用成本以及人工成本的增加，仓储费用也有明显的增加，降本增效是我国仓储行业未来发展的核心。（摘自《2021年中国智慧仓储研究报告》－亿欧智库）
>
> **案例思考题：** 你认为仓储管理信息系统在智慧仓储中起什么作用？

📄 本章关键术语

仓储信息化（Warehouse information system）；条码（Bar code）；
射频识别（Radio frequency identification，RFID）；
电子数据交换（Electronic data interchange，EDI）

第一节　仓储管理信息化概述

一、仓储管理信息系统的必要性

仓储在企业的整个供应链中起着至关重要的作用，也日益成为提高企业竞争力和可持续发展的关键问题。随着企业规模的不断扩大，仓储物资的种类和数量不断增加，仓储管理业务变得非常复杂和多样化，传统简单、静态的仓储管理已无法保证企业各种资源的高效利用。现代化仓储离不开仓储信息化。在现有仓储环境的基础上，信息网络的建设和信息技术的应用将使仓储增值业务水平进一步提高，通过有效对接各个操作环节，提高企业生产效率和资产利用率。

仓储管理信息系统是一种标准化、智能化过程导向的管理系统，它可以有效控制并跟踪仓库的物流和成本管理全过程，实现完善的企业仓储信息管理。仓储管理信息系统是仓库信息集成的纽带，也是管理者控制库存，实现仓库作业透明化、敏捷化的基本手段。仓储管理信息系统通过信息传递对从采购入库到销售出库的整个环节进行优化管理，通过入库业务、出库业务、仓库调拨、库存调拨和虚仓管理等功能，并综合批次管理、物料对应、库存盘点、质检管理、虚仓管理和即时库存管理等功能，可以有效控制并跟踪仓库业务，减少不必要的作业流程以及失误，准确实时掌握所需的仓库库存数据、运营数据，从而使其既能增强仓库的作业能力，加快产品流通速度，又能降低成本，获取盈利。

简而言之，信息技术和仓储管理信息系统的应用已成为现代仓储的重要支柱，将进一步推动现代仓储和现代物流的发展。国家对信息化高度重视，出台了多个相关政策文件，《国务院办公厅关于进一步推进物流降本增效促进实体经济发展的意见》（国办发〔2017〕73号）明确指出，要加快推进物流仓储信息化标准化智能化；2021年，工业和信息化部印发《"十四五"信息化和工业化深度融合发展规划》（工信部规〔2021〕182号），全面部署"十四五"时期信息化与工业化深度融合发展工作重点。物流业贯穿第一、第二、第三产业，衔接生产与消费，涉及领域广、发展潜力大、带动作用强。物流仓储信息化对提升国民经济整体运行效率具有重要意义。

二、我国仓储管理信息化建设的发展及存在的问题

（一）仓储管理信息系统的发展

从20世纪80年代末开始，众多仓库开始广泛采用计算机进行仓储管理辅助工作。一般情况下，这些单机系统往往用来进行文字处理、信息存储、查询和统计等简单工作，各单位内部的计算机设备尚未形成功能统一、资源共享、配合作业的有机系统。因而，这种单机结构的信息系统的性价比指标很低，它们往往只能用于某个仓储管理中的具体单位业

务管理，如进出库管理、库存管理、财产工资管理等。

早期的仓储信息系统是在DOS环境下开发的单机信息管理系统，该系统具有许多不足的地方。主要表现在系统的文档完整性、可维护性和重用性较差。系统整体功能不足，如缺乏地理信息系统等功能的支持；子系统功能也有限，不能满足仓库人员对数据的多方位查询处理；系统是单机应用系统，只能应用在一台计算机上，不能满足仓库网络条件下的运行需要，且系统处理的数据量有限，网络环境下无法实现资源共享，不利于信息传输和交换，难以适应大数据时代的应用需求。

目前，随着计算机技术的发展，仓储管理信息系统在仓储管理中得到越来越广泛的应用。仓库各业务部门都开发出适应仓库业务需求的信息系统，许多仓库还开发出各种针对仓储管理，如仓库业务收发管理、仓库安全管理、仓库人事管理等方面的应用软件。这些应用软件对于全面提高仓库和各部门对仓库的管理水平，提升仓库工作效率都起了十分重要的作用，为仓库管理人员的科学管理提供了辅助决策。

现代仓储管理的核心是以促进客户为中心，降低仓库运作成本，提高仓储作业效率。拥有实时信息处理能力的仓储管理信息系统，可达到每个控制点操作过程的规范化管理，以提高服务质量，增强企业竞争力，其主要体现在：① 实现仓储信息的透明化，及时、准确地将货品数据存放到数据库中，以合理分配存储资源，提高仓库利用率。② 增强与客户的沟通，为客户提供更多增值服务。仓储管理信息系统具有强大的查询和报表输出功能以及EDI技术，能够实时跟进货物状态，提高市场反应能力。③ 提高物流服务水平和工作效率，规范仓库运作流程，提高仓库设备的使用率，实现存储管理的优化。

（二）存在问题

在"互联网+"时代，为了提升物流仓储的增值服务，加快物资的流通速度与服务水平，中国仓储管理的信息化建设已经在广大的发展需求下实现了快速成长。有一些物流企业已经加强了仓储管理的信息化系统建设和改进，例如，将射频数据通信、条形码技术、扫描技术和数据采集技术等应用于仓库设备，并且已经取得了一定的成就，大大地提高了服务水平。同时，我国仓储管理信息化程度还处于比较初级的阶段，一些问题仍然存在，需要进一步解决。

1. 信息化建设的规划没有做好

企业对于仓储运作的思想观念仍停留在人工作业的基础上，对提高仓储作业的机械化、自动化、集约化和信息化的思想认识不足，并没有把信息化仓储放在一个重要的地位。除此之外，目前国内某些仓储物流企业不清楚自身的真正所需，在制定发展规划时，并没有针对仓库建设和规划做好充分的调查分析工作，建设前的设计和规划中存在着决策隐患，需要进一步引起重视。

2. 信息化建设资源投入不够

信息化的仓储管理不仅需要信息技术，同时还需要建设现代化的仓储设施，需要购置先进的装备与设备，以及购进各作业环节需要的信息系统等，这些都需要大量的资金投入。而一些中小企业的管理者对仓储物流管理的认识不深刻，同时考虑到企业的运营负担，导致对信息化仓储管理系统建设的资源投入不够，无法引入现代化的信息技术，无法有针对性地建设信息化仓库，并因此阻碍了企业仓储信息化的发展。

3. 信息化建设人才缺乏

信息技术和高科技设施操作人员的缺乏，已经影响了现代化仓储的发展。有些企业已经认识到了仓储信息化建设的重要性，但由于缺乏专业人士的指导，对于如何进行高效的建设存在困惑，大大影响了仓储信息化的进程。除此之外，仓储设备操作人员的缺乏也使得一些仓储企业现有装备发挥不出应有的作用。员工由于缺乏相关专业知识，也未能得到相关的专业培训，导致在实际进行仓储管理信息化建设的过程中，操作不够熟练，进度缓慢，对物流信息化发展造成了消极作用。

三、我国仓储管理信息化建设存在问题的解决对策

目前我国仓储物流信息化建设还面临许多问题，面对日益激烈的市场竞争，物流企业需要不断学习进取，凭借当前的网络平台，完善信息化建设，提高自身竞争力。

（一）加强对仓储信息化建设的重视

首先，仓储物流企业应提高对于信息化建设的重视，提高仓储作业的机械化、自动化、集约化和信息化的思想认识，加强物流仓储管理信息化建设的系统规划。充分做好仓库建设和规划的调查分析工作，避免在信息化仓库建设前的设计和规划中出现重大的决策问题。其次，企业要根据自身的实际经营情况进行规划，制定切合实际的改造目标和流程，循序渐进地推进仓储信息化建设。从长远出发，结合企业自身所处地理环境、目前经营状况、企业文化等软因素，建立完善的仓储管理信息系统和改革目标。与此同时，企业经营者需要树立发展的思想，转变传统思想，结合当下新技术，积极建立运营管理机制，不断提高竞争力。

（二）重视资源投入和人才培养

现代化的仓储设备和具有相关专业知识的专业人才是仓储信息化建设的关键，是改革的基本保证。企业需要加大资源的投入和重视对专业人才的培养，以促进信息化建设的顺利完成。通过对资源的合理配置，实现低成本且高效的仓储信息化建设。通过建立学习型组织，全面提高仓储管理人员的素质，开展各种学习班，学习国内外现代物流的先进经验，也可以和高校合作，共同培养物流技术型人才，引进懂技术、懂管理、会操作的专业化人才，有效地解决仓储管理中的人员技能不足等问题。

四、仓储管理信息系统的内容

（1）仓储管理信息系统具有专业的功能模块，能够深入仓储各个方面，帮助企业更好地实现各类仓储业务流程。内容包含了仓储的进库、出库、调拨、批次管控、质检管控、仓库盘点、仓储管理、拣货管控、上架管控、追溯管控、仓位管理、查询管控和报表统计分析等，同时还能够按照企业的需求进行添加，以确保系统的更大使用价值。

（2）仓储管理信息系统主要采用条码技术功能模块，利用条码打印机打印出条码标签，打造从产品入库到销售出库闭环的条码系统，简化工作流程并将数据信息同步到系统中去。

（3）仓储管理信息系统具有专业的工作规则战略，依据实际上的仓储管理规定，对上架、拣货、补货、波次、汇总等开展战略配备，分解工作量，优化工作动态，让仓储运营变得更加灵活和高效。

（4）仓储管理信息系统在实际应用时，充分考虑员工岗位职责不同，利用管理权限给每一位员工设置不同的使用权限，既保证了系统的安全，也能防止关键数据资料发生泄露。同时仓储管理信息系统可以记录每一位员工的工作状况，方便管理者进行绩效考核，提升员工的积极性。

（5）仓储管理信息系统的界面简洁、操作简单、上手快速。仓储管理信息系统是如今很多企业用来管理仓库的一种工具，许多仓库管理信息系统，界面清晰明了，员工通过培训后可以很快上手，能够有效地缩短实施仓储管理信息系统的时间，减少员工的工作量，提高工作效率。

第二节　仓储管理信息系统架构

一、硬件架构

不同的仓储管理信息系统的硬件架构不尽相同，但目前较为主流的仓储管理信息系统的硬件架构主要分为三层：数据采集层、网络汇聚层和系统管理层。

（1）数据采集层主要负责采集仓库现场数据，硬件包括手持终端、RFID读写器、扫码枪等自动识别设备和传感器，这些自动识别设备负责对RFID标签、二维码、出入库商品等信息进行采集，并将信息发送至网络汇聚层。

（2）网络汇聚层主要负责将采集的数据传输至系统管理层，硬件包括多级交换机、路由器、4G通信基站、网关、光纤等。

（3）系统管理层一方面对接网络汇聚层，主要负责数据的分类存储，另一方面对接用户，主要负责将收集的数据进行处理、加工，反馈给仓库现场作业人员或WMS系统使用者，硬件包括服务器、监控管理主机等。一些智能化仓储管理信息系统还可以自行分析数据并向相关对象下达指令。

典型的基于RFID的仓储管理信息系统的硬件架构如图6-1所示。

若仓库占地面积较大，分为多个子库，子库与子库之间距离较远，甚至在不同的楼房中，这种情况下很难将每个子库的终端设备只通过一套汇聚层设备进行连接。此时应考虑将原网络汇聚层进一步划分为接入层和汇聚层，如图6-2所示。每一个子库有一套数据采集层设备，这些设备均接入所在子库的接入层设备。两个子库的接入层设备再通过汇聚层进行连接，形成一个星形结构。汇聚层则直接与中央服务器相连，或通过互联网接入云端服务器。这种结构不仅可以均衡子库的网络流量，不易造成网络拥堵，同时也保证子库之间可以互相通信，如果未来还需扩建更多子库，也不影响已有子库的网络。

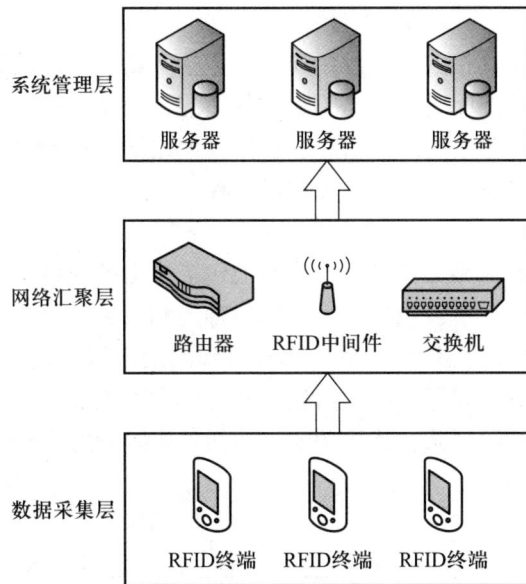

图6-1　基于RFID的仓储管理信息系统的硬件架构

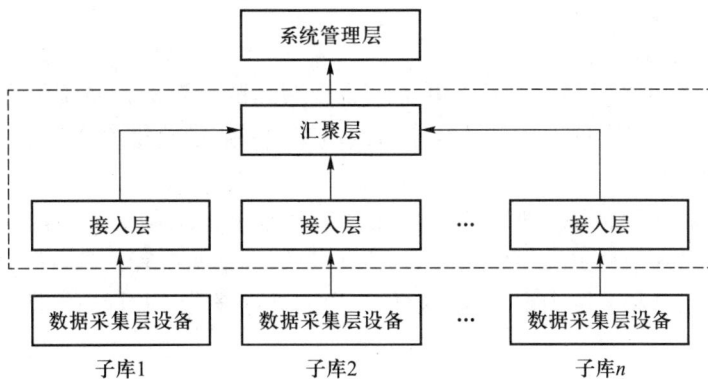

图6-2　多子库仓储管理信息系统的硬件架构

二、软件架构

（一）WMS系统功能架构

仓储管理信息系统是一个十分复杂的软件系统，负责对整个仓库进行管理和调度。一般仓储管理信息系统的功能模块如下：

1. 基本信息管理模块

该模块负责对仓储管理信息系统中涉及的基本信息进行管理。主要功能包括：SKU信息管理，包括SKU的名称、分类、编码、供应商、属性等；供应商信息管理，包括供应商的名称、编号、联系方式等；工作人员信息管理，包括工作人员部门、姓名、联系方式等。

2. 入库管理模块

该模块负责物料入库的相关操作。主要功能包括：物料到库信息管理，包括到库的物料种类和数量、供应商、到库时间等；验货收货情况，包括验货人员、核验结果等；物料入库信息管理，包括物料存放的库位信息、物料所使用的托盘编号等；其他功能，包括条形码管理及打印、入库成功确认、入库失败提醒等。

3. 出库管理模块

该模块负责物料出库的相关功能，主要功能包括：出库信息管理：根据接收到的客户订单确定每个仓库的配送订单，包括出库的物料种类和数量、物料存放的库位信息、出库时间、出库原因等；拣货信息管理，对仓库接收到的配送订单进行管理，包括波次拣选、库内路径规划、工作人员指派等；出库信息复核，以人工检查或自动测量的方式根据出库信息对实际出库的物料进行复核；其他功能，包括条形码管理及打印、出库成功确认、出库失败提醒等。

4. 库存管理模块

该模块负责对物料库存进行管理，主要功能包括：物料库存管理，包括安全库存信息、订货周期、订货数量等；物料库存变化记录，包括正常出入库带来的库存增加或减少、特殊原因导致的库存增加或减少、不同仓库之间的调拨操作等；其他功能，包括下达订货指令、物料缺货提醒等。

5. 系统状态展示模块

该模块负责展示系统当前的运行状态，主要展示的信息有，系统内登记的物料种类数、在库物料种类数、库位占用率、24小时内出库物料数量变化图等信息。

6. 报表与盘点模块

该模块负责特定时间点（如月末、季度末、年末等）采购报表和盘点报表的自动生成，主要功能包括：采购报表生成，根据入库信息生成采购报表；盘点报表生成，根据工作人员现场盘点信息和系统中记录的库存信息生成盘点报表，并标出异常物料，计算盈亏信息。

7. 查询模块

该模块负责对物料信息、出入库信息等进行查询，主要查询条件包括：按名称查询、按编码查询、按时间查询等。

8. 备份与恢复模块

该模块负责对整个系统中的数据进行备份与恢复，主要功能包括：手动备份，自由选择备份的数据库名称和时间范围；自动备份，设置备份运行的时间和备份的数据库名称，由系统定时自动备份；备份恢复，选择备份记录，并恢复相关数据库。

9. 系统设置模块

该模块负责对系统整体参数进行设置，主要功能包括：系统管理员信息设置，包括账号名称、权限、登录口令等；系统设置，包括系统时间、系统域名等。

除了上述功能模块，成熟的仓储管理信息系统应预留相关接口，方便增加新功能或与CRM、ERP、财务系统等对接，进行信息同步。

一个基于B/S（浏览器和服务器）结构的仓储管理信息系统功能架构如图6-3所示。

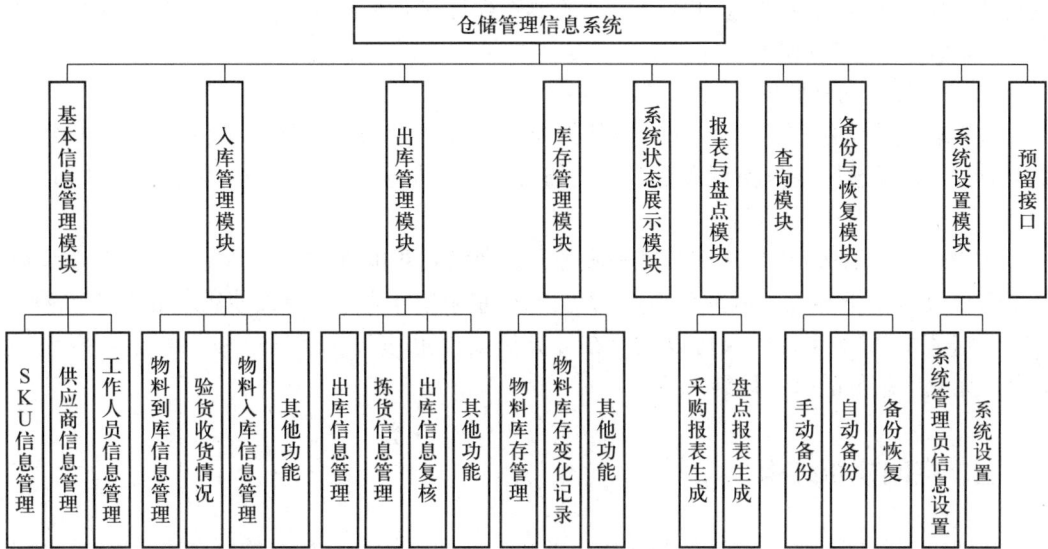

图6-3　基于B/S结构的仓储管理信息系统的功能架构

（二）基于B/S的系统架构

B/S结构是随着互联网的兴起而产生的一种网络架构模式，它对C/S（客户端和服务器）结构进行了改进和发展，更适用于分布式处理，具有较低的开发成本和维护成本，因而被广泛采用。B/S结构由表现层、逻辑层和数据层组成，如图6-4所示。表现层是用户与整个系统进行交互的接口，用户仅需使用浏览器即可访问并操作系统；逻辑层主要负责对用户的操作进行响应和处理，并向用户反馈信息；数据层主要对接服务器中的数据库，可以对数据库进行增删查改等操作，当逻辑层在处理过程中需要读取或写入数据时，数据层即为逻辑层提供读写接口。

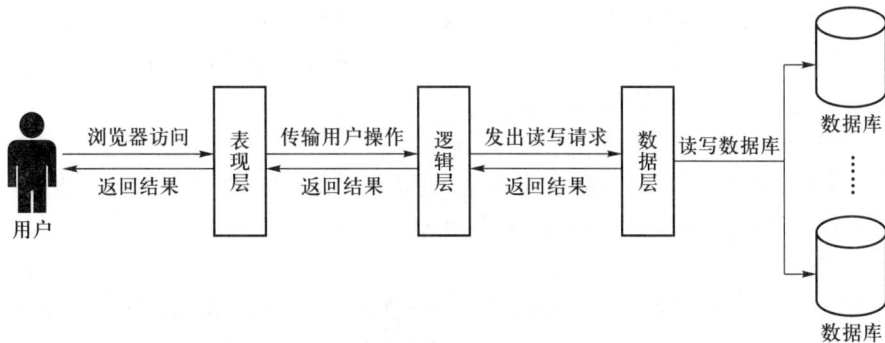

图6-4　B/S的三层架构

因此，B/S结构具有如下特点：

1. 无须额外安装客户端，有网页浏览器即可使用

通常一家企业内需要使用WMS系统的用户非常多，若采用传统C/S结构则需要为每一个用户的电脑安装客户端，系统若有更新则需要每一个用户分别进行更新。而使用B/S结构则具有更大的灵活性，只需维护一套网页界面，所有用户使用浏览器即可随时随地访问

最新的系统，无须使用专门的客户端，其维护性远超C/S结构。这样可以提高工作效率，省去了系统维护时的麻烦。

2. 可直接面向互联网

若WMS系统的用户包含供应链中其他企业的用户，B/S结构的互联网属性则可以很方便地通过一定的权限控制实现多客户访问的目的，极大地提高了企业间信息交换效率。

3. 极佳的跨平台兼容性

因B/S结构的系统依赖于浏览器和服务器，负载繁重的处理和计算工作由服务器完成，浏览器仅负责渲染界面，因此任意一台可以访问网络的设备均可以使用WMS系统完整的功能，这使得WMS系统不仅可以运行在计算机上，还可以运行在嵌入式终端或便携式终端上，无论终端的品牌和性能如何。

三、空间分布结构

仓储管理信息系统的空间分布结构指系统的硬件、软件、数据等信息资源在物理空间的分布情况，可分为集中式和分布式两类。

（一）集中式系统

集中式系统是指信息资源集中配置的系统，通常由一台高性能计算机构成其中央处理系统。例如常见的单机系统就是一个集中式系统，软件、数据和外部设备均集中在一台计算机系统中。

集中式系统有如下优点：

（1）信息资源集中，便于管理，易于备份；

（2）维护方便，仅需维护一台计算机，无须考虑多台计算机的交互；

（3）信息直接从中央处理系统传递到终端机，传递效率高。

集中式系统缺点如下：

（1）对单台计算机的性能要求高，当终端用户很多时可能导致响应速度变慢；

（2）因为只有一台计算机承担所有工作，计算机内部逻辑结构复杂；

（3）应变能力弱，系统稳健性不高。

（二）分布式系统

分布式系统指信息资源分散配置的系统，通常是利用网络把分布在不同地点的信息资源联系在一起，从而实现相互通信和信息的共享。

分布式系统的优点有：

（1）因数据分散存储在不同地理位置的计算机上，所以系统存在一定冗余，可靠性高；

（2）终端用户的请求可以分别发送至多台计算机上，减轻系统的负担；

（3）系统的扩展性好，对环境的适应性较强。

分布式系统的缺点如下：

（1）不利于信息资源的管理和协调；

（2）因系统中计算机较多，不利于实施安全防护措施。

第三节　仓储管理信息系统功能特点

一、数据处理功能

数据处理功能主要包括数据采集、数据存储、数据传输、数据加工以及数据输出。

数据采集是仓储管理系统运作的第一步，数据采集的质量直接影响后续工作的展开。在这一阶段，WMS需要将大量的报表和商品信息存储到系统中，对仓库的基础数据进行维护。与其他信息系统不同的地方在于，由于WMS涉及成千上万种商品，因此在现代化仓储管理中，大多数商品信息的采集多用条码和射频技术来自动识别，如图6-5和图6-6所示。

图6-5　条形码示意图

图6-6　射频技术示意图

数据存储就是将采集的数据存储在系统中。总的来说，数据存储方式有文件、数据库以及网络三种。在WMS系统中常用的是数据库存储方式，其存储海量数据时性能优越，且具有查询功能。仓库的运作离不开系统的支持，因此在存储数据时要格外重视数据安全问题，保护机密的数据，确保数据的完整性，防止数据被破坏或丢失。

数据传输是指采用一定的方法和手段，将数据在系统的各个子系统之间或其他系统之间，以及系统的各个硬件之间进行传输，以达到数据交换和共享的目的。在数据传输环节，要注意数据的完整、及时与安全。

数据加工是根据实际需要，系统操作者对原始数据进行加工处理，形成有用的信息，使之符合使用者的需求。

数据输出是指将加工过的数据以用户要求的形式输出，如以图表的形式。

二、执行功能

WMS是对仓库运作的各个环节进行统一管理。从入库到出库的每个环节都可以通过

WMS规范化操作。如入库接收、分拣货物和发货配送等。例如在入库接收环节，条形码的普及和便携式终端性能的不断提高，使仓库作业效率大幅提高。

三、预测功能

WMS中有许多预测模型，可以根据历史入库及出库记录帮助用户预测下一周期的采购量或销量，进而确定企业未来发展方向。

四、计划功能

计划功能包括订货管理、配送计划和员工管理等。如当需要采购时，用户可以通过WMS填写采购单；当采购订单被批准，完成采购并到货后，库存会自动增加，节约了用户烦琐的操作，并且能够保证库存的准确性。

五、监控功能

WMS能够对仓储管理各活动进行实时监控，比较实际工作与计划之间的差距，以防仓库内活动与计划产生偏差，影响企业的正常运转。

第四节 仓储管理信息系统技术支持

一、条码技术

条码（bar code，又称条形码）是将宽度不等的多个黑条和空白，按一定编码规则排列，用以表达一组信息的图形标识符。条码系统是由条码符号设计、制作及扫描阅读组成的自动识别系统。在进行辨识的时候，用条码阅读机扫描，得到一组反射光信号，此信号经光电转换后变为一组与条码相对应的电子信号，经解码后还原为相应的文字，再传入计算机。条码辨识技术已相当成熟，其读取的错误率约为百万分之一，首读率大于98%，是一种可靠性高、输入快速、准确性高、成本低、应用面广的资料自动收集技术。

利用条形码技术，可对企业的物流信息进行采集跟踪。通过针对生产制造业的物流跟踪，可满足企业针对仓储运输等信息管理的需求。条码的编码和识别技术的应用解决了仓库信息管理中录入和采集数据的"瓶颈"问题，为仓库管理信息系统的应用提供了有力的技术支持。

1. 货物库存管理

仓库管理信息系统根据货物的品名、型号、规格、产地、品牌、包装等划分货物品种，并且分配唯一的编码，也就是"货号"。系统可分货号管理货物库存或管理货号的单件集合，并且可将货号应用于仓库的各种操作。

2. 仓库库位管理

仓库分为若干个库房，每一库房分若干个库位。库房是仓库中独立和封闭的存货空间，库房内空间细分为库位，细分能够明确定义存货空间。仓库管理信息系统是按仓库的库位记录仓库货物库存，在产品入库时将库位条形码号与产品条形码号一一对应，在出库时按照库位货物的库存时间可以实现先进先出或批次管理。

3. 货物单件管理

采用产品标识条形码跟踪管理单件产品所经过的状态。

4. 仓库业务管理

包括出库、入库、盘库、月盘库、移库，不同业务以各自的方式进行，完成仓库的进、销、存管理。

5. 更加准确地完成出入库

仓库利用条形码采集货物单件信息，处理采集数据，建立仓库的入库、出库、移库、盘库数据。这样，可使仓库操作更加准确。它能够根据货物单件库存为仓库货物出库提供库位信息，使仓库货物库存信息更加准确。

二、射频识别技术

射频识别（radio frequency identification，RFID）又称电子标签，是20世纪90年代开始兴起的一种自动识别技术。射频识别技术是一项利用射频信号通过空间耦合(交变磁场或电磁场)实现无接触信息传递并通过所传递的信息达到识别目的的技术。RFID的工作原理是：标签进入磁场后，如果接收到阅读器发出的特殊射频信号，就能凭借感应电流所获得的能量发送存储在芯片中的产品信息(即passive tag，无源标签或被动标签)，或者主动发送某一频率的信号(即active tag，有源标签或主动标签)，阅读器读取信息并解码后，送至中央信息系统进行有关数据处理。

RFID能大大提高仓储过程中信息的透明度，物品在存储过程中能被实时追踪，同时消除了以往各环节中的人工错误。安装在配送中心、仓库及商场货架上的阅读器能够自动记录物品在整个流动过程中的状态。RFID在仓库中的应用有以下三种。

1. 通道控制

使用射频识别技术"红、绿信号"系统，控制进出仓库的包装箱。射频识别标签被固定在包装箱上，在包装箱途经的进出口处安装射频识读器。当包装箱通过天线所在处，标签装载的标识信息与主数据库信息进行比较，正确时绿色信号亮，包装箱可通过，如果不正确，则激活红色信号，同时将时间和日期记录在数据库中。该系统消除了以往采用纸质单证管理系统常出现的人工错误，改善了以往的运输超负荷状况，建立了高速、有效和良好的信息输入途径，可在高速移动过程中获取信息，大大节省了时间。同时该系统采用射频标签还可使公司快速获得信息回馈，包括损坏信息、可能取消的订货信息，从而降低消费者的风险。

2. 智能托盘

使用以射频识别技术为核心的智能托盘系统，可以实现对原材料流通相关信息的管理，并高效地解决用户生产原材料在其仓库中装卸、处理和跟踪等问题。系统组成中的射频识读器，安装在托盘进出仓库必经的通道口上方，每个托盘上都安装了射频标签，当叉车装载着托盘货物通过时，识读器使计算机了解哪个托盘货物已经通过。当托盘装满货物时，自动称重系统自动比较装载货物的总重量与存储在计算机中的单个托盘重量，并获取差值，了解货物的实时信息。该系统日常处理大量托盘货物，射频识别技术的应用大大提高了工作效率，并保证原材料相关信息的准确、可靠。

3. 货物的实时定位

在一些场合下，只需了解一件具体库存商品所存放的具体位置就足够了。但是有一些公司想知道一天中所有存货的位置，而不只是当它们处于仓库时的位置或其他预先指定的位置，由此，提出了实时定位系统的概念。通过RFID，贴附于存货单元的充电标签通过天线（这些天线在厂房和库房内以每隔50米~1000米的距离安装一个），以有规律的时间间隔（如几秒或几小时）传送信号，识别者接收有用信号，辨认RFID作用范围内的存货位置，并将该信息输入中心数据库，从而使得管理者可识别特定时间的所有存货的位置，实时制订仓储作业的计划，减少存货的搬运时间和距离。

三、电子数据交换技术

EDI（electronic data interchange）是一种利用计算机进行商务处理的方式。在基于互联网的电子商务普及应用之前，曾是一种主要的电子商务模式。EDI是将贸易、运输、保险、银行和海关等行业的信息，用一种国际公认的标准格式，形成结构化的事务处理的报文数据格式，通过计算机通信网络，在各有关部门、公司与企业之间进行数据交换与处理，并完成以贸易为中心的全部业务过程。EDI包括买卖双方数据交换、企业内部数据交换等。

在仓储管理应用中，EDI数据中心共享信息给三方：需求方、供货方、VMI仓库的WMS系统。做到数据实时共享，最大限度地提高数据传输速率，从而达到降低库存的目的。

（一）需求方和供货方

（1）需求方发送长期需求给供货方。

（2）供货方按需生产，安排交货到VMI仓库。

（3）产品运达后，上传交货信息。

（二）需求方和物流EDI

（1）需求方发送订单（DELJIT）到物流EDI数据中心。

（2）物流EDI数据中心将订单（DELJIT）业务数据同步到WMS系统。

（3）WMS系统分析需求方订单，生成出库计划；仓库人员根据出库计划，安排发货。

（4）EDI数据中心提供发货通知数据（DESADV）给需求方。

（三）供货方和物流EDI

（1）供货方按订单完成生产后，发送发货通知数据（DESADV）到物流EDI数据中心。

（2）物流EDI数据中心将数据同步到WMS系统。

（3）VMI仓库人员结合WMS系统提供的数据，进行收货确认。

（4）物流EDI数据中心返回收货确认数据（RECADV）给供货方。

（5）物流EDI数据中心提供发票数据（INVOIC）给供货方，进行费用结算。

第五节　信息系统在仓储管理中的发展及应用

随着计算机技术被应用到仓储管理中，仓储逐渐实现了信息可视化和信息共享，同时新型智能机器人和机器设备也纷纷被引入仓库中，以提高仓储工作效率。

一、信息系统在仓储管理中的应用

（一）对仓库信息进行可视化管理

可视化管理是指管理者利用信息系统，快速有效地掌握企业仓储管理信息，使得仓储流程更加直观，货物信息在企业内部可视和透明，企业各部门工作更协调。信息系统可提供库位分区和仓库位置的三维立体模型图，方便管理者对每个仓库库位进行分区管理。例如用鼠标点击某一库位，显示器立刻显示出该库位的货品种类、库存清单、图形和数据分析，当库存数据发生变化时也能及时反馈。可视化管理在库存预警、货物盘点、差错处理方面有重要作用：① 库存预警。当库存量达到安全警戒线时，系统会自动给管理者发出报警信息。② 货物盘点。在仓储管理信息系统中找出要盘点货物的基本信息，制定盘点计划表，把盘点信息传输到采集器中，就可以通过扫描产品条码上传系统进行盘点。③ 差错处理。信息系统中装有差错处理工具，当出入库货物数据出现差错，系统将自动发出语音提示。

（二）仓储信息系统可扩展

仓储信息系统的开发要适应企业的实际情况。在系统运行中，企业要注意系统的升级维护，使仓储信息系统始终与企业发展步调一致。仓储信息系统基于大数据、电子商务等先进技术，让系统具有适度的超前性，可以强化系统的增值服务，增强企业之间的战略合作。

（三）企业联合构建云仓储

云仓储是一种基于互联网的全新仓储模式。它连接全国各个实体大仓库信息系统的后台端口，通过对上传至平台的各仓库数据进行分析，整合全国的物资，使货源、物源得到整合、分流。云仓储依托科技信息平台，充分运用整个市场和社会资源，快速、便捷、经济地提供理想的仓储服务，促使物流、商流、资金流、信息流完美结合。

对于现代仓储庞大的需求而言，云仓储为企业提供的是庞大的市场资源、优惠的价格和高品质的服务，同时云仓储促进了仓储信息系统的升级和企业仓储管理的现代化；云仓储采用租售两种模式，对于中小企业而言，可以快速解决资金困难问题；云仓储同时提供专业技术团队为企业指导系统的安装及使用，企业无须顾虑缺少专业技术人员问题。

云仓储的实施需要以下四个方面支持：① 科学技术的发展。云仓储需要一个能连接全国电商物流企业的信息共享平台，当顾客订单下达时，系统后台能够迅速反应并将订单信息发送到云仓储平台，由就近的仓储管理中心处理客户的订单需求，拣选出货物并下达配送指令，将货物高效地送达客户。② 专业的操作人员。专业人才是构建云仓储平台的基础，是平台顺利运行的保障，为此，企业应对相关人员进行专业培训，确保云平台发挥最大效用。③ 诚信监督运行机制和组织机构。该组织机构的主要功能是保证云仓储平台的平稳运行，对突发问题做到及时处理，结合企业实际对系统进行改进和维护。④ 政府的大力扶持。有了政府支持、法律保护，平台的建设和实施才有保障。

云仓储以物联网、云计算、大数据为基础，是智慧型仓储管理系统。这种仓储模式的建设思路是整合各地实体分仓，完成就近配送。各地区采用全面开放的分仓仓储管理体系，各分仓所覆盖区域的货物可以实现当天或次日送达，达到就近配送，并实现全国仓储数据资源信息的完全共享。

二、仓储智能机器人在仓储管理中的应用

仓储智能机器人属于工业机器人，是指应用在仓储各环节，可通过接受指令或系统预先设置的程序，自动执行货物转移、搬运等操作的机器装置。仓储智能机器人作为智慧仓储管理系统的重要组成部分，顺应了新时代的发展需求，成为物流仓储行业在解决高度依赖人工、业务高峰期分拣能力有限等瓶颈问题的突破口。

根据应用场景的不同，仓储智能机器人可分为 AGV 机器人、码垛机器人、分拣机器人、AMR 机器人和 RGV 穿梭车五大类。

AGV 机器人（automatic guided vehicles）又称自动引导车，是一种具备高性能的智能化搬运设备，主要用于货物的搬运和移动。自动引导车可分为有轨和无轨。顾名思义，有轨引导车需要铺设轨道，只能沿着轨道移动。无轨引导车则无须借助轨道，可任意转弯，灵活性及智能化程度更高。自动引导车运用的核心技术包括传感器技术、导航技术、伺服驱动技术、系统集成技术等。

码垛机器人是一种用来堆叠货品或者执行装箱、出货等仓储流程的机器设备。码垛机器人携带独立的控制系统，能够根据货物形状的不同，进行不同方式的堆叠。码垛机器人进行搬运重物作业的速度和质量远高于人工，具有负重高、频率高、灵活性高的特点。按照运动坐标形式分类，码垛机器人可分为直角坐标式机器人、关节式机器人和极坐标式机器人。

分拣机器人是一种可以快速进行货物分拣的机器设备。分拣机器人可利用图像识别系统分辨物品形状，用机械手抓取物品放到指定位置，实现货物的快速分拣。分拣机器人运用的核心技术包括传感器、物镜、图像识别系统、多功能机械手。

AMR 机器人（automatic mobile robot）又称自主移动机器人，与 AGV 自动引导车相比具备一定优势，主要体现在：① 智能化导航能力更强。能够利用相机、内在传感器、扫描仪探测周围环境，规划最优移动路径。② 自主操作灵活性更加优越。通过简单的软件调整即可自由调整运输路线。③ 经济适用，可快速部署，初始成本低。

RGV 穿梭车是一种智能仓储设备，可以配合叉车、堆垛机、穿梭母车运行，实现自动化立体仓库存取，适用于密集存储货架区域，具有运行速度快、灵活性强、操作简单等特点。

中国仓储智能机器人行业发展时间较短，大部分仓储智能机器人厂商成立时间较短，

此行业目前仍有巨大的机遇与挑战。首先，中国仓储智能机器人行业的商业模式仍在不断摸索中，当前下游应用需求并未完全打开，一体化产品解决方案还未成熟，按单收费更贴合实际需求；其次，仓储智能机器人厂商打造的机器人产品趋于标准化，有需求的企业更加青睐于机器人租赁方案。

案例分析

H企业是一家制造型企业，近些年部分业务市场份额缩水严重，为保证公司正常运转，各部门纷纷想方设法降低成本。仓储管理部门想通过降低库存的方式来降低部门成本，推行精益生产，具体来说供应商需要在公司排产任务之前几个小时或以边生产边送货的方式按时将所需物料送至产线，这对供应商提出了很高的要求，首先供应商需要在仓库储备一定量的成品、半成品及原材料，其次供应商的出库需要根据Y公司的排产任务动态调整，对时效要求高，最后供应商根据出库物料选择合适的车辆进行送货。根据对多家供应商的调研发现，供应商的仓库管理简单粗放，未使用仓储管理信息系统，经常出现物料找不到或同一物料存放在多个位置的情况。

思考并分析：

在此条件下，推进精益生产出现困难，如果你是仓储管理部门的负责人，你会怎么说服供应商使用仓储管理信息系统？

复习思考题

1. 仓储管理信息系统的作用是什么，请举例说明。
2. 仓储管理信息系统的发展趋势有哪些？
3. 杭州无人自主超市中都应用了哪些技术？
4. 就近了解一下，在一个现代化自动化仓库中，都有哪些新兴的技术与信息系统，还有哪些需要进一步改进的？

即测即评

扩展阅读

李建斌，郑宇婷，戴宾，胡鹏. 从"滴滴模式"到供应链战略：Z公司的互联网＋物流进化之路，中国管理案例共享中心案例库，2017(12): OM-0230.

第七章

综合实践案例

第一节　企业案例

一、仓库选址

（一）背景及现状

A公司针对"B2B"及"B2C"医药平台的物流配送服务在全国范围内建立了4座配送中心，选址分别在天津空港、上海昆山、广州市区及重庆。从配送中心的选址不难发现，公司为了满足全国范围内的需求及配送服务，在华北、华东、华南和华西都分别设置了配送中心，目的是用最快的响应速度和最低的成本完成全国范围内的配送服务。

当市场潜在需求逐渐被开发，A公司业务量逐渐上升至平稳状态后，现阶段区域划分方案便难以满足市场需求。无论是从配送中心仓库库容、配送成本还是配送时效看，现阶段的方案都无法满足用户体验最佳和企业利润最大的目标。为达到以上目标，使公司在业界有更好的声誉，打造更知名的企业品牌，运营部门提供了以下方案对公司的整个物流配送系统进行升级规划。

首先，为了达到配送时效最优的第一目标，规定每个配送中心所在省、市只能为本省、市及与其相邻省、市进行订单配送服务，以此缩短配送路程，达到优化总配送时效的目的；其次，鉴于公司已建有4个配送中心，这4个配送中心的覆盖省份见表7-1，除这4个已划分区域外，还有新疆、西藏、青海、甘肃、云南、宁夏、内蒙古、河南、山西、辽宁、吉林和黑龙江这12个省或自治区不在覆盖范围内。拟在这12个未被覆盖的省或自治区中选取若干建立配送中心，使所有配送中心的月租赁总成本最小，且每个省或自治区都根据配送成本最小原则被划分到某一配送中心的配送范围内。

表7-1 已划分区域

配送中心所在地	覆盖省、市、自治区
广州	广东、海南、广西、湖南、江西、福建
昆山	江苏、上海、山东、安徽、浙江
天津	天津、北京、河北
重庆	重庆、四川、贵州、陕西、湖北

由于此公司已有4个设施完备、运作良好的配送中心，于是我们将最大限度地利用这4个已有的配送中心，这4个配送中心分别负责它们周边的相邻区域的订单配送服务，因此这些区域在后续中不作为配送中心候选点和需求点。

规定每个配送中心所在地只能配送与其相邻区域的订单，目的是缩短配送时间，为顾客提供更好的配送服务；其次，考虑配送中心运作过程中所需要的成本，此成本由配送中心租赁成本与配送中心仓库内的库位成本构成，库位成本由此配送中心覆盖区域每月平均订单量决定。

（二）建立模型

将集合点 I 作为配送需求点集合（即各需求区域集合），集合 J 作为配送中心候选点集合（即所有未被覆盖区域集合）。w_j 表示 j 点作为配送中心候选点时此配送中心的运作成本，其构成为配送中心租赁成本 l_j 和仓内库位建设成本 $\theta \sum_i x_{ij} u_i$。x_{ij} 为0-1变量，决定 i 点是否由 j 点满足；y_j 为决定 j 点是否设立配送中心的0-1变量；c_{ij} 为 j 点到 i 点的月平均配送成本，a_{ij} 为邻接矩阵 A 中的元素，若 i 点与 j 点相邻，$a_{ij}=1$，否则取0，见表7-2。基本模型如下：

表7-2 参数及含义

参数	含义
I	配送需求点集合
J	配送中心候选点集合
c_{ij}	从配送中心 j 到需求点 i 的配送成本
w_j	配送中心 j 的运作成本
l_j	配送中心 j 的租赁成本
θ	单位体积商品所需库存成本
u_i	需求点 i 每月 unit 需求量对应的体积
x_{ij}	$x_{ij}=1$ 表示需求点 i 由配送中心 j 配送，否则 $x_{ij}=0$
y_j	$y_j=1$ 表示选择 j 点作为配送中心，否则 $y_j=0$
A	$A=\begin{bmatrix} a_{11}\cdots a_{1j} \\ \vdots \ddots \vdots \\ a_{i1}\cdots a_{ij} \end{bmatrix}$，$a_{ij}=1$ 表示 i 点与 j 点为相邻点，否则 $a_{ij}=0$

$$\min \sum_{j \in J} w_j y_j \tag{7-1}$$

$$\min \sum_{i \in I} \sum_{j \in J} c_{ij} x_{ij} \tag{7-2}$$

s.t.

$$\sum_{j \in J} a_{ij} x_{ij} = 1 \quad \forall i \in I \tag{7-3}$$

$$x_{ij} \le y_j \quad \forall i \in I, j \in J \tag{7-4}$$

$$w_j = l_j + \theta \sum_i x_{ij} u_i \quad \forall j \in J \tag{7-5}$$

$$y_j \in \{0,1\} \quad \forall j \in J \tag{7-6}$$

$$x_{ij} \in \{0,1\} \quad \forall i \in I, j \in J \tag{7-7}$$

其中，式（7-1）表示最小化配送中心租赁成本；式（7-2）表示最小化配送成本。式（7-3）表示每个区域只能由一个配送中心进行配送服务；式（7-4）表示每个区域只能由已建立配送中心的区域为其进行配送服务；式（7-5）为在 j 点建立配送中心所需的成本构成；式（7-6）和式（7-7）限制了 x_{ij} 和 y_j 的取值。

将全国未被覆盖的区域看作一个无向图内的各顶点，若两区域相邻则视作它们之间存在一条边相连。将所有未被覆盖区域抽象成为一个无向图后，可根据模型中的约束（7-5）计算出各区域为物流配送中心运作投入的成本，将这些成本作为每个顶点的权值，进而选出能覆盖图内所有边且权值总和最小的顶点集合即为该图的最小权顶点覆盖集合，被选中的顶点即为配送中心的最优选址区域。

完成配送中心选址后，将每个配送中心与其周围相邻区域划分为一个物流配送区域，此时存在某区域同时被划分在两个区域内的情况，为保证每个区域只由一个配送中心进行配送服务（即每个省、市、自治区只能被划分在一个配送区域内），将平均配送成本作为区域划分的第二个衡量指标，此时采用先获取此区域某个月的全部订单数据，基于此区域的历史订单得到此区域的平均订单重量作为代表订单，再根据运费规则得到各备选配送中心到此区域的运费，对此区域依据最小运费原则选择最优配送中心，并将此区域从其他配送中心的覆盖区域中剔除。至此，以物流配送中心为枢纽的各区域已形成。

（三）算法设计

解决选址问题的算法可分为三步：① 将未被覆盖区域抽象成为图7-1所示的无向图，为各区域编号，并根据在各区域建立物流配送中心所需成本为各区域所在顶点赋权；② 采用优先队列分支限界算法解此最小权顶点覆盖问题，得出配送中心的最优选址结果，此结果表示能使物流配送中心总租赁成本最小的选址方案；③ 得到配送中心选址结果后，针对每个配送中心所在顶点，将与其相邻的顶点划分到此顶点的配送区域内，以此形成若干配送区域，若存在某区域同时被划分在

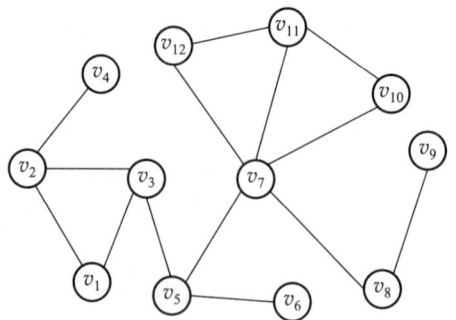

图7-1 未被覆盖省份形成的无向图

若干配送区域内（即为此区域提供订单配送的配送中心数≥2），则通过运费规则计算其所在区域内各配送中心为其配送订单所需的运费，比较运费大小选出配送费用最小的配送中心来为此区域进行订单配送，依次遍历每个被重复覆盖区域直至所有区域都只由一个配送中心提供服务。

采用最小权顶点覆盖来描述配送中心选址问题，因此可将此问题描述为一个赋权无向图 $G = (V, E)$（共 n 个顶点，m 条边），每个顶点 $v_i \in V$ 都有一个权值 w_i。如果 $U \subseteq V$，且对任意 $(u_i, v_i) \in E$ 有 $u_i \in U$ 或 $v_i \in U$，就称 U 为图 G 的一个顶点覆盖。G 的最小权顶点覆盖是指 G 中所含顶点权之和最小的顶点覆盖。

1. 输入数据：

n 为图的顶点数量。

m 为图的边数量。

c_{ij} 为 j 点配送 i 点订单的平均配送成本。

l_j 为在 j 点建设配送中心所需的基本设施费用。

u_i 为 i 点每月订单的平均 unit 需求量对应的体积。

θ 为单位体积商品所需库位成本。

A 为判断两点是否相邻的邻接矩阵。

2. 优先队列分支限界算法

针对最小权顶点覆盖问题的优先队列分支限界算法流程如图7-2所示。其中算法中自带的参数如表7-3所示。

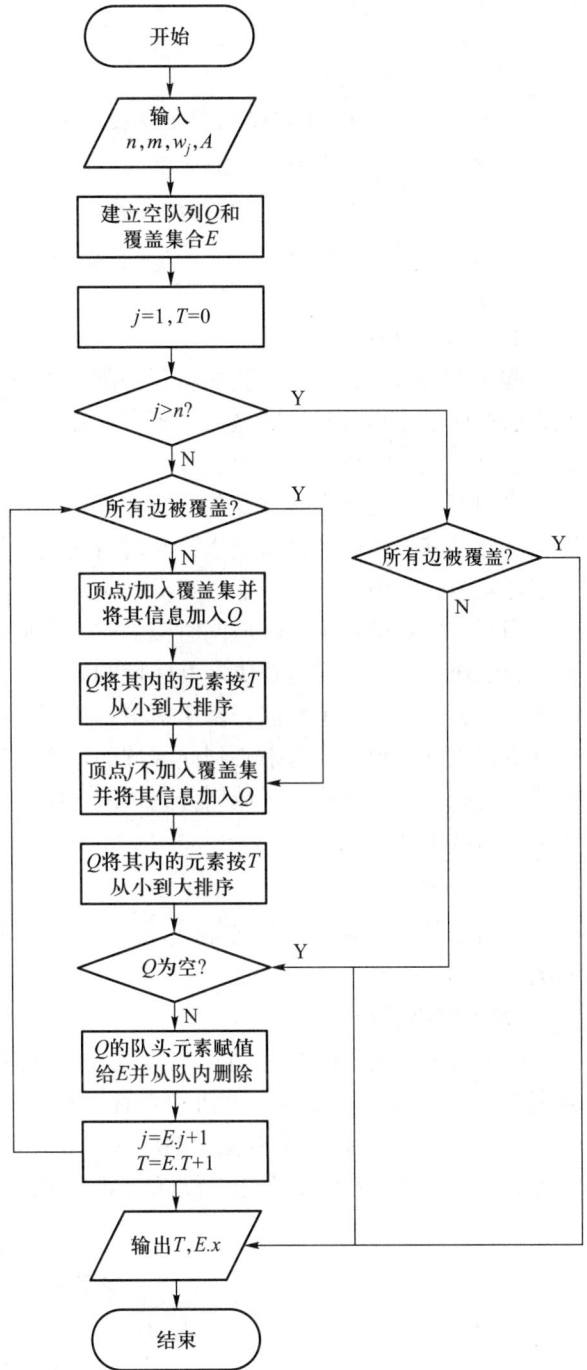

图7-2　优先队列分支限界算法流程

表7-3　优先队列分支限界算法参数

参数	含义
j	顶点编号
x^*	表示订单是否在覆盖订单集合中

续表

参数	含义
c^*	表示覆盖订单所有的邻接顶点集合
T	覆盖订单的权值之和
E	表示最小权顶点覆盖集合
Q	表示将所有覆盖顶点集合按 T 由小到大排列的优先队列

3. 物流配送区域划分

配送中心选址完成后，我们将每个配送中心及其周围区域划分为一个配送区域，采用此方法形成多个物流配送区域后，不可避免地会产生两配送中心所在区域相邻或某一区域被若干个区域同时覆盖的情形。

当两配送中心所在区域相邻时，两配送中心分别负责本区域与区域内除对方配送中心所在区域外其他区域的订单配送，此时可使两区域内所有区域都只由一个配送中心负责订单配送且两配送中心的订单配送互不干扰。

当某一区域被若干个区域同时覆盖时，我们可根据该区域所在区域内所有配送中心为该区域配送订单的平均运费决定其区域归属。各配送中心到此区域的运费 c_{ij} 可通过获取该区域某个月的全部订单数据，基于历史订单得到此区域的平均订单重量作为代表订单，再根据运费规则得到各配送中心到此区域的运费，依据最小运费原则选择为此区域配送订单的最优配送中心，并将此区域划分到该配送中心所在区域内，同时将此区域从其他配送中心覆盖区域中剔除。

4. 数据输出

输出的数据包含 y_j，x_{ij}，T 和 $\sum_{i \in I} \sum_{j \in J} c_{ij} x_{ij}$，得到最优的配送中心选址点与区域划分结果如图7-3所示。

（四）结果展示

此结果中，余下的12个省、自治区被划分为5个区域，这5个区域的配送中心所在地分别为新疆、云南、甘肃、山西和吉林，如图7-3所示。实践中，公司新增配送中心运营成本53万元，总运营成本变为318.38万元。虽然此时运营成本相比方案实施前增加了53万元，但此方案在配送费用及配送时效上相比原方案都有显著提升。

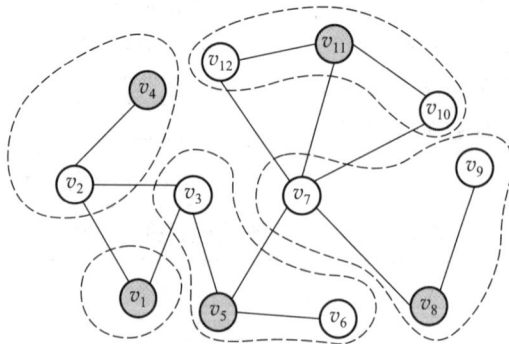

图7-3 改进划分结果示意图

二、不同公司的库位规划

（一）背景及现状

A公司在多个领域与沃尔玛展开战略合作。A公司是最早开始做"网上超市"的电子商务公司，自从成立以来，A公司一直保持着快速增长的态势，可销售的SKU种类达到百万级别，覆盖了食品、家居用品、商务办公、户外运动等品类，并以北京、上海、广州等七个运营中心形成辐射全国的物流网，能够快速地应对市场需求。

B公司于2010年正式投入运营，其仓库面积约12 000平方米，存储能力可达140万件商品，服务包括湖北、湖南、江西、河南等省份。B公司采用先进的库存管理系统，应用扫码技术处理商品入库、存储、拣货、出库等运营环节，出库运营效率高，每天可以处理数以万计的订单。使得华中地区大部分的订单减少1~3天的配送时间，进一步完善了其全国物流体系。

作为中国互联网医药健康的领军企业，C公司致力于用互联网思维，解决中国大众"看病难、买药贵"的问题。与"医药京东"类似，C公司是一家包含自营与第三方药店的混合平台，拥有500多家大型医药供应商。目前，C公司在上海、广州、武汉等一线城市均设有线下实体药店，并在上海、天津、广州、成都以及武汉建有仓储中心，订单已覆盖全国各地。

仓库的布局如图7-4所示，仓库采用单区型的布局，总共设置3个区域，总共20 000个库位，每个区域有出入库频次的限制，第一个区域存放的是销量前80%的商品，其商品数量占20%左右，第二个区域存放的是销量中等的商品，其数量在50% ~ 60%之间，第三个区域存放的是销量较低的商品，其数量占20%左右。根据高中低三个出入库频次商品的平均销量来为各区域分配库位数量，同时保留一定的库位数量作为缓冲区域。

在仓库的管理中，从商品接收到商品出库，商品的库位推荐与拣选是两个关键的步骤。分拣区与卸货区均位于仓库平面图的左下角，货架背对背纵向排列，货架之间有拣货巷道，两侧有过道。拣货员可在巷道和过道中行走进行拣货，在巷道内可以拣选两边货架的货物。仅考虑单层货架的情况，货架可以摆放不同类型的商品。一个拣货波次中的商品通常位于不同的货架上，拣货策略的选择决定了拣货的效率。

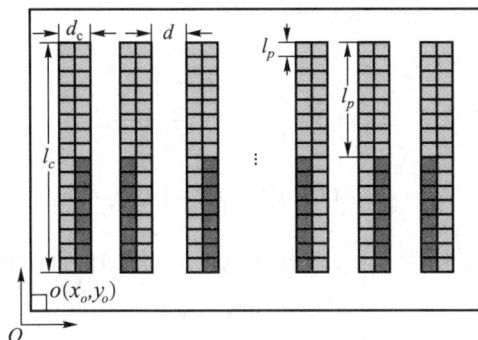

图7-4　仓库布局示意图

仓库一般采用的拣货策略有两种，S型拣货策略和返回型拣货策略。S型拣货策略即拣货员从巷道的一端进入，拣选巷道两侧货架的商品，然后从巷道的另一端离开，然后前往下一个所需拣选商品的巷道，直到该波次所有商品拣选完毕。返回型拣货策略从巷道的一端进入，先拣选巷道一侧的商品，拣选完毕后返回拣选巷道另一侧的商品，然后从进入巷道的同一侧离开，再拣选下一个巷道的商品，以此类推，直到拣选完该波次的商品为止。由于两种拣货策略过于机械，有时会产生不必要的行走距离，从而导致拣货效率低下，故采用S型与返回型相结合的拣货策略来灵活应对拣货过程中的路径选择，减少拣货距离，提高拣货效率。

在分类随机存储模型中，首先根据商品的出入库频次特性利用ABC分类法把商品划分为三个大类，出入库频次越高的大类离出入口越近。其中A类商品放在距离出入口最近的库位上。这些存货销量高、品种少，且单位价值较大，这类存货的品种数大约只占全部存货总品种数的20%，而从一定期间出库的金额看，这类存货出库的金额大约要占到全部存货出库总金额的70%。C类的是为数众多的低值商品，从品种数量来看，这类存货的品种数大约要占全部存货总品种数的60%，而从一定期间出库的金额看，这类存货出库的金额大约只占全部存货出库总金额的10%。B类存货则介于这两者之间，从品种数和出库金额看，占全部的20%。而在固定存储策略中，不进行区域的划分，其存储原则为在基于出入库频次的条件下充分考虑商品之间的相关性。在两种存储策略下，每次的存储过程只上架一种商品；而在拣货过程中，为避免波次分配对拣货距离产生影响，两种策略均采用相同的波次分配策略。

然后根据仓库的布局以及历史平均销量来确定每一大类的库位数量。在为每一大类分配具体库位时，首先计算每一大类的库位到出入口的距离，综合考虑商品的出入库频次和商品之间的相关性，然后利用混合整数规划模型求解得到具体的库位分配结果，确保出入库频次高的商品存放在离出入口近的库位，相关性强的商品存放在距离较近的库位上，运用离散差分进化算法进行求解。

商品相关性的计算充分考虑两种商品同时在订单中出现的次数和各自单独在订单出现的次数，使得两种商品的相关性呈现对称的关系。

库位之间的距离采用直角坐标系进行计算，如图7-4所示，以第一列货架左下角为原点$o(x_o, y_o)$构建坐标系，货架长度为l_c，货架宽为d_c，巷道宽为d，库位长l_p，每节货架长度为l_B，巷道序号为C，假设库位的坐标为$P(x, y)$，库位编号为$C\text{-}B\text{-}P$，则其坐标计算公式为：

$$x = \begin{cases} x_o, & C=1 \\ x_o + \left[\dfrac{C}{2}\right]d_c + \dfrac{2\left[\dfrac{C}{2}\right]-1}{2}d, & C \geq 2 \end{cases} \quad (7\text{-}8)$$

$$y = y_o + (B-1)l_B + (P-1)l_p + \dfrac{l_p}{2}$$

假设任意两个库位的坐标为$W_i(x_i, y_i)$和$W_j(x_j, y_j)$，其横向和纵向最短距离为：

$$X_{ij} = \left| x_i - x_j \right| \quad (7\text{-}9)$$

$$Y_{ij} = \begin{cases} \min\left\{y_i + y_j - 2y_o, 2l_c - (y_i + y_j - 2y_o)\right\}, & \left[\dfrac{C_i}{2}\right] \neq \left[\dfrac{C_j}{2}\right] \\ \left| y_i - y_j \right|, & \left[\dfrac{C_i}{2}\right] = \left[\dfrac{C_j}{2}\right] \end{cases} \quad (7\text{-}10)$$

则折线距离为$d_{p_ip_j}=X_{ij}+Y_{ij}$。对于商品i的上架过程，假设$p_1,p_2,\cdots,p_{n_i}$为其上架的库位，则上架的总距离成本为$x_o+y_o+d_{op_1}+\sum_{i=1}^{n-1}d_{p_ip_{i+1}}$。

拣货过程按照商品种类进行拣货，拣完一个波次之后回到出入口的位置。假设一个波次中总共有Q种商品$(Q\geqslant1)$，在拣选过程中，当一个库位中的商品不能满足需求时，需要到其他的拥有该商品的库位中拣货，比如一个依次拣选位于库位p_1,p_2的商品i和位于库位p_3的商品m，则拣货过程的总距离为：$x_o+y_o+d_{op_1}+\sum_{i=1}^{2}d_{p_ip_{i+1}}+x_3+y_3$，其中$x_3+y_3$为拣完最后一种商品回到出入口的距离。

为了方便表示，设$\Upsilon=\{1,\cdots,N\}$，$\Upsilon^-=\{0,\cdots,N\}$，$\Upsilon^+=\{1,\cdots,N+1\}$，$T=\{1,\cdots,N\}$，$\Lambda=\{1,\cdots,M\}$，$Z=\{1,\cdots,K\}$，$O=\{1,\cdots,O\}$。其中，假设库位$N$代表的紧急库位，其拥有无限的容量（$c=\infty$）和各种充足的商品，但它的存储成本与拣货成本是一个很大的数。因为在实际的仓库中，当供应商送达仓库商品过多时，库位空间不足，会导致仓库出现爆仓的情况，商品只能存放在其他区域，导致仓库对其的管理成本增加，即对应过高的存储成本。当仓库出现缺货情况时，可以从其他的地方进行调度以满足订单需求，从而产生了额外的配送成本，即对应过高的拣货成本。

（二）分类随机存储模型

根据假设条件定义参数与变量（见表7-4）：

表7-4　参数符号及含义

参数	含义
i	第i个商品（SKU），$i=1,\cdots,M$
j	第j个库位，$j=1,\cdots,N$
o	第o个订单，$o=1,\cdots,O$
b_i	商品i的出入库频次，$i=1,\cdots,M$
B_i	商品i的出入库频次等级，$i=1,\cdots,M$，$B_i=1,2,3$
g_j	库位j的出入库频次，$j=1,\cdots,N$
G_j	库位j的出入库频次等级，$j=1,\cdots,N$，$G_j=1,2,3$
e_{oi}^t	第t周期订单o中商品i的数量，$t=1,\cdots,T$
f_i	商品i的体积，$i=1,\cdots,M$
s_{jl}	库位j到库位l的平均距离成本，$j=1,\cdots,N$，$l=1,\cdots,N$，s_{jj}表示库位到出入口的平均距离成本
u_{im}	商品i与商品m的相关系数
r_{jl}	库位j到库位l的拣货成本，$j=1,\cdots,N$，$l=1,\cdots,N$
c_j	库位j的容量

续表

参数	含义
a_i^t	第t周期到达仓库的商品i的数量，$t=1,\cdots,T,\ i=1,\cdots,M$
q_{ij}^t	第t周期开始时库位j中商品i的数量，$t=1,\cdots,T,\ j=1,\cdots,N,\ i=1,\cdots,M$
V	单个波次所能拣选商品的最大容量

决策变量	含义
v_{ij}^t	第t周期分配到库位j的商品i的数量
$w_{ij}^{k,t}$	第t周期第k波次在库位j拣选的商品i的数量
$x_{jl}^{k,t}$	0–1变量，若第t周期第k波次依次拣选库位j和库位l的商品，则$x_{jl}^{k,t}=1$，否则，$x_{jl}^{k,t}=0$
y_{ij}^t	0–1变量，若第t周期商品i分配到库位j，则$y_{ij}^t=1$，否则，$y_{ij}^t=0$
$h_o^{k,t}$	0–1变量，若第t周期把订单o分配到波次k，则$h_o^{k,t}=1$，否则，$h_o^{k,t}=0$

在分类随机存储策略中，仓库划分为N区域，我们结合库位推荐过程与拣货过程构建一个以最小化仓库总成本为目标的线性函数：

$$\min \sum_{t\in T}\sum_{i\in\Lambda}\sum_{m\geqslant i}\sum_{j\in\Upsilon^-}\sum_{l\in\Upsilon^+}(b_i b_m u_{im} s_{jl} y_{ij}^t y_{ml}^t) \tag{7-11}$$

$$\min \sum_{t\in T}\sum_{j\in\Upsilon^-}\sum_{l\in\Upsilon^+}\sum_{k\in Z} x_{jl}^{k,t} r_{jl} \tag{7-12}$$

$$\text{s.t.} \sum_{j\in\Upsilon} v_{ij}^t y_{ij}^t = a_{ij}^t \quad i\in\Lambda, t\in T \tag{7-13}$$

$$G_j y_{ij}^t = B_i \quad i\in\Lambda, j\in\Upsilon, t\in T \tag{7-14}$$

$$q_{ij}^t + \sum_{i\in\Lambda} v_{ij}^t \leqslant c_j \quad j\in\Upsilon, t\in T \tag{7-15}$$

$$\sum_{i\in\Lambda} y_{ij}^t = 1 \quad j\in\Upsilon, t\in T \tag{7-16}$$

$$q_{ij}^0 = 0 \quad i\in\Lambda, j\in\Upsilon \tag{7-17}$$

$$q_{ij}^{t+1} = q_{ij}^t + v_{ij}^t - w_{ij}^t \quad i\in\Lambda, j\in\Upsilon, t\in T \tag{7-18}$$

$$\sum_{k\in K} h_o^{k,t} = 1 \quad o\in O, t\in T \tag{7-19}$$

$$\sum_{o\in O}\sum_{i\in\Lambda} h_o^{k,t} e_{oi}^t f_i \leqslant V \quad k\in Z, t\in T \tag{7-20}$$

$$\sum_{j\in\Upsilon} w_{ij}^{k,t} = \sum_{o\in O} h_o^{k,t} e_{oi}^t \quad i\in\Lambda, k\in Z, t\in T \tag{7-21}$$

$$\sum_{l\in\Upsilon} x_{jl}^{k,t} = 1 \quad j\in\Upsilon^-, k\in Z, t\in T \tag{7-22}$$

$$\sum_{j\in\Upsilon^-} x_{jl}^{k,t} = 1 \quad j\in\Upsilon, k\in Z, t\in T \tag{7-23}$$

$$\sum_{j\in D, l\notin D} x_{jl}^{k,t} \geq 1 \quad D \text{为待拣选库位的集合的任一子集} \tag{7-24}$$

目标函数（7-11）表示最小化周期 T 内商品到库位的推荐过程产生的成本；目标函数（7-12）表示最小化周期 T 内拣货过程的距离总成本；公式（7-13）表示第 t 周期到达仓库的商品 i 分配到仓库各个库位中；公式（7-14）表示第 t 周期商品 i 分配到库位 j 的前提是商品 i 与库位 j 的出入库频次等级相等；公式（7-15）表示第 t 周期分配到库位 j 的商品的体积与该库位现有商品体积之和不能超过库位 j 的容量；公式（7-16）表示第 t 周期库位 j 只能存储一种商品；公式（7-17）表示初始时商品 i 在库位 j 的存储为0；公式（7-18）表示商品 i 在第 $t+1$ 周期开始时在库位 j 的库存量等于第 t 周期的库存量减去拣货数量再加上到货数量；公式（7-19）表示第 t 周期中一个订单只能分配到一个拣货波次当中；公式（7-20）表示第 t 周期每个波次商品的体积之和要小于或者等于给定的体积 V；公式（7-21）表示第 t 周期第 k 波次在仓库各库位中拣选的商品 i 的数量之和等于第 k 波次订单中商品 i 的需求；公式（7-22）表示第 t 周期第 k 波次拣选库位 j 之后有且只有一个拣货库位；公式（7-23）表示第 t 周期第 k 波次拣选库位 l 之前有且只有一个拣货库位；公式（7-24）表示跳出子路径的拣货循环，确保一个完整的拣货路径。

（三）固定存储模型

在固定存储策略当中，各商品的出入库频次不进行等级划分，仓库根据历史的订单需求情况为每一商品分配库位数量，使得仓库能够容纳其最大的历史需求量，其中库位与商品的出入库频次一一对应，如果两种商品的出入库频次相同，可以对其进行标号区分。

固定存储策略的目标函数与分类随机存储策略相同，其区别主要在于商品与库位的出入库频次对应，

$$g_j y_{ij}^t = b_i \quad i\in\Lambda, j\in\Upsilon, t\in T^- \tag{7-25}$$

公式（7-25）的含义是第 t 周期商品 i 存分配到库位 j 的前提是商品 i 与库位 j 的出入库频次相等，其余的约束条件与分类随机存储的约束条件相同。

（四）基于快消品、图书和医药行业的结果对比

选取快消品行业、图书行业和医药行业三种行业下的订单结构进行分析，各自行业对应的订单结构为9~12个商品（订单），2~3个商品（订单）和1~2个商品（订单）。在不同订单结构下，分别采用分类随机存储模型与固定存储模型进行求解分析。

在同一仓库背景下，仓库中商品的种类数设置为10 000种，仓库数据如表7-5所示。结合A，B和C公司调研得到的订单结构，在这三种行业订单结构下运用离散差分进化算法进行求解。

表7-5 仓库数据

单位：米

名称	数值	名称	数值
库位长	1.2	库位宽	1
货架长	60	货架宽	2
巷道宽	2	墙边距	1

1. 分类随机存储策略结果分析

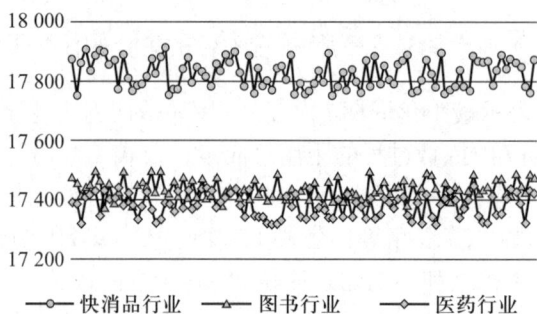

图7-5   分类随机存储策略总成本对比

总成本对比见图7-5，总成本见表7-6：

表7-6   各订单结构下的总成本   单位：万元

行业	快消品行业	图书行业	医药行业
总成本	17 820.59	17 436.20	17 378.79

综上所述，当采用随机存储策略时，快消品行业的总成本最高，其次是图书行业的总成本，医药行业的总成本最低。在各行业的订单结构下，快消品行业的总成本比医药行业总成高了2.48%，快消品行业的总成本比图书行业总成本高了2.16%，而图书行业比医药行业总成本高了0.33%。

2. 固定存储策略结果分析

与分类随机存储策略一样，在同一仓库背景下，固定存储策略采用同样的数值运算分析，可以得到图7-6和表7-7。

与分类随机存储策略一样，快消品行业的总成本最高，其后依次是图书行业和医药行业。在各行业订单结构下，快消品行业的总成本比医药行业总成高了2.04%，快消品行业的总成本比图书行业总成本高了1.51%，而图书行业比医药行业总成本高了0.54%。

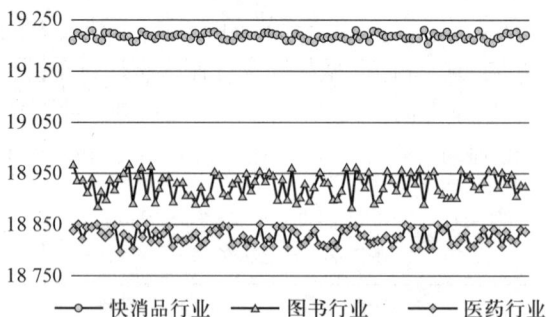

图7-6   固定存储策略总成本对比图

表7-7　各订单结构下的总成本　　　　　　　　　单位：万元

行业	快消品行业	图书行业	医药行业
总成本	19 217.24	18 927.73	18 825.30

3. 两种策略研究对比

经过前面的研究分析可以看出，分类随机存储策略与固定存储策略在各订单结构下总成本的变化趋势相似，下面将分析在同一行业订单结构下两种策略总成本优劣情况。

表7-8　总成本差值百分比

行业	快消品行业	图书行业	医药行业
分类随机存储策略（万元）	17 820.59	17 436.20	17 378.69
固定存储策略（万元）	19 217.24	18 927.73	18 825.30
差值百分比	7.27%	7.88%	7.68%

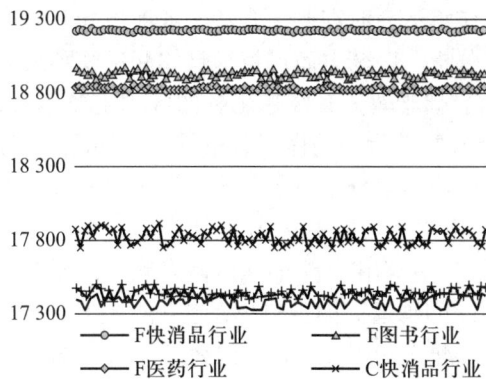

图7-7　两种策略总成本对比图

从表7-8和图7-7可以看出（C表示分类随机存储策略，F表示固定存储策略），在各行业的订单结构下，均是分类随机存储策略的总成本比低。在不同的行业下其总成本的差值也有所不同，从快消品到图书行业再到医药行业，随着订单包含的SKU数量逐渐降低，分类随机存储策略与固定存储策略总成本差值百分比先上升再下降，三个行业的差值百分比在7.61%左右。

三、承运商选择优化

（一）背景及问题

A公司的供应链部门在选择承运商时采用多种承运商共同配送的方法，首先A公司供应链部门会基于市场上承运商的服务水平、服务质量、市场收费标准等指标选出多家承运商作为公司的意向承运商，然后与意向承运商谈判并签订配送合同，最终仅签订了顺丰和德邦2家合作承运商，基于这2家合作承运商，A公司医药零售平台的配送范围即可覆盖全国。当订单包装完成后，包装人员将商品放置在暂存区，待发货人员扫描商品匹配承运商，并将商品放置在对应承运商的发货区，等待承运商配送。当前，医药零售平台在选择承运商时需满足三个要求：第一，订单可送达，不同承运商的可配送覆盖范围不同，在选择承运商时先要满足可送达这一基本要求；第二，满足配送时效，所选择承运商的配送时间需满足公司基本的时效，即72小时送达（偏远地区无法满足该时效要求的无须理会该条件），另外有些客户的加急订单需要快速配送时，则选择满足时效的承运商；第三，竞争品牌互斥，由于A公司存在第三方销售平台，而不同的销售平台订单可能与承运商之间存在品牌竞争关系，此种承运商需要排除，比如在淘宝获取的订单就不能选择京东物流进行配送。由于当前A公司的合作承运商数量较少，所以在满足以上三点要求后很多城市可选承运商很少，其中只有一个承运商可配送的比率为40%。最终仓库基于简单方便的原则，配送承运商选择逻辑为随机选择，系统以能够送达订单配送地址、配送时效、竞争品牌互斥为条件筛选可选承运商，随后在可选承运商中随机选择一家承运商进行配送，最后在月末按照整月的配送订单情况与承运商进行配送费用月结算。

首先，定性来说，承运商的运营规模、软硬件情况、信息技术应用、运输管理制度、服务质量、运输经验与能力等指标不尽相同，这些指标也是企业筛选承运商需考察的重要条件，医药电商在选择合作承运商时需要综合考察各项指标。然后，基于初步筛选的合作承运商集合后可进行定量分析，医药电商可根据具体配送规则来为每个订单选择合适的承运商，如中国邮政、德邦、顺丰等，其配送服务的区别主要体现在三个方面：① 运费计价规则，一般而言运费会与配送货物的体积、重量、运输距离、运输区域相关；② 配送时效规则，各大承运商的运输网络分布情况各异，配送覆盖区域以及各区域运输时间略有不同；③ 优惠折扣规则，不同承运商的优惠准则不同，可能与订单总数量、总价格、总体积、总重量相关。若所有订单均由一个的承运商来配送，那么平台可获得该承运商的较大优惠折扣，但是因为不同的承运商的价格体系、配送时效以及运输网点分布情况各异，所以选择唯一承运商会导致配送费用高、订单时效低、特殊偏远区域无法送达等问题。因此，电商需要根据订单情况来制定承运商组合配送策略，在满足所有订单配送要求的同时降低配送费用，那么如何选择最优的承运商组合配送方案则是医药平台需要考虑的问题。

针对处于成长期的A公司，在其不断发展的过程中，目前不考虑成本的随机承运商选择模式显然不合理，主要体现在以下几点：

1. 合作承运商数量过少

当前公司的发展重心在于扩大市场占有率以及拓宽销售商品广度，对于承运商配送环节的要求仅仅是72小时送达，合作的2家承运商组合配送可以满足A公司当前的要求。但是，在覆盖的363个城市中，通过三大基本条件筛选出候选承运商时，有40%的城市仅有一个承运商可选，此数据可表明当前合作承运商的数量还太少，需要继续扩大。随着企业的不断发展，单量不断增加，市场对时效的要求越来越高，成本在竞争获取优势的过程中越来越重要，届时仅2家合作承运商不足以在配送时效的竞争中处于优势，企业的供应链部门需要也必将增加其合作承运商的数量。

2. 随机选择匹配模式不合理

A公司在4位合作承运商中，选择能够满足订单可送达、实现配送时效、竞争品牌互斥三个条件的候选承运商中随机选择承运商，此种模式下并未考虑公司的配送成本。而且对于无法满足72小时配送的地区，随机选择承运商会出现运费成本高且配送时间长的问题，随机选择承运商从时效和成本两个角度看均不合理。

3. 未充分利用承运商的折扣规则

一般承运商在月末结账时，会依据该月内累计的月订单总数量、月订单总价格等因素给电商相应数量的配送成本折扣，若在选择承运商时考虑折扣规则，有计划有目的地选择承运商，使得最终承运商的订单量达到某个程度并最终获得有效折扣，电商则可以降低部分配送成本。

（二）承运商选择模型

基于配送时效与成本的承运商选择模型，是在满足客户对配送时效要求的前提下，选择配送成本最小的配送承运商。实际中承运商选择问题会受诸多现实因素的影响，比如承运商的配送时效，承运商实际运输的时效可能高于合同中给定的时效，因此为了简化订单的承运商选择问题，需要提出一些假设。

单个发货周期内各项参数定义说明如表7-9所示。现假设在发货周期 t_1-t_2 内，电商平台销售订单共计 N 个，用订单集合 $O = \{o_i | i = 1,2,\cdots,N\}$ 表示，其中每个订单的重量 W_i、发货地点 S_i、送货地点 E_i、配送时效要求 ϕ_i 等信息均已知。假设电商平台存在 K 个与平台签约可供选择的承运商，用承运商集合 $M = \{M_k | k = 1,2,\cdots,K\}$ 表示。对于电商平台而言，每个承运商的运费计价规则 $C^k(W,S,E)$ 均与订单重量 W_i 和订单的起始点相关，承运商的配送时效规则 $T^k(S,E)$ 与订单的起始点相关。对于所有信息均已知的订单，承运商对于订单的配送能力参数为 I_i^k，若承运商可配送订单 i，则 $I_i^k = 1$，不能配送则 $I_i^k = 0$。

表7-9 参数及含义

参数	含义
N	单个发货周期内累计订单总数量
O	单个发货周期内所有订单的集合，$O = \{o_i | i = 1,2,\cdots,N\}$
W_i	订单 i 的重量
S_i	订单 i 的发货地点
E_i	订单 i 的送货地点
ϕ_i	订单 i 的配送时效要求
Φ	所有订单的时效要求集合，$\Phi = \{\phi_i | i = 1,2,\cdots,N\}$
K	当前所有可选承运商的个数
M	当前所有可选承运商的集合，$M = \{M_i | k = 1,2,\cdots,K\}$
$C^k(W,S,E)$	承运商 k 的运费计价规则函数，与订单重量和起始点相关
$T^k(S,E)$	承运商 k 的配送时效规则函数，与订单起始点相关
I_i^k	承运商 k 对于订单 i 的配送能力参数，可配送为1，否则为0

若第 i 个订单由第 k 个承运商配送，则需支付运费 $c_i^k = C^k(W_i, S_i, E_i)$，配送时间为 $t_i^k = (S_i, E_i)$，各变量说明如表7-10所示。

表7-10　参数及含义

参数	含义
x_i^k	若订单 i 由承运商 k 配送则为1，否则为0
c_i^k	订单 i 由承运商 k 配送时需支付的运费
t_i^k	订单 i 由承运商 k 配送时的承运商配送时效
Ω	发送所有订单 O 所需支付的总运输费用

电商在选择承运商时，所有的客户订单均只能由一家承运商配送，针对每个订单选择承运商必须可配送，且每个订单必须在客户要求时间内送达。在满足客户订单要求的前提下，使得电商的总运费 Ω 最小化，可建立以下模型：

$$\min \Omega = \sum_k \sum_i c_i^k x_i^k \qquad (7-26)$$

$$\text{s.t.} \quad \sum_k x_i^k = 1 \quad \forall i = 1, 2, \cdots, N \qquad (7-27)$$

$$x_i^k \leqslant I_i^k \quad \forall k = 1, 2, \cdots, K; i = 1, 2, \cdots, N \qquad (7-28)$$

$$x_i^k t_i^k \leqslant \phi_i \quad \forall i = 1, 2, \cdots, N \qquad (7-29)$$

$$c_i^k = C^k(W_i, S_i, E_i) \quad \forall k = 1, 2, \cdots, K; i = 1, 2, \cdots, N \qquad (7-30)$$

$$t_i^k = T^k(S_i, E_i) \quad \forall k = 1, 2, \cdots, K; i = 1, 2, \cdots, N \qquad (7-31)$$

$$x_i^k = \begin{cases} 1, & \text{若订单} i \text{由承运商} k \text{配送} \\ 0, & \text{否则} \end{cases} \qquad (7-32)$$

式（7-26）表示电商需支付的总运费最小化；式（7-27）表示每个订单有且仅有一个承运商配送；式（7-28）表示每个订单分配的承运商有能力配送该订单；式（7-29）表示选择的承运商配送时间不超过客户订单要求时间；式（7-30）表示公司各订单分配给承运商后需要支付的配送费用；式（7-31）表示公司各订单分配给承运商后需要的配送时间；式（7-32）为决策变量。

（三）结果分析

选取2018年某月某仓所有的销售出库订单数据，该月订单销售范围覆盖全国30个省、市、自治区以及319个城市，共计38 170条销量数据。A公司当前签约合作承运商只有两家，分别是顺丰和德邦。所有数据均源于实际数据，但是基于对A公司数据的保护，在本次测算中所有数据都已作相关处理。

基于实际中的38 170条销售订单数据，按照两种原则进行承运商选择，然后得到不同方案下的平台配送成本和时效。第一种方案是按照实际方法进行承运商选择，即在满足72小时配送的前提下随机选择；第二方案是在满足72小时配送时效要求下按照成本模型进行承运商选择，部分偏远地区所有承运商均无法满足72小时配送时，也按照成本模型进行选择。结果如表7-11和图7-8所示。

表7-11　不同方案成本时效结果统计表

指标	订单数量	月总配送成本（元）	平均配送成本（元/单）	成本降低比率	平均配送时效（小时/单）	时效降低比率	订单数量各个时效分布			
							24小时	48小时	72小时	72小时+
随机选择		3 639 555	95.35	—	56.86	—	18.3%	32.2%	45.3%	4.2%
成本模型（72小时）		3 489 981	91.43	4.11%	61.52	−8.18%	18.2%	14.5%	63.2%	4.2%
成本模型（48小时）	38 170	3 591 781	94.10	1.31%	57.12	−0.46%	18.2%	50.3%	13.0%	18.5%
成本模型（24小时）		3 424 794	89.72	5.90%	66.74	−17.4%	18.4%	12.0%	48.8%	20.7%

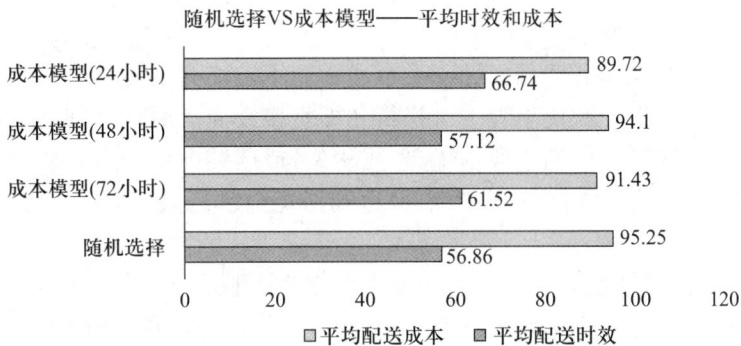

图7-8　随机选择与成本模型的平均时效和平均成本对比图

由图7-8不难看出，在时效要求分别在72小时、48小时、24小时成本模型得到的每单配送成本均低于随机选择的成本，相应的降低比率分别为4.11%、1.31%和5.90%，其中在24小时的配送要求下成本降低比例最大。

与之相反的是，在时效要求分别在72小时、48小时、24小时成本模型得到的每单配送时效均高于随机选择的时效，相应的时效增加比例分别为8.18%、0.46%和17.4%，其中在24小时的配送要求下时效的增加比例最大。显然，以降低成本为目标，就会导致配送时效的增加，这种结果与成本时效呈负相关的理论是一致的。

从实验结果可知，在该公司实际72小时的要求下，基于配送时效与成本的承运商选择模型每月可减少配送费15万元，将原来每单95.35元的平均配送成本降低至91.43元，降低比例为4.11%，但是每单配送时间会由56.86小时增加到61.52小时，增加8.18%。其中配送时间72小时的订单数量占比63%，48小时及以内的订单占比32%。若将配送时效要求改成48小时，那么在成本模型每月可减少配送费4.7万元，平均每单配送成本减少至94.10元，降低1.31%，同时平均配送时效仅提高至57.12小时，增加0.46%，有68%的订单配送时效在48小时以内。

综上所述，在选择合适配送时效标准时，基于配送时效与成本的承运商选择模型可通过增加少量配送时效来降低医药平台的配送成本，且最终订单的配送时效将主要集中在要求配送时效中。

四、需求预测

（一）公司背景及需求预测现状

Y公司是国内互联网医药健康行业的龙头企业，其致力于通过科技赋能商业，为医疗机构、线下药店及大众消费者提供问诊买药复诊的一站式服务，以打造中国最大的互联网医药健康平台。在互联网医疗日渐普及的背景下，Y公司在"O2O"模式下的销售额与日俱增，新冠肺炎疫情期间注册用户增长更是超过了50%，这促使企业更有动力开展与线下药店的合作，极力打造"医+药+支付"的一站式极致客户体验。经销售数据分析得出，Y公司"O2O"业务70%以上销售额来自销量前200的商品。

数据显示，中西药品在销量前200的商品中的数量、销售量占比和销售额占比三项指标上均超过所有品类总和的60%，是销售贡献最大的一类药品，维生素钙剂、滋补保健和隐形眼镜三大品类紧随其后。

为刺激消费者的在线消费积极性，平台通常会不定期开展各种形式的促销活动，常见的促销手段有价格折扣和优惠券。价格折扣即直接在商品原价基础上给予消费者折扣优惠，是最为直接的降价促销手段；优惠券是平台或店铺向消费者发放的礼券，消费者在获得优惠券后若在平台指定店铺内消费达到指定金额，则可享受优惠券规定的价格优惠。

药品的需求预测在Y公司自主开发的智能供应链管理系统中有所涉及，系统中的库存管理模块和采购模块会根据需求预测结果制定相应的补货计划和采购计划，因此需求预测在智能供应链管理系统中占有十分重要的地位。

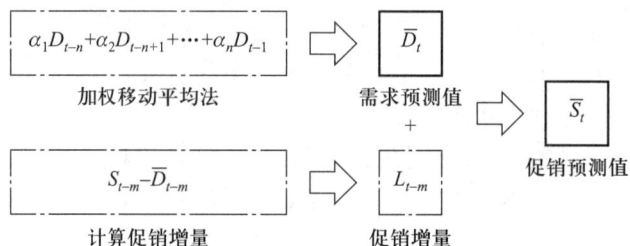

图7-9　Y公司需求预测模型

图7-9为Y公司智能供应链管理系统中采用的需求预测模型。若预测点t处于非促销阶段，则其需求预测值为前n阶段的加权移动平均值；若预测点t处于促销阶段，则模型先采用加权移动平均法预测出t阶段的基础需求值，同时寻找距离预测点t最近且发生过促销活动的销售阶段$t-m$，将此阶段的实际销量减去加权移动平均预测值得到$t-m$阶段的促销增量，将此促销增量与基础需求值相加，即为此促销阶段的需求预测值。

由于Y公司处于成长期，公司采用此传统需求预测模型得到的预测结果难以与真实需求相匹配，因此，当前Y公司的库存控制与采购计划仅将系统预测模型的预测结果用作参考，仍以人工制定计划为主，这极大增加了运营成本与采购次数。对于不断成长的Y公司，其注册用户数逐年增加，药品销量也逐渐递增，同时平台频繁开展促销活动，使得传统的加权移动平均模型难以适用。因此，团队采用机器学习模型进行销量预测，将优惠券促销与折扣促销两大特征加入销量预测。

（二）销售数据预处理

本文收集了Y企业两年内销量最高的160个SKU的销售数据，数据以天为单位进行统计，经数据清洗、异常值处理后共获得107 903条有效实验数据。由于原实验数据存在特征不明显、无法作为特征变量输入模型等问题，因此本节对原实验数据进行了一系列清洗处理和特征提取工作，得到各促销因素对应的特征变量作为预测模型的输入变量。

1. 数据清洗及数据集划分

首先进行数据清洗及预处理，以避免其对预测结果产生影响。

（1）缺失值处理。若发生商品特征数据的缺失，则查看时间序列数据的前后规律对其进行填充。例如，若此条数据发生价格数据缺失，其前后两天销售价格相同且当天未发生促销活动，则此价格数据与前后两天价格数据统一；若时间序列数据无规律可循，则删除此条数据。

（2）异常值处理。针对商品销量数据的异常值，采用四分位法对销量异常值进行识别处理。

（3）训练集与测试集划分。将清洗过后的数据以SKU为单位按8∶2的比例划分训练集与测试集，最终得到训练集数据86 323条，测试集数据21 580条；

（4）常规销量平滑填充。由于处于促销阶段的常规销量数据无法直接获得，故采用指数平滑法填充训练集促销阶段的常规销量数据，以获得常规销量特征数据作为训练机器学习模型的输入变量。

2. 常规销量平稳性检验

销售数据训练集中的药品常规销量经平滑填充后，需要分SKU进行数据平稳性检验，采用ADF检验法对各SKU的常规销量的平稳性进行检验。在检验结果中，若计算得到的t统计量小于5%置信度对应的统计量临界值且p统计量小于0.05时，则认为此时间序列数据平稳，否则其非平稳。

检验结果得出在160个SKU的常规销量数据中，有43个SKU的常规销量是平稳的，则这些SKU的测试集数据中的常规销量直接用ES模型进行拟合；剩余的117个SKU的销量非平稳，需进行周期性检验。

3. 常规销量周期性检验

常规销量不平稳的SKU需要使用能对其趋势和波动进行拟合的预测模型，采用ARIMA模型对此类药品的常规销量进行拟合。但由于药品品类中含有慢性病药品、保健品和隐形眼镜类销量呈周期性波动的商品，此类商品采用季节性时间序列模型可以达到更优的拟合效果。

采用STL时间序列分解法，对117个常规销量非平稳的SKU按其用药周期进行分解，将常规销量不呈周期性波动的SKU对应的测试集数据输入ARIMA模型进行拟合；将常规销量呈周期性波动的SKU对应的测试集数据输入SARIMA模型进行拟合。

经周期性检验，常规销量不平稳的117个SKU中有86个药品的常规销量呈周期性波动。

（三）考虑促销因素的XGBoost模型

考虑到不同促销活动对医药电商平台药品销量的影响不同，于是采用XGBoost模型强大的分类预测能力对不同促销活动影响下的药品销量做出预测。考虑促销因素的XGBoost预测模型并非直接将药品销售数据的特征变量输入机器学习模型进行预测，而是使用非促销阶段的药品常规销量拟合得到促销阶段的常规销量后，再使用机器学习模型对药品的销售数据进行集成学习，以获得药品在促销阶段及非促销阶段的销量预测值。具体来说，此预测模型首先使用ES模型分SKU拟合得到药品的常规销量，后将各SKU的常规销量和促销变量一同输入XGBoost模型进行集成学习和分类回归预测，得到模型最终预测结果。模型的预测流程如图7-10所示。算法具体步骤如下：

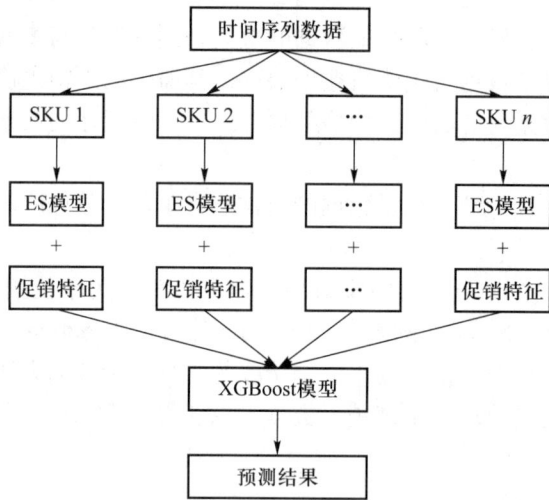

图7-10 考虑促销因素的XGBoost模型预测流程

步骤1：将原时间序列样本数据划分为训练集R和测试集E，其对应特征变量集分别为F_R和F_E；

步骤2：使用ES模型分SKU拟合训练集和测试集数据中药品的常规销量得到数据集R_N和E_N；

步骤3：将R_N和F_R输入至XGBoost模型进行模型训练；

步骤4：将E_N和F_E输入至训练完成的XGBoost模型进行模型预测；

步骤5：获得药品各阶段的需求预测结果。

（四）时间序列－机器学习组合预测模型

由于慢性病患者需要周期性服用药品导致对应药品销量呈周期性波动，因此在考虑促销因素的预测模型基础上加入了医药电商行业慢性病药品的用药周期特征，进而依据慢性药品的用药周期特征建立时间序列机器学习组合预测模型。

组合预测模型先使用ADF检验法对经ES模型拟合后各药品的常规销量进行平稳性检验，对常规销量不平稳的药品销量进一步采用STL时间序列分解法进行周期性分析，若药品常规销量存在周期性波动，则采用SARIMA模型对其常规销量进行拟合预测；若药品常规销量不存在周期性波动，则采用ARIMA模型拟合。图7-11展示了组合预测模型的预测流程。

160

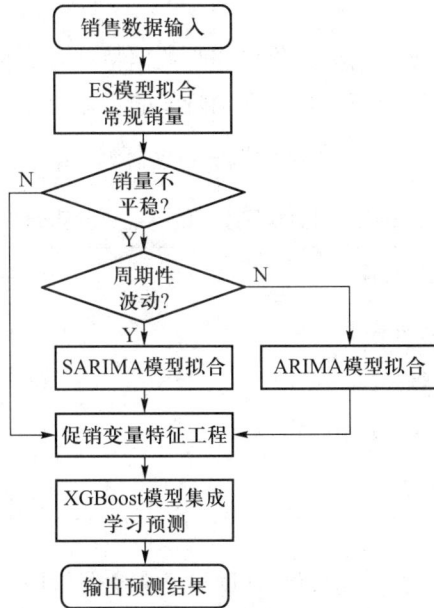

图7-11 时间序列–机器学习组合模型预测流程

预测的具体算法步骤如下：

步骤1：将原时间序列样本数据划分为训练集 R 和测试集 E，其对应特征变量集分别为 F_R 和 F_E；

步骤2：使用ES模型分SKU拟合训练集数据中药品的常规销量得到数据集 R_N；

步骤3：采用ADF检验法检验 R_N 的平稳性，将平稳的SKU对应的测试集数据分SKU采用ES模型拟合得到数据集 E_N^1，R_N 中其他非平稳数据分SKU进行周期性检验；

步骤4：将 R_N 中非平稳数据进行周期性检验，不存在周期性的SKU对应的测试集数据分SKU输入至ARIMA模型拟合得到数据集 E_N^2，存在周期性的SKU对应的测试集数据分SKU输入至SARIMA模型拟合得到数据集 E_N^3；

步骤5：将 R_N 和 F_R 输入至XGBoost模型进行模型训练；

步骤6：将 E_N^1、E_N^2 和 E_N^3 及 F_E 输入至训练完成的XGBoost模型进行模型预测；

步骤7：获得药品各销售阶段的需求预测结果。

（五）机器学习模型特征工程

使用ES模型和时间序列模型分别拟合药品测试集的常规销量后，将得到的各药品常规销量预测值作为机器学习模型的特征变量（见表7-12），销售数据中的促销变量经以下步骤进行特征提取：

1. 优惠券（Coupon）

优惠券促销活动是医药电商平台为增加消费者消费金额而设定的跨品类购物满一定金额赠送优惠券活动。为反映时间序列销售数据是否发生优惠券促销活动，现将优惠券促销字段值设为如式（7-33）所示的二值化编码，其中 i 用来区分不同SKU，t 用来区分不同销售阶段：

$$\text{Coupon}_{it} = \begin{cases} 0, & \text{无优惠券促销} \\ 1, & \text{有优惠券促销} \end{cases} \quad (7-33)$$

2. 价格折扣(Discount)

此处未直接采用销售数据中的商品价格作为数据特征，而是将发生价格折扣促销时的价格 p_{it}^d 与常规价格 p_{it}^n 通过运算得到各折扣促销阶段的折扣力度，如式（7–34）所示：

$$\text{Discount}_{it} = 1 - p_{it}^d / p_{it}^n \tag{7-34}$$

表7-12　机器学习模型的特征变量及释义

特征字段	字段名称	字段释义
SKU_ID	商品编码	区分不同药品的唯一编码
Baseline	常规销量	药品的常规销量
Coupon	优惠券	当日是否发放优惠券
Discount	价格折扣	当日价格折扣力度

在机器学习模型进行集成学习前，为帮助模型在学习阶段区分各SKU的销量特征，在特征提取时将药品的SKU编码同药品的常规销量和促销变量作为特征变量输入模型。为检验以上特征变量在机器学习模型预测过程中的重要度，将训练集各特征变量分别输入至XGBoost模型进行训练，以计算各特征的重要度。图7-12为时间序列–机器学习组合预测模型中的特征变量重要度排序。

特征重要度代表XGBoost模型做数据分类回归时各特征变量的重要度大小，分裂节点数越多的特征变量在预测模型中的重要度越高。

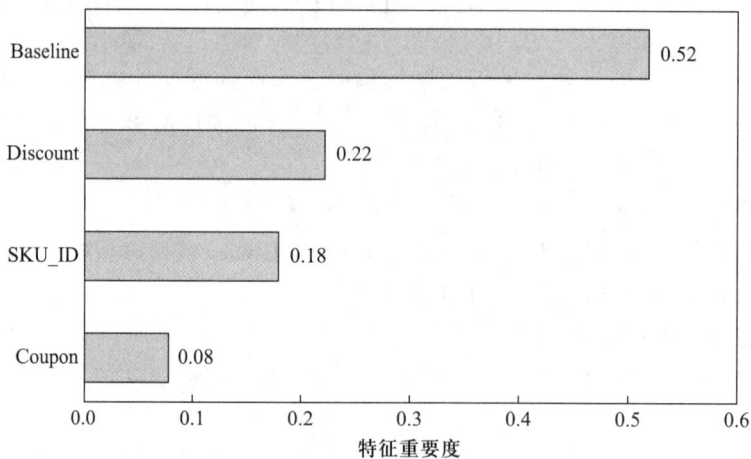

图7-12　特征变量重要度排序

（六）药品需求预测结果分析

将原数据按上述步骤进行预处理，其中由于时间序列模型仅适用于短期销量拟合，因此在使用时间序列模型预测时采用滚动预测法以提升测试集常规销量的预测精确度。随后分别将测试集中两种预测模型的特征变量数据输入XGBoost机器学习模型预测各阶段总销量。在此将促销影响下的XGBoost模型(缩写为XGBoost–P)的预测结果和时间序列–机器学习组合模型(缩写为 Hybrid)预测结果同药品实际销量呈现在图7-13中。

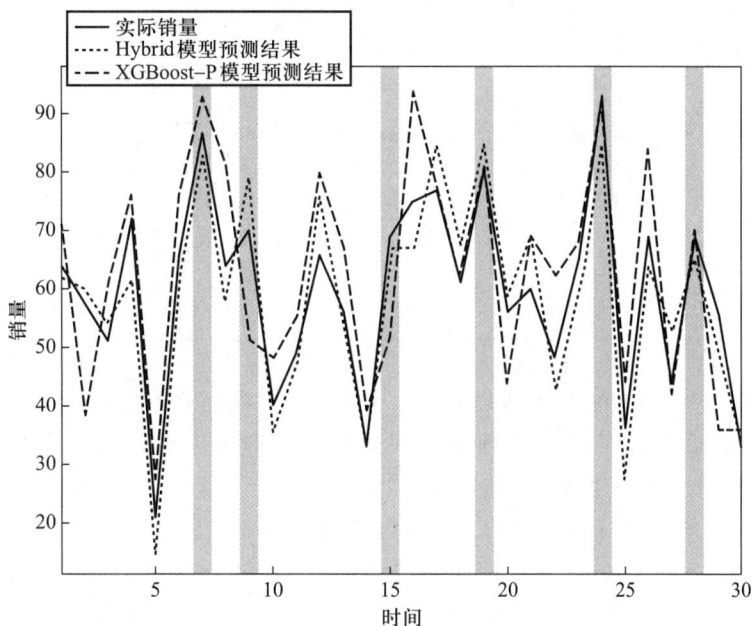

图7-13 模型预测效果对比图

图7-13的预测结果显示，Hybrid模型相比XGBoost-P模型在促销阶段和非促销阶段均有更小的预测误差。为测试两种预测模型的预测精度，再使用考虑促销因素的指数平滑模型（ES-P）和ARIMA模型分别拟合预测本章中的样本数据，并采用平均绝对误差（MAE）和平均绝对百分比误差（MAPE）两项指标对各模型预测效果进行量化处理见表7-13、表7-14。

表7-13 预测模型MAE对比表

促销类型	ES-P	ARIMA	XGBoost-P	Hybrid
无促销	7.69	10.93	6.34	4.54
有促销	33.12	31.68	17.03	12.23
折扣	35.11	33.60	17.91	13.84
优惠券	24.22	24.58	12.00	10.84
折扣&优惠券	41.21	33.49	23.22	11.23
汇总	10.62	13.32	7.53	5.46

表7-14 预测模型MAPE对比表

促销类型	ES-P	ARIMA	XGBoost-P	Hybrid
无促销	7.68%	11.33%	6.37%	4.78%

续表

促销类型	ES-P	ARIMA	XGBoost-P	Hybrid
有促销	24.15%	22.30%	11.49%	8.59%
折扣	25.37%	23.10%	12.02%	9.71%
优惠券	18.94%	19.51%	8.38%	7.65%
折扣&优惠券	28.06%	22.32%	15.38%	7.64%
汇总	9.58%	12.59%	6.94%	5.23%

从表7-13和表7-14的评估结果来看，XGBoost-P模型和Hybrid模型在促销及非促销阶段的预测效果均优于其他两种经典预测模型。相比预测效果次优的XGBoost-P模型，Hybrid模型整体预测性能的MAE降低2.07，MAPE降低1.71%。在所有促销形式中，Hybrid模型在优惠券促销阶段的MAE和MAPE与XGBoost-P模型十分接近。其原因是优惠券变量在特征工程时作为0-1变量带入模型，无法为机器学习模型提供较好的分类依据，这点从图7-12的特征重要度排序也能看出。因此在仅发生优惠券促销时，Hybrid模型与XGBoost-P模型的预测效果较为接近，但纵观其他阶段，Hybrid模型的预测效果均显著优于XGBoost-P模型。相比XGBoost-P模型，组合模型对误差的显著降低作用主要来源于模型中的SARIMA模型在对常规销量预测时引入了药品的用药周期属性，从图7-12得到的特征重要度排序中也能看出，药品的常规销量在机器学习模型的分类预测阶段起了显著作用。由此可见，引入药品的用药周期属性不仅可以帮助提升药品的常规销量预测精度，还可有效提升折扣促销模式下的预测精度。

同样，以上结果不难看出，ARIMA模型的整体预测效果较差，其原因在于模型预测时并未考虑促销因素，而是直接根据药品的整体销量趋势及药品的服用周期属性进行拟合预测，因此，ARIMA模型对销量波动较大且不具有明显趋势的商品的预测效果较差。ESP模型由于简单地将促销阶段商品销量做线性拆分，也难以得到精确度较高的预测结果。

五、商品调拨管理

（一）调拨现状及背景

A公司在全国布设仓库以存储药品和非药商品，由于医药行业对资格的要求，各地的仓库能够采购的药品种类受到限制，另外由于药品市场货源不稳定，市场不能完全满足各地仓库对药品的采购需求。药品种类的限制以及药品供应量的不稳定，造成了各地仓库时常"缺货"，因此需要利用仓库间调拨的方式帮助各地仓库满足药品的销售需求。仓库间调拨的目的在于将某些仓富余的商品输送到缺乏这些商品的仓库，以满足各地仓库的销售需求，改善甚至解决"缺货"问题。

医药行业十分具有特色，由于合规问题，某些仓库无法向外调拨药品，只能接收其他仓库调拨来的药品，另外由于药品配送的要求，某些仓库甚至只能接收来自特定仓库的调拨药品。这些特殊情形使得药品仓库间调拨问题与其他仓库调拨问题不同。首先，药品仓库间的调拨不是各仓之间均可调拨，需要考虑调出仓、调入仓所在地的政策情况，即政策允许才能进行两仓之间的调拨；其次，某些仓库对某些药品可以进行地采，这会对调入仓的优先级造成影响；最后，药品的有效期会影响药品能否入库，若调拨消耗时间过长，可能会造成药品到达调入仓时有效期不符的情况。

采控部门应公司高层对调拨系统的要求，在系统中存有多套方案，可以满足不同情况下的业务需求。制定一个指标或一套指标，让系统根据指标自动切换使用方案。现采控部门使用月销售频率来判断某个SKU的动销情况，若销售情况好，则采用调拨成本最小的方案，否则采用库存平衡的方案。

除此之外，调拨还存在许多调拨限制，如政策是否允许调拨、配送是否允许调拨、调出仓是否有可调拨的库存等。

（1）调出量约束。从某仓库调出的units数不能超过该仓库可调富余库存量。

（2）调入量约束。调入某仓库的units数不能超过该仓库需求量，即需要多少调多少。

（3）调拨方向约束。由于各地政策对品类调拨有方向限制，对于某SKU，调出仓不一定能给所有调入仓进行调拨，而调入仓也不一定能接受所有调出仓的调拨。如昆山不能调拨中西药品类给天津，而在特定情况下能以退货的形式调拨给广州仓。调拨方向约束示意图如图7-14所示。

（4）调拨步长的约束。SKU只能被连续调拨1次。对仓库1的某SKU进行调拨时，若该SKU是从其他仓库（如仓库2）调拨给仓库1的，那么不能再将该SKU调拨给其他仓库。如，若重庆仓需将某SKU调拨给天津仓，而该SKU是由广州仓调拨给重庆仓的，那么不能直接将该SKU从重庆仓调拨给天津仓，必须以退货的形式将SKU调回广州仓，之后再从广州仓调拨给天津仓，如图7-15所示。

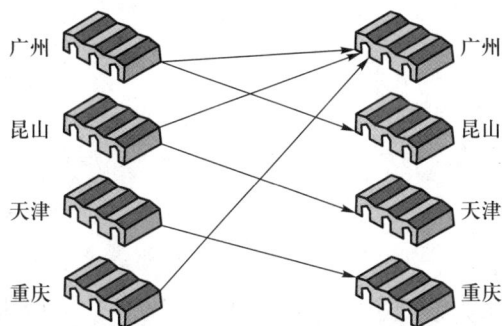

图7-14　调拨方向约束示意图　　　　图7-15　调拨步长约束示意图

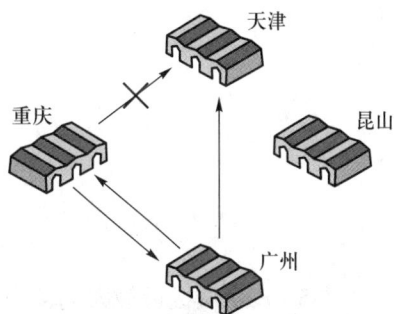

（二）药品调拨模型

1. 调拨时间最小化模型

调拨时间最小化模型在满足各缺货仓库的需求外，考虑了调拨时间，在尽可能调拨的情况下，合理分配调出仓的富余库存，达到调拨时间最小的目标。参数及含义如表7-15所示。

表7-15 调拨时间最小化模型参数及含义

参数	含义
K	仓库集合，$K = \{1,2,\cdots,K\}$
S_i	仓库 i 的可调富余库存，$\forall i \in K$
d_j	仓库 j 的需求量
x_{ij}	仓库 i 调拨给仓库 j 的 units 数
y_{ij}	0-1变量，表示仓库 j 的需求量是否由仓库 i 调拨，$y_{ij} = \begin{cases} 1, x_{ij} > 0 \\ 0, x_{ij} = 0 \end{cases}$
I_{ij}	表示SKU从仓库 i 调拨给仓库 j 的调拨步长，$I_{ij} = \begin{cases} 1, i \neq j \\ 0, i = j \end{cases}$，且有 $I_{ij} = I_{im} + I_{mj}$
a_{ij}	0-1变量，$a_{ij} = \begin{cases} 1, \text{仓库} j \text{的需求量能够从仓库} i \text{调拨} \\ 0, \text{仓库} j \text{的需求量不能从仓库} i \text{调拨} \end{cases}$
t_{ij}	表示SKU从仓库 i 调拨给仓库 j 需要的时间

建立调拨时间最小化模型如下：

$$\max \sum_i \sum_j x_{ij} \tag{7-35}$$

$$\min \sum_i \sum_j y_{ij} t_{ij} \tag{7-36}$$

s.t.

$$\sum_j x_{ij} a_{ij} \leq s_i \tag{7-37}$$

$$\sum_i x_{ij} a_{ij} \leq d_j \tag{7-38}$$

$$x_{ij} a_{ij} = x_{ij} \tag{7-39}$$

$$I_{ij} \leq 1 \tag{7-40}$$

式（7-35）表示调拨量最大化，式（7-36）表示调拨时间最小化，式（7-37）为调出量约束，式（7-38）为调入量约束，式（7-39）表示调拨方向约束，式（7-40）表示调拨步长约束。

2. 调拨利润最大化模型

利润最大化模型以调拨后该SKU的毛利最大为主要目标，假设调拨过去的SKU能全部售完，合理分配调出仓的富余库存，达到调拨后利润最大的目标。参数及含义如表7-16所示。

表7-16　调拨利润最大化模型参数及含义

参数	含义
K	仓库集合，$K = \{1,2,\cdots,K\}$
S_i	仓库i的可调富余库存，$\forall i \in K$
d_j	仓库j的需求量
x_{ij}	仓库i调拨给仓库j的units数
c_{ij}	SKU从仓库i调拨给仓库j的单位调拨成本
p_j	SKU在仓库j所覆盖的区域中的平均售价
y_{ij}	0-1变量，表示仓库j的需求量是否由仓库i调拨，$y_{ij} = \begin{cases} 1, x_{ij} > 0 \\ 0, x_{ij} = 0 \end{cases}$
I_{ij}	表示SKU从仓库i调拨给仓库j的调拨步长，$I_{ij} = \begin{cases} 1, i \neq j \\ 0, i = j \end{cases}$，且有$I_{ij} = I_{im} + I_{mj}$
a_{ij}	0-1变量，$a_{ij} = \begin{cases} 1, \text{仓库}j\text{的需求量能够从仓库}i\text{调拨} \\ 0, \text{仓库}j\text{的需求量不能从仓库}i\text{调拨} \end{cases}$

建立调拨利润最大化模型如下：

$$\max \sum_i \sum_j (p_j - c_{ij})x_{ij} \tag{7-41}$$

式（7-41）表示调拨后该SKU销售利润最大化，该模型约束与调拨时间最小化模型的约束一致，如式（7-37）-式（7-40）所示。

3. 均衡库存模型

在尽可能调拨的情况下，根据调入仓的剩余周转天数将调出仓的富余库存智能地分配给调入仓，以达到各调入仓库存平衡的效果。例如，对于某一个SKU，广州仓有100个富余库存，天津仓和昆山仓均有60个需求量，那么将按1∶1的比例均衡地分配给两个仓库。该策略的算法流程如图7-16所示。

（三）调拨方案选择

根据药品的充货率及缺货率，给出如表7-17所示的调拨方案选择建议。

表7-17　不同条件下调拨方案选择

参数	高/低	建议方案
充货率	高	调拨时间最小/调拨利润最大
	低	调拨利润最大/均衡库存
缺货率	高	调拨时间最小/均衡库存
	低	调拨利润最大

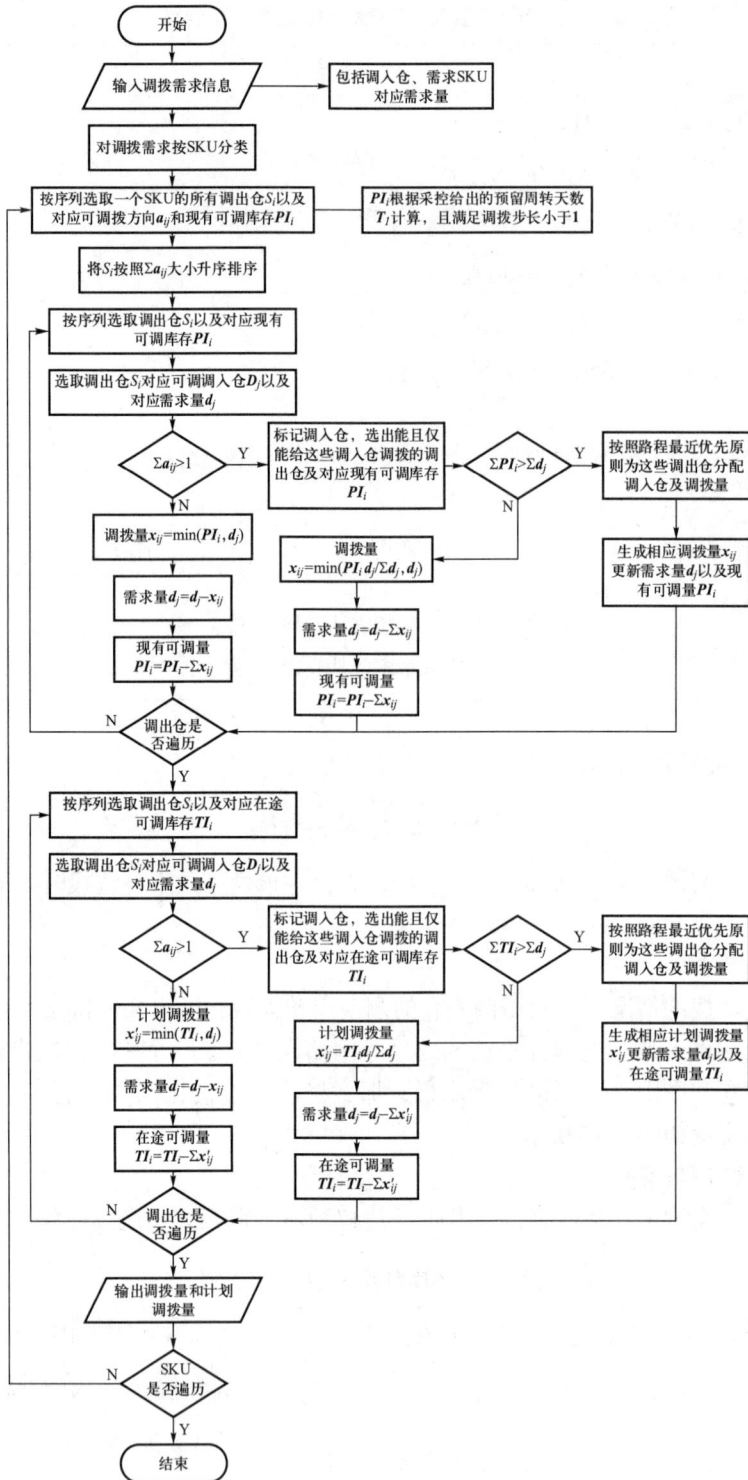

图7-16 均衡库存策略流程图

第二节 上机实验

一、仓库情况介绍

本节介绍了三个实验，分别是库位推荐优化、仓库波次优化和出库效率优化，实验中用的软件为 MATLAB 或 Python。

K 仓是某公司的批零一体仓，负责 B 端和 C 端 SKU 的入库、存储和出库。该仓库分为上下两层，面积均为 5 033 平方米，下层仓库为零售仓，上层仓库为批发仓。

该批发仓主要分为以下五个区域：

药品库：2 980 平方米（阴凉区：1 530 平方米；常温区：1 450 平方米）；

非药品库：1 300 平方米（食品区：890 平方米；日用品区：500 平方米）；

器械阴凉区：70 平方米；中药区：48 平方米；

不合格区：25 平方米；退货区：15 平方米；待验收区：25 平方米；

收验区：80 平方米；复核发货区：150 平方米；办公室：250 平方米。

仓库平面图如图 7-17 所示。

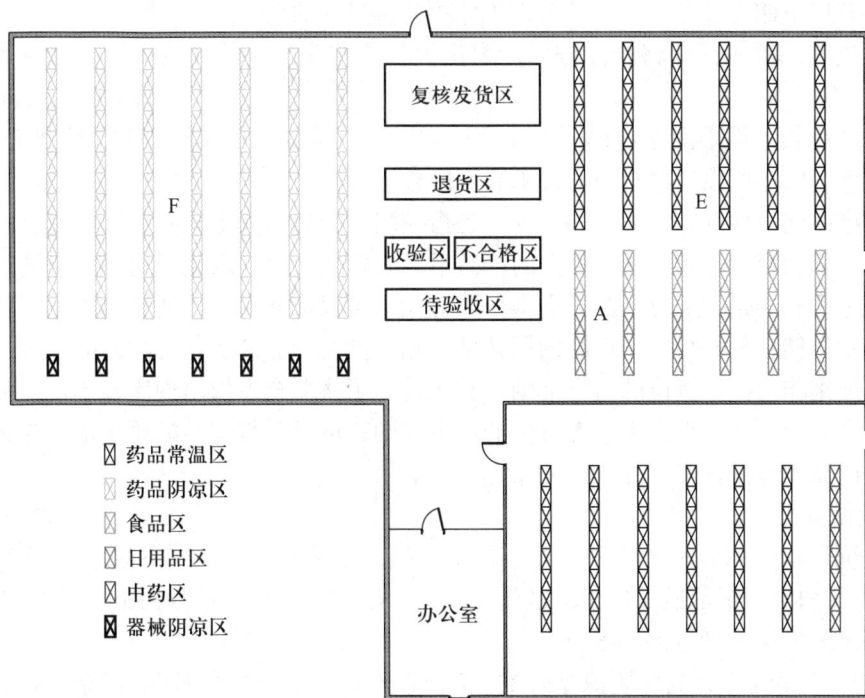

图 7-17 仓库平面示意图

二、库位推荐优化实验

（一）实验背景

一个优秀的库位推荐策略可以加快货物周转率，改善劳动效率，更好地利用仓库空间。而不合理的库位推荐，会大大降低劳动效率。目前K仓想要在阴凉区建立快速周转区来存放销量及出库频率较高的货品，以此来提高出库效率，快速周转区内存放销量前100SKU及相关品。

1. 问题分析：

（1）货品摆放位置不合理，未将出库频次高的货品摆放在离拣货区近的地方，延长了拣货时寻找货品的时间，降低了处理效率。

（2）货品分类不合理，未将相关性高的货品摆放在一起导致拣货效率低下。

（3）分配货位时没有考虑产品的不相容性，可能导致某些产品变质。

（4）分配货位时未考虑库容，造成货位混乱，影响后续货位分配。

2. 实验目的

（1）根据现有的仓库布局图与订单情况，提出快速周转区优化方案（快速周转区内可存放所有类型的货品）。

（2）考虑仓库内全部货品的库存优化方案（其中需要阴凉存储的货品只能存放在阴凉区）。

3. 优化思路

主要有以下四大准则，此外还考虑了体积与重量的约束。

（1）周转率准则。即将产品按周转率由大到小排序，周转率越高的产品应离出入口越近。

（2）产品相关性准则。这样可以缩短拣货路径，减少工作人员疲劳，简化清点工作。产品相关性的大小可以通过对历史订单数据的分析得到。

（3）产品同一性准则。所谓同一性，是指把同一产品储放于同一保管位置上。

（4）产品相容性准则。相容性低的产品不可放置在一起，以免影响产品质量。

首先考虑到的是大部分产品按大类分类存储，可保证同一性。对于出库频次特别大的产品可集中存储。分析得出，产品的周转率和相关性对产品的货位分配影响最大，所以选择这两个准则作为推荐货位的目标准则。其次，为了避免仓库内出现库容不足、频繁补货现象，将产品的尺寸准则作为推荐货位的约束准则；最后，将产品的质量也作为约束，将质量大的产品放置在货架下部分，确保货架稳定。

4. 数据分析

经过统计K仓B端5—8月的54万个订单数据，发现共有5 492个SKU，平均每个订单包括98.59个SKU。销量最高的SKU的销量为23 315个，销量最低的SKU的销量仅为1个，四个月内SKU平均销量为832.86个。

SKU共有5 492个，其中阴凉品有394个，必须放在F区中进行阴凉存储，非阴凉品共有5 098个，可以放在全部的区域。

在实际实验过程中，选取F区后6排第一层的库位进行实验，即选取了F区的240个库位（每个库位4个存储单元）可存储960个SKU。本次实验中，对最小存储单元进行一系列的操作，最终输出的结果中，也是以最小存储单元为单位。

（二）算法建模

模型假设如下，相关参数见表7-18。

（1）产品存在销售记录。

（2）拣货区的货位数已知。

（3）产品SKU数已知。

（4）选定时间内仓库的产品出库数据、订单数据已知。

（5）只考虑产品出库。

（6）只考虑产品两两之间的相关性。

（7）两点之间的距离按折线计算。

表7-18　库位推荐优化参数符号及含义

符号	含义
I	产品种类的集合，$I=\{1,2,\cdots,n\}$ 且 $i,j\in I$
K	平面货位的集合，$K=\{1,2,\cdots,n\}$ 且 $k,l\in K$
x_{ik}	决策变量，取1表示产品 i 放在了 k 位置，取0表示不放
c_k	表示 k 位置到分拣区的位置
c_{kl}	表示 k 货位到 l 货位的折线距离
d_{ij}	$d_{ij}=\sum_{k=1}^{n}\sum_{k=1}^{n}c_{kl}x_{ik}x_{jl}$，$i\neq j$时，表示产品 i 到产品 j 的折线距离；
d_{ii}	d_{ii}表示产品 i 到分拣区的折线距离
a_i	第 i 种产品的日均出库频次
b_{ij}	表示产品 i 与产品 j 的相关系数

为求解方便，建立如图7-18所示的仓库平面示意图。

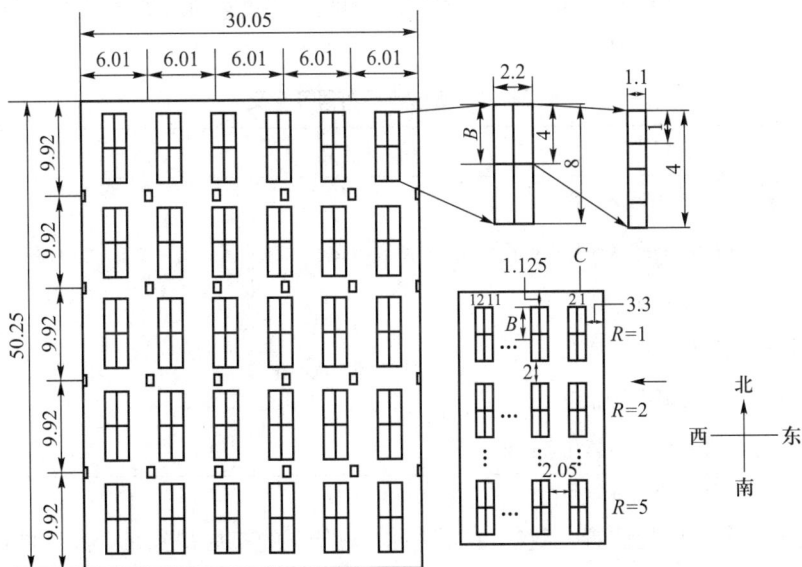

图7-18　仓库平面示意图

在求解的过程中，暂不考虑重量、容量和体积约束，可以得出以下模型：

$$\min z = \sum_{i=1}^{n} a_i (d_{ii} + \sum_{j>i}^{n} b_{ij} d_{ij})$$

$$= \sum_{i=1}^{n} \sum_{j \geq i}^{n} \sum_{k=1}^{n} \sum_{l=1}^{n} a_i b_{ij} c_{kl} x_{ik} x_{jl} \tag{7-42}$$

s.t.

$$\sum_{i=1}^{n} x_{ik} = 1 \quad \forall k \in K \tag{7-43}$$

$$\sum_{k=1}^{n} x_{ik} = 1 \quad \forall i \in I \tag{7-44}$$

式（7-42）表示出库频次越高的产品放在离分拣区越近的地方，相关性越强的两个产品放在距离越近的两个货位上。式（7-43）表示一个SKU只能存放在一个库位上，式（7-44）表示一个库位只能分配一个SKU。

（三）数据输入

1. d_{ij} 的求解

在求解 d_{ij} 时，创立了平面直角坐标系，用横纵坐标 (x, y) 来表示仓库中每个库位的位置，并以其横纵坐标为基础，得到两库位间的相对距离。显然，对两库位间的相对距离，有两种情况，即不跨区和跨区。在不跨区的情况下，根据两库位的横纵坐标进行一系列操作即可获得折线间距 d_{ij}；一旦两库位是跨区库位，则需分别计算两库位到门的距离，若为相邻仓库，则到门距离之和为两库位间距；若为不相邻仓库，则不仅要计算到门距离，同时要计算门之间的折线距离，三者之和才是两库位间的距离。

依照前言，以F区左侧边线与A区底部边线为坐标原点，以A区底部边线和F区左侧边线分别为 x, y 轴，建立平面直角坐标系。为此，重新构建了仓库分布图，使得仓库每排之间与每列的货架之间，保持均等的距离，具体如下：

（1）求出库位坐标的Position函数。每个库位的位置需要通过库区、排、货架、库位、库位位置来确定，见表7-19。

表7-19 库位坐标符号及含义

符号	含义
m	表示库区中的第 m 个库位
k_m	表示 m 所在的库区（$k_m = 1$ 表示在A区，$k_m = 2$ 表示在B区，$k_m = 3$ 表示在C区）
r_m	表示 m 库位所在的排
bay_m	表示 m 库位所在的货架
s_m	表示 m 库位所在的库位
p_m	表示 m 在库位中的第几个位置

通过锁定每个库位的位置，我们可以利用均匀分布的布局得到每个库位的 (x, y) 坐标，这通过函数 $Position(k, r, bay, s, p)$ 得以实现。

（2）得出相对距离的Distance函数。通过上一步，我们得到了每一个库位的坐标。为了求出库位间的距离，需要对两库位的坐标进行一些操作，它分为跨区库位间距和不跨区库位间距两部分。

① 跨区库位间距。跨区库位间距分为两种：跨相邻区与跨不相邻区。

本仓库中，跨相邻区的情况有AE和EF两种，跨不相邻区有AF一种。当存在两个库位坐标分别为(x_1, y_2)和(x_2, y_2)，且跨越相邻区时，有一通过的门，坐标为(x_0, y_0)。折线距离即两者到同一个门的距离之和为：

$$d_{12} = |x_1 - x_0| + |y_1 - y_0| + |x_2 - x_0| + |y_2 - y_0| \tag{7-45}$$

当存在两个库位坐标分别为(x_1, y_2)和(x_2, y_2)，且跨越不相邻区时，库位1相邻的门，坐标为(x_3, y_3)，库位2相邻的门，坐标为(x_4, y_4)。折线距离为两者分别到门的距离与两门间距离之和，可得计算式：

$$d_{12} = |x_1 - x_3| + |y_1 - y_3| + |x_2 - x_4| + |y_2 - y_4| + |x_4 - x_3| + |y_4 - y_3| \tag{7-46}$$

② 不跨区库位间距。不跨区库位间距相较于跨区库位间距难求。对于不跨区的两个库位而言，也分为两种情况，即位于不同排的库位和位于相同排的库位。

库位位于不同排。这种情况下的库位间距为横纵坐标之差的绝对值之和：

$$d_{12} = |x_1 - x_2| + |y_1 - y_2| \tag{7-47}$$

库位位于相同排。当库位位于相同排时，如果其位于相同列（即$x_1 = x_2$），则其库位间距即为：

$$d_{12} = |y_1 - y_2| (r_1 = r_2, x_1 = x_2) \tag{7-48}$$

如果其位于不同列，则需要比较两种方案：从上绕行和从下绕行，取两者中更小的一个。为此，我们用Δy_1和Δy_2来表示两库位到货架底端的距离，用l来表示货架长度，有：

$$d_{12} = |x_1 - x_2| + \min(\Delta y_1 + \Delta y_2, 2l - (\Delta y_1 + \Delta y_2)) \ (r_1 = r_2, x_1 \neq x_2) \tag{7-49}$$

以上计算均通过函数Distance进行。对于任意两点$(x_1, y_1)(x_2, y_2)$通过函数Distance来实现。

（3）库位与拣货区距离函数Interval。在上述的计算过程中，以d_{ij}来表示库位i, j之间的间距。当两下标相等时，即d_{ii}。用d_{ii}来表示库位i到拣货口的距离。在此过程中，首先通过库位信息确定库位坐标，然后选取库区对应的拣货出口坐标。d_{ii}即库位与拣货出口横纵坐标之差的绝对值之和，通过函数Interval实现。

（4）将编号转换为库位信息的函数Location。在上述的所有函数中，为了方便直接使用以下库位信息：库区、行、货架、库位、库位位置。当将两库位间相对距离存入矩阵，方便使用时，这些因素使得这一步的实现变得十分复杂。为了简化过程，对一个库区的货位进行重新编号，具体到仓库中最小的存储单位，从左到右，从下到上依次进行编号。以A区为例，在仓库布局中，A区第一排有6个货架，48个库位，第一大排中的第一小层有12个库位，每个库位又有4个最小的存储单元（竖直排列），即以最小的存储单元算，第一排库位中的第一层位置，共有48个存储单元，则整个A区的第一排共有192个存储单元。通过仓库布局图，我们能够清楚地知道每一排有多少个货架，多少个库位，每排库位又有多少个存储单元。运用ceil对存储单元的编号进行处理，最终可以转换成存储单元对应的信息：排、货架、库位、库位位置。这可通过函数Location来实现。

（5）将相对距离存入距离矩阵的函数 Matrix。根据两个编号库位位于不同库区和相同库区，共能分为六种情况，即三种同区和三种跨区。在 Matrix 函数中，首先确定两个编号的库区，之后对两个编号执行嵌套循环，在循环中引用前面的 Location 函数转换为库位信息；再接着用转换的库位信息代入 Position 函数，得到坐标；再利用 Distance 和 Interval 函数得出库位间距和到拣货口的距离。对于生成的距离矩阵 A，其对角线上的元素代表编号货位到拣货口的距离，其他元素则表示两编号库位的间距。

2. 求关联度矩阵 B_{nn}

先求出含有 SKUi 的订单数，再从含有 SKUi 的订单中找到含有 SKUj 的订单，求得 j 与 i 的关联度。先求得订单矩阵 Q_{nn}，其中，每个 $Q(i,j)$ 表示在含有 i 的订单中含有 j 的个数。有 $B_{nn}=(b_{ij})=\left(\dfrac{q_{ij}}{p_i}\right)(i=j$ 时，$b_{ij}=1)$。

3. 求解模型

K 仓库约有 5 000 个 SKU，我们采用启发式算法中的模拟退火算法求得次优解。结合模型具体特点，同时考虑计算精度与运算时间，经过多次测试，发现如下的参数设置可使优化效果明显，且计算时间合理。

设置初始温度 $T=100$，终止温度 $T\min=1$；退火速度，每一温度值上计算次数为 200 倍货位数量；温度管理值设置为 0.6。

以一定概率接受比当前解差的解，该概率通过公式 $p=\exp\left(\dfrac{-\Delta E}{T(n)}\right)$ 得出。得出 p 值之后，采用 0 到 1 随机数比较的方法，若大于则接受，否则不接受。

（四）结果分析

图 7-19 展示了遗传算法的计算结果。其中横坐标为迭代次数，纵坐标为目标函数值，正方形点表示最优的个体适应度，圆形点表示平均的个体适应度。可以看到，迭代到 20 代左右，种群就出现了能达到最优适应度的个体；而随着迭代次数的增加，种群平均适应度也逐渐贴近最优适应度，也即最小目标函数值。

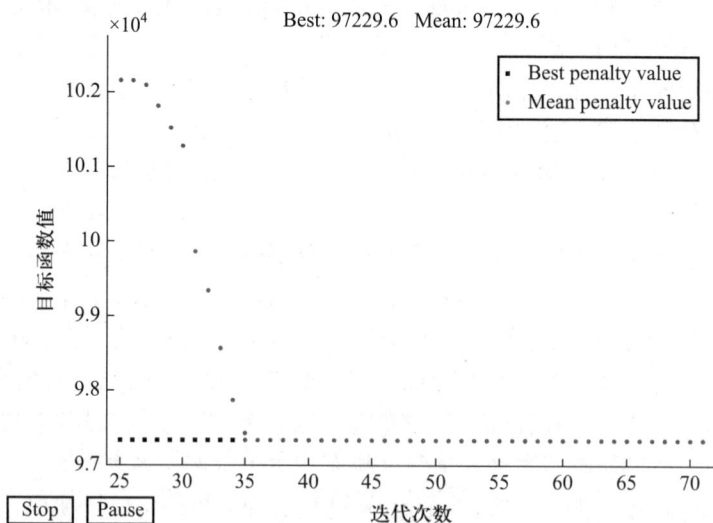

图 7-19　遗传算法结果图

经过遗传算法的计算，我们得出最优方案，记为Π*。方案Π*的库位布局如下图7-20(左)所示，其中数字代表货品的编号（即销量排名）。该方案对应的目标函数值为97 229.6。

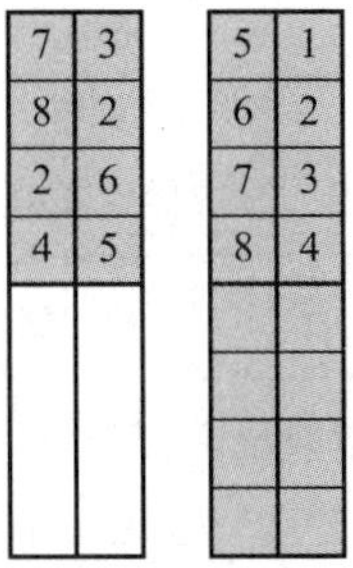

图7-20　最优方案与随机方案示意图

同时，我们还随机生成了一个布局方案Π。方案Π的库位布局如图7-21（右）所示，该方案对应的目标函数值为115 420。比较两个方案，经过模型优化的方案Π*，其目标函数值相较随机方案Π*优化16.8%。仅考虑8个库位的优化，就可以使目标函数值优化至少16.8%，随着数据量的增大，模型优化的效果将更加明显。

三、仓库波次优化实验

（一）实验背景

制定仓库波次计划是提高拣货作业效率的一种方法，它将不同的订单按照某种标准合并为一个波次，指导一次拣货。更通俗地讲，波次计划就是对订单进行分类。波次计划的出现是为了提高订单处理效率，平衡作业的负荷和资源的使用。当客户主要在每天开始时就处理当天绝大多数订单的情况下最适宜使用波次计划管理。同时波次计划必须有分类的标准，作为划分波次的依据。

仓库运营效率的关键流程之一是如何分批对顾客订单进行处理，以使得后续的拣货流程达到尽可能高的效率，从而提升整个仓库的运营效率。实际操作中，快消品电商在接收顾客订单后，由其系统自动将顾客订单转化为包含货品仓储位置信息的后台订单，再依次对订单进行批次生成、拣货、分拣、包装等工作，其中订单批次生成是在考虑了货品仓储信息之后，为方便后续拣货工作而进行的订单分批。仓库人员每日面对成百上千份订单，应如何将不同的订单按照何种标准合并为一个波次，提高拣货作业效率呢？

实验目的：① 对波次单进行合理的拣选站台分配并对拣选站台波次单进行排队优化，确定合理的拣选顺序，使得从货架到拣选站台搬运距离最短，从而降低搬运成本，提高拣选作业效率。② 将不同的订单按照某种标准合并为一个波次，提高波次质量和拣货作业效率，缩短分拣时平均行走搬运的距离和时间。

（二）波次优化模型

1. 基本假设

（1）单批次包含订单数量上限已知。

（2）订单没有任何优先级准则。

（3）每一个波次所拣的SKU种类数没有限制。

（4）每一个波次所拣的units数没有容量限制。

（5）波次质量只与波次内SKU重合数有关。

2. 参数设置

具体参数见表7-20。

表7-20　波次优化符号及含义

参数	含义
n	待处理订单集合包含的订单数量
N	单波次内订单数量的上限
X_{ij}	0-1变量，表示订单i与订单j是否在一个拣货波次内
i, j	订单集合中的订单编号
O	待处理订单集合
S_{ij}	订单i和订单j之间的相似系数

模型建立

$$\max z = \sum_{1 \le i \le n} \sum_{1 \le j \le n} S_{ij} X_{ij} \tag{7-50}$$

s.t.

$$\sum_{i=1}^{n} X_{ij} \le N; j = 1, 2, \cdots, n 且 i \ne j \tag{7-51}$$

式（7-50）表示同一波次内SKU重合数最大化，式（7-51）表示单批次内订单数量约束。

（三）算法设计

采用启发式算法（静态标杆法）进行求解，算法步骤如下。

步骤1：选取待处理订单集合中最长的订单i^*作为"标杆"；

步骤2：计算其他所有订单j与订单i^*的SKU重合率S_{ij}；

步骤3：将订单重合率S_{ij}按降序排列；

步骤4：选择S_{ij}最大的组合(i^*, j)，如果遇到S_{ij}相同的情况，则选择生成时间较早的订单；

步骤5：得出新的待处理订单集合，跳至步骤（2）；

步骤6：输出波次。

（四）实例分析

选取2019年5月11日当天的所有订单进行分析。设定单波次订单上限为$N=15$。传统处理订单方法为按照时间顺序对订单进行处理。以下为优化波次生成步骤。

（1）生成订单矩阵。如图7-21所示，订单矩阵的第一列表示所有的订单号，第二列表示各订单中的units数，从第三列往后表示的是各个订单中的SKU编号。

	1	2	3	4	5	6	7	8	9	10	11	12	13	14	15	1
1	5.1506e.	107	1.6010e.	1.6020e.	9718154	9764276	9726607	9717593	0	0	0	0	0	0	0	0
2	5.5605e.	34	9718950	1.6019e.	1.6010e.	1.6013e.	0	0	0	0	0	0	0	0	0	
3	6.4446e.	36	1.6016e.	1.5997e.	9749728	1.6010e.	1.5988e.	1.6010e.	9717797	1.5988e.	9717775	1.5988e.	1.6010e.	24909271	10789750	
4	7.1223e.	55	9718085	1.6008e.	9747391	9717275	9745942	9724156	0	0	0	0	0	0	0	
5	7.4043e.	81	9745748	9724894	12614016	9724156	1.6010e.	9716932	9809738	1.5993e.	0	0	0	0	0	
6	7.4437e.	42	1.6010e.	9716227	1.5990e.	1.5990e.	9744381	1.6010e.	0	0	0	0	0	0	0	
7	7.5409e.	30	84292386													
8	7.5448e.	30	84292386													
9	7.5539e.	30	84292386													
10	7.5735e.	130	9726845													
11	8.0560e.	55	1.6010e.	1.5997e.	0	1.5988e.	0	1.6010e.	9750189	9803398	9726607	0	0	0	0	
12	9.0317e.	95	9717275	9726845	9743639	9724156	9747266	9747391	9745942	9718085	0	0	0	0	0	
13	9.0321e.	110	1.6020e.	9745431	1.6020e.	9747391	1.6014e.	1.6007e.	1.6020e.	1.6010e.	9750189	1.6011e.	1.6010e.	9726561	9719168	1.60
14	9.0538e.	70	9747391	1.6010e.	9745942	9743639	9717275	9724156	9718085	0	0	0	0	0	0	
15	9.1144e.	94	1.6020e.	9745986	9725864	9723777	9749853	1.6012e.	1.5997e.	9723766	9749364	9717775	1.6015e.	16016710	9713455	1.60
16	9.1803e.	122	128479061	9724156	9743639	9726743	9749853	1.6016e.	9724156	1.6010e.	0	0	0	0	0	
17	9.2941e.	105	9719168	1.6012e.	9725864	1.6010e.	1.5994e.	9764276	9718950	9743639	9726403	0	0	0	0	
18	9.3855e.	63	107825514	9743684	9743582	9833630	1.6011e.	9724678	1.6020e.	1.6016e.	24909271	9749728	9745431	9745237	1.6010e.	1.60
19	9.4439e.	120	1.6009e.	9747391	9741439	0	0	0	0	0	0	0	0	0	0	
20	9.4760e.	130	1.6013e.	1.6010e.	1.5988e.	9746274	1.6010e.	1.5997e.	1.6021e.	9726607	9725499	9716625	9716750	1.6010e.		
21	9.4937e.	60	9747391	1.6009e.	9743639	9724156	9743684	0	0	0	0	0	0	0	0	
22	9.5525e.	375	9716750	9717300	116695433	1.5988e.	9748010	1.6010e.	9747802	9749648	0	0	0	0	0	
23	1.0004e.	42	1.6010e.	9725864	9717275	9724190	9743822	0	0	0	0	0	0	0	0	

图7-21　订单矩阵图

（2）计算各个订单的SKU数并选取SKU数最大的订单作为"标杆"订单。

（3）计算订单之间SKU重合率S_{ij}。如图7-22所示，第一列代表各个订单号，第二列代表各个订单与"标杆"订单的相关系数。选取相关系数最高的订单进入波次。

（4）通过不断重复上述的步骤，生成2019年5月11日当天订单的所有波次。行数代表波次的编号，从第一列到第十五列代表该波次中的订单号。其中第十行，即第十波次中只剩下8个订单，见图7-23。

（5）生成各波次中的SKU。行数代表波次的编号，第一列往后代表的是该波次中所有的SKU编号，见图7-24。

（6）结果分析。传统的订单处理方式采取根据时间顺序或根据拣货人员的经验生成订单波次。通过静态"标杆"法，输出优化后的订单波次。我们对两种不同方式的订单处理方法生成的前六个波次进行比较，见表7-21和表7-22：

	1	2
1	1.0181e.	1
2	1.5206e.	1
3	1.5213e.	1
4	1.5515e.	1
5	2.2153e.	1
6	1.1344e.	0.6000
7	1.3465e.	0.5000
8	1.5105e.	0.5000
9	1.7026e.	0.5000
10	1.7574e.	0.5000
11	2.1404e.	0.5000
12	9.4937e.	0.4000
13	1.7264e.	0.4000
14	1.3334e.	0.3750
15	9.4439e.	0.3333
16	1.2433e.	0.3333
17	1.5485e.	0.3333
18	1.0481e.	0.3000
19	1.8135e.	0.2857
20	1.8003e.	0.2727
21	9.4760e.	0.2500
22	1.1274e.	0.2500
23	1.1416e.	0.2500

图7-22　订单之间SKU重合率

	1	2	3	4	5	6	7	8	9	10	11	12	13	14	15
1	1.4160e.	1.0181e.	1.5206e.	1.5213e.	1.5515e.	2.2153e.	1.1344e.	1.7026e.	1.3334e.	9.4937e.	1.4232e.	9.4439e.	1.7015e.	1.1312e.	1.9104e.
2	1.5320e.	1.5045e.	1.8170e.	1.3353e.	1.1416e.	1.7574e.	9.0538e.	7.1223e.	1.7264e.	9.0317e.	1.5735e.	1.6172e.	9.1803e.	1.8135e.	1.0025e.
3	1.6192e.	1.5055e.	1.4033e.	7.4437e.	1.5105e.	1.5151e.	1.5175e.	1.5025e.	7.5409e.	7.5448e.	7.5539e.	2.0264e.	9.5525e.	8.0560e.	1.0154e.
4	1.6061e.	1.3293e.	1.3465e.	1.4421e.	1.0083e.	1.5353e.	1.0353e.	2.2323e.	1.0481e.	1.2433e.	1.0375e.	1.2304e.	5.1506e.	1.0184e.	1.5485e.
5	1.5350e.	1.1436e.	1.2164e.	1.0246e.	1.6081e.	1.8343e.	5.5605e.	1.2480e.	1.0004e.	1.1440e.	9.2941e.	1.1066e.	1.8065e.	1.1512e.	1.6405e.
6	1.7313e.	1.7395e.	9.0321e.	2.1503e.	1.0190e.	1.0301e.	1.5385e.	1.3394e.	7.4043e.	1.1104e.	1.1385e.	1.2070e.	1.7160e.	2.1404e.	1.6433e.
7	1.9402e.	1.5331e.	1.6480e.	1.8003e.	1.5282e.	9.1144e.	6.4446e.	1.6010e.	1.8124e.	9.3855e.	2.0494e.	1.7275e.	2.0496e.	9.4760e.	1.4555e.
8	1.0405e.	1.0252e.	1.2124e.	1.2594e.	1.3401e.	1.2344e.	1.4451e.	1.3484e.	1.9565e.	1.5571e.	1.3012e.	1.8274e.	2.1562e.	1.4222e.	1.6473e.
9	2.1401e.	1.9465e.	1.0535e.	1.2432e.	2.0215e.	2.1376e.	1.8343e.	1.2380e.	1.1255e.	1.1274e.	1.1345e.	1.8455e.	1.2156e.	1.2205e.	1.4040e.
10	1.5546e.	1.4230e.	2.0560e.	1.6176e.	1.7184e.	1.9391e.	2.0582e.	2.1380e.							

图7-23　生成订单批次

	1	2	3	4	5	6	7	8	9	10	11	12	13	14	15	16
1	1.6008e.	9742330	9802997	1.6011e.	1.5992e.	1.5990e.	9745431	1.6012e.	1.6009e.	1.6018e.	1.6013e.	9809534	1.6010e.	9724894	1.6010e.	
2	9718085	1.5988e.	1.6007e.	26591640	1.6010e.	1.5988e.	1.6014e.	9716249	1.5997e.	9717797	9716932	1.6010e.	9745942	9742330	9749728	9747
3	1.6010e.	61029229	9747802	9717797	1.6012e.	1.5988e.	9749944	116695466	9717300	2323619	9885749	9717775	9745908	9745055	12508644	9741
4	88148496	1.6009e.	131271460	9747277	1.5988e.	1.6010e.	1.6020e.	9748463	61029229	9899121	9747733	1.6007e.	9744621	9750189	1.5989e.	9745
5	9749648	84292386	103208259	9726923	9717695	9900042	9750463	9717311	1.6010e.	1.6010e.	9749944	9811012	9743606	9721459	1.6010e.	9715
6	9749068	9751206	1.5992e.	9763171	9742396	1.6010e.	1.5991e.	9745975	1.5988e.	1.6010e.	1.6010e.	9750316	9749739	9748087	9976083	1.6011
7	1.6012e.	1.6010e.	9717311	1.6011e.	1.6010e.	9746332	1.6010e.	1.6010e.	1.6019e.	9749648	9724383	1.6016e.	9726890	1.6015e.	1.6010e.	9744
8	11002463	26590772	1.6012e.	9718154	12614049	9750009	9743060	1.6010e.	1.6010e.	1.5993e.	9715677	9745395	9716214	1.6010e.	1.6016e.	9725
9	9748463	1.6015e.	9724894	1.6009e.	1.6010e.	9749444	1.6007e.	9717333	1.5988e.	9743106	12614016	9749068	1.5988e.	9748270	1.5990e.	1.6014
10	9748010	1.6017e.	1.6007e.	9748918	1.6010e.	1.5989e.	9747391	1.6017e.	1.6016e.	9746274	1.6020e.	1.5992e.	1.6019e.	1.5988e.	9814475	97501

图7-24　确认每个波次中的SKU

177

表7-21 传统波次处理效果

传统波次编号	波次SKU数	重合SKU总数	重合SKU种数	重合率
1	77	25	15	19.5%
2	74	17	12	16.2%
3	78	15	19	24.4%
4	68	13	9	13.2%
5	109	19	15	13.8%
6	82	17	13	15.9%
平均值	81.3	17.7	13.8	17.0%

表7-22 优化波次处理效果

优化波次编号	波次SKU数	重合SKU总数	重合SKU种数	重合率
1	55	29	13	23.6%
2	61	50	17	27.9%
3	55	28	20	36.3%
4	66	39	29	43.9%
5	65	31	21	32.3%
6	90	33	23	25.6%
平均值	65.3	35	20.5	31.4%

将两种方法的结果进行比较。可以看出：① 平均每个波次优化后比原先少了16个SKU，减少了19.7%；② 重合的SKU数从原先的13.8个增加到20.5个，增加了48.6%；③ 重合率从原先的17.0%增加到31.4%，增加了14.4%。

与传统的根据时间生成订单波次的方式相比，"静态标杆法"有效减少了波次中SKU的数量，提高了SKU的重合率，生成的波次质量明显更优。但随着迭代次数的增加，"静态标杆法"的效果呈递减趋势。

四、出库效率优化及排班实验

（一）实验背景

随着网络购物的发展，仓库的出库效率极大地影响了客户购物体验，影响着一个订单的完成时间，同时，出库效率也对仓库内货品周转的速率有着很大的影响，出库效率低下仓库将经常性地面临爆仓的风险。可通过重新分配各环节的工作人员来提高工作效率。各仓因业务和人员熟练度不同，数据有所差异，如表7-23所示。

表7-23 各仓库效率现状

岗位效率/人	广州		天津		昆山	
	现状	订单饱和	现状	订单饱和	现状	订单饱和
收货units/h	2 200	2 200	350	400	1 300	1 500
上架units/h	5 500	5 500	800	1 000	1 800	2 000
拣货DO/h	62	62	70	75	80	90
包装DO/h	62	62	55	60	70	80
发货DO/h	200	260	350	400	200	300

已知：

（1）目前各仓库各个环节的工作效率，如表7-23所示。

（2）广州仓平均每个DO有6个units，天津和昆山平均每个DO有5个units。

（3）仓库员工工作时长9小时/天。

（4）每个环节目前工作人数如表7-24所示。

表7-24 各仓库各环节工作人数

	收货	上架	拣货	包装	发货
广州	5	2	8	8	1
天津	2	1	5	4	3
昆山	3	3	9	8	2

（二）数据分析

1. 各个环节岗位效率的现状和订单饱和状态下的效率

表7-25 各仓库各环节饱和状态效率

	广州	天津	昆山
收货	1.00	0.88	0.87
上架	1.00	0.80	0.90
拣货	1.00	0.93	0.89
包装	1.00	0.92	0.88
发货	0.77	0.88	0.67

由表7-25分析发现广州仓的发货效率未达到饱和，天津仓和昆山仓所有步骤效率都

未达到饱和，其中天津仓上架效率最低，昆山仓发货效率最低。

现状未达到饱和状态的原因可能是：

（1）人员冗余，导致人均工作量未饱和，人员工作效率无法达到饱和状态；

（2）有瓶颈，导致部分步骤出现等待时间。

2. 统一效率单位，寻找瓶颈

用人员效率乘以每一个步骤的人数计算每个步骤的效率，然后根据DO和units的关系，将单位全都转化为units，如表7-26所示。

表7-26　各仓库各环节饱和状态效率（转化后）

岗位效率/人	广州		天津		昆山	
	现状	订单饱和	现状	订单饱和	现状	订单饱和
收货units/h	11 000	11 000	700	800	3 900	4 500
上架units/h	11 000	11 000	800	1 000	5 400	6 000
拣货units/h	2 976	2 976	1 875	2 000	3 600	4 050
包装units/h	2 976	2 976	1 200	1 400	2 800	3 200
发货units/h	1 200	1 560	6 000	3 000	2 000	3 000

通过观察可以发现，各个岗位可以分成两个部分，即入库和出库，入库的岗位有收货和上架，出库的岗位有拣货、包装、发货，不同仓库的瓶颈分析如下：

（1）广州仓。出库是它的瓶颈，发货是出库的瓶颈。

（2）天津仓。入库是它的瓶颈，收货是入库的瓶颈。

（3）昆山仓。出库是它的瓶颈，发货是出库的瓶颈。

（三）解决方案

假设最终岗位效率（units/人·h^{-1}）可以提升到饱和状态，在这个状态下，我们调整人员安排来提高工作效率。

1. 确定入库的各个步骤人数比例（见表7-27）

表7-27　各仓库各环节饱和状态效率

岗位效率/人	广州	天津	昆山
收货units/h	2 200	400	1 500
上架units/h	5 500	1 000	2 000
拣货units/h	372	375	450
包装units/h	372	300	400
发货units/h	1 560	2 000	1 500

（1）广州仓。收货与上架的效率比为2∶5，那么为了均衡收货与上架的units数，收

货与上架的人数分配比例约为5∶2。

（2）天津仓。收货与上架的效率比为2∶5，收货与上架的人数分配比例应该约为5∶2。

（3）昆山仓。收货与上架的效率比为3∶4，收货与上架的人数分配比例应该约为4∶3。

2. 确定出库各个步骤的人数比例

（1）广州仓。拣货、包装与发货的效率比约为1∶1∶4，则人员分配比例应该约为4∶1∶1；

（2）天津仓。拣货、包装与发货的效率比约为4∶3∶20，则人员分配比例应该约为5∶7∶1；

（3）昆山仓。拣货、包装与发货的效率比约为9∶8∶30，则人员分配比例应该约为3∶4∶1。

3. 确定入库各个步骤的人数

根据人员排班现状以及每个仓库每小时能完成的units数，在确保每小时能完成的units不下降的基础上，根据比例确定入库各个步骤的人数，初步人员安排如表7-28所示。

表7-28 各仓入库各环节人数

设计	广州	天津	昆山
收货	2	5	2
上架	1	2	2

4. 确定出库各个步骤的人数

根据入库各步骤人数，计算得到入库每小时能完成的最多units数，以此作为出库的标准，然后结合出库各步骤的比例，确定出库各步骤的人数如表7-29所示。

表7-29 各仓出库各环节人数

设计	广州	天津	昆山
拣货 DO/h	8	6	7
包装 DO/h	8	8	8
发货 DO/h	2	1	2

5. 进一步优化调整

调整后得到的岗位效率如图7-30所示。

表7-30 优化后各仓各环节效率

岗位效率/人	广州	天津	昆山
收货 units/h	4 400	2 000	3 000
上架 units/h	5 500	2 000	4 000

岗位效率/人	广州	天津	昆山
拣货 units/h	2 976	2 250	3 150
包装 units/h	2 976	2 400	3 200
发货 units/h	3 120	2 000	3 000

找到瓶颈之后，观察是否可以通过人员调整再次提高效率，通过计算尝试得到，在这个基础上，天津仓包装岗位减少一个人，岗位效率不变。

最终得到人员排班如表7-31所示。

表7-31 优化后各仓各环节工作人数

	广州	天津	昆山
收货	2	5	2
上架	1	2	2
拣货	8	6	7
包装	8	7	8
发货	2	1	2

（四）实验结果

（1）总人数从64人减少至63人。

（2）每个仓库的工作效率都上升了，广州仓从1 200 units/h增长至2 976 units/h，天津仓从700 units/h增长至2 000 units/h，昆山仓从2 000 units增长至3 000 units，如表7-32所示。

表7-32 优化前后各仓各环节效率

岗位效率/人	广州		天津		昆山	
	现状	调整后	现状	调整后	现状	调整后
收货 units/h	11 000	4 400	700	2 000	3 900	3 000
上架 units/h	11 000	5 500	800	2 000	5 400	4 000
拣货 units/h	2 976	2 976	1 875	2 250	3 600	3 150
包装 units/h	2 976	2 976	1 200	2 100	2 800	3 200
发货 units/h	1 200	3 120	6 000	2 000	2 000	3 000

参考文献

[1] 清华大学深圳研究生院编著. 现代物流装备与技术实务 [M]. 深圳：海天出版社，2004.

[2] 赵道致编著. 供应链管理 [M]. 北京：中国水利水电出版社，2007.

[3] 徐勇谋编著. 现代物流管理基础 [M]. 北京：化学工业出版社，2003.

[4] 马士华，林勇编著. 供应链管理 [M]. 北京：机械工业出版社，2010.

[5] 蔡淑琴，夏火松，梁静编著. 物流信息系统. 第3版 [M]. 武汉：中国物资出版社，2010.

[6] 傅卫平，原大宁编著. 现代物流系统工程与技术 [M]. 北京：机械工业出版社，2007.

[7] 宋文官，殷延海编著. 物流综合实训 [M]. 北京：高等教育出版社，2007.

[8] 陈荣秋，马士华编著. 生产与运作管理 [M]. 北京：高等教育出版社，2011.

[9] 黄中鼎，林慧丹编著. 仓储管理实务 [M]. 武汉：华中科技大学出版社，2009.

[10] 王长琼编著. 物流系统工程 [M]. 北京：高等教育出版社，2007.

[11] 申纲领，孙晓俊，王艳杰，王刚编著. 仓储管理实务 [M]. 北京：北京理工大学出版社，2019.

[12] 王煜洲编著. 现代仓储与配送运作管理 [M]. 成都：西南财经大学出版社，2006.

[13] 齐卓编著. 仓储经营管理300问答 [M]. 北京：中国纺织出版社，2007.

[14] 葛光明编著. 配送与流通加工 [M]. 北京：中国财政经济出版社，2002.

[15] 王文信编著. 仓储管理 [M]. 厦门：厦门大学出版社，2006.

[16] 魏学将，王猛，张庆英等编著. 智慧物流概论 [M]. 北京：机械工业出版社，2020.

[17] 施先亮编著. 智慧物流与现代供应链 [M]. 北京：机械工业出版社，2020.

郑重声明

高等教育出版社依法对本书享有专有出版权。任何未经许可的复制、销售行为均违反《中华人民共和国著作权法》，其行为人将承担相应的民事责任和行政责任；构成犯罪的，将被依法追究刑事责任。为了维护市场秩序，保护读者的合法权益，避免读者误用盗版书造成不良后果，我社将配合行政执法部门和司法机关对违法犯罪的单位和个人进行严厉打击。社会各界人士如发现上述侵权行为，希望及时举报，我社将奖励举报有功人员。

反盗版举报电话　（010）58581999　58582371

反盗版举报邮箱　dd@hep.com.cn

通信地址　北京市西城区德外大街 4 号　高等教育出版社法律事务部

邮政编码　100120

读者意见反馈

为收集对教材的意见建议，进一步完善教材编写并做好服务工作，读者可将对本教材的意见建议通过如下渠道反馈至我社。

咨询电话　400-810-0598

反馈邮箱　gjdzfwb@pub.hep.cn

通信地址　北京市朝阳区惠新东街 4 号富盛大厦 1 座
　　　　　　高等教育出版社总编辑办公室

邮政编码　100029